孙中山大传

王丰/著

中国出版集团 现代出版社

图书在版编目（CIP）数据

孙中山大传 / 王丰著 . -- 北京：现代出版社，2017.9

ISBN 978-7-5143-6164-3

Ⅰ. ①孙…　Ⅱ. ①王…　Ⅲ. ①孙中山（1866–1925）—传记　Ⅳ. ① K827=6

中国版本图书馆 CIP 数据核字（2017）第 144373 号

《孙中山大传》经作者王丰授权现代出版社有限公司在中国大陆独家出版发行。

孙中山大传

作　　者　王　丰
责任编辑　袁子茵
出版发行　现代出版社
地　　址　北京市安定门外安华里 504 号
邮政编码　100011
电　　话　010 – 64267325　010 – 64245264（传真）
网　　址　www.1980xd.com
电子信箱　xiandai@vip.sina.com
印　　刷　三河市宏盛印务有限公司
开　　本　710mm × 1000mm　1/16
印　　张　20
版　　次　2017 年 9 月第 1 版　2017 年 9 月第 1 次印刷
书　　号　ISBN 978-7-5143-6164-3
定　　价　48.00 元

奔走革命时期的孙中山

黄兴最后与孙中山分道扬镳

孙中山的政治顾问鲍罗庭与蒋介石等人

孙中山主持国民党第一次全国代表大会

孙中山在苏联顾问和国共两党同志追随下，视察黄埔军官军校

武昌起义期间与革命党人周旋的一批清朝新军

武昌起义之后，上海街头挂起了五色旗

一九二三年十月，孙中山主持国民党改组预备会议，落实联俄联共扶助农工三大政策

袁世凯与驻华外国公使在北京

孙中山在日本东京成立中华革命党后与党人同志留念

孙中山北上后在天津

孙中山就职临时大总统后与临时参议院议员合影

孙中山与初期革命同志。从右至左分别为尤烈、陈少白、杨鹤龄

孙中山与母亲及兄长等一家人摄于夏威夷

孙中山在日本东京成立中华革命党后与党人同志留念

奔走革命游历英国时期之孙中山

前　言

晚清，中国国势衰微，人为刀俎，我为鱼肉。孙中山先生曾经在一次演讲中感慨系之，说过一段话：“中国从一个很强盛很文明的国家，至近代一落千丈，成为一个‘次殖民地’国家，究其原因，就在于我们失去了民族精神，所以国家便一天退步一天。由此，为了统一中华，必须振兴民族精神，大家联合起来，成一个大国族团体……”又说“有了四万万人的大力量，共同去奋斗，无论我们民族处于什么地位，都可以恢复起来”。

中国在清朝中叶以前，犹然是世界独强的全球最大经济体与一等一的强国，然而由于东西方帝国主义者竞相侵凌，中国产业故步自封，以及朝政外交的颟顸无能，中国竟然沦落为次殖民地的地位。这正是孙中山之所以奋起领导革命，历近四十年之努力，不屈不挠奋斗的原始动力。

如今，中国已经昂然崛起，成为世界第二大经济体，即将晋身为世界头等强国，如此伟大不凡之成就，实在得来不易。吾人在珍惜中国崛起成就的同时，必须抚今追昔，回顾清朝末年，孙先生以民主先知的身份，领导革命先烈，前仆后继，抛头颅洒热血，不懈奋斗。无数爱国人士付出了宝贵的生命，才换来了民主共和的建立。

审视孙中山一生的奋斗，莫不是在为实现他脑中的中国梦而努力拼搏，他曾经说过："中国乃极贫之国，非振兴实业不能救贫。……顾推倒满清政府，民族主义已达；改良专制政治，民权主义已伸；至于民生主义，非以社会主义行之，不能完全。然此义人多未明，以致有从而反对者，谓社会主义系反对资本家；又谓社会主义系均贫富，中国万做不到。不知资本家应维持，如何反对，特资本家之流弊，则不能不防备。譬如美国大资本家如煤油大王、铁路大王，全国财政几操此数人之手，任其专利，以致其国虽强，其民仍复苦楚。中国有鉴于此，既求国利，更应求民福。至贫富相均之谓，乃谓富者不能以专制剥削民财，贫者乃能以竞争分沾利益。彼谓夺富者之财以济贫，如是谓之均，乃误会也。至于致富之法，中国最富者莫如煤铁，欧美富强之国，无不重在煤铁。中国汉冶萍为富国基础，倘全国有数百汉冶萍，安得不富。……但仆之宗旨，在提倡实业，实行民生主义，而以社会主义为归宿，俾全国之人，无一贫者，同享安乐之幸福，则仆之素志也。"

这本书的宗旨，就是希望以传记故事的形态，带领读者，回顾孙中山先生不辞万难，艰辛奋斗，为缔造共和政体，为打造伟大的中国梦，百折不回、勇往直前的不朽历程。

目录 / Contents

第一章

轮舟之奇　沧海之阔

公元1866年，清同治五年，公历11月12日，一位改变中国近代史最重要的人物，孙中山先生诞生了。

诚所谓地灵人杰，孙中山先生诞生的家乡，广东省香山县翠亨村，正是一处佳景天成，宛若图画的世外桃源。这里三面环海，背负犁头山，山澄水碧，树木苍翠，风景极为秀丽。翠亨村距离县城54里地，距离澳门74里地，交通非常便利。翠亨村当地有五大家族，分别是孙家、杨家、陆家、何家和冯家。由于翠亨村的土壤耕作条件较贫瘠，属于沙碛地，种庄稼比较困难，所以早年地方上的农业不发达，原本100多户居民当中，多半是靠打鱼或者经商维生，也有不少村民到外地做生意。历经各代，地方上盛行着一股外出冒险的风气，稍微有点办法的，都到外地谋生，向来是南洋和海外著名的侨乡。村民外出赚了钱就回家乡盖大房子，广州、澳门的一些富豪人家，也都看好翠亨村的风景秀丽，纷纷到这里建别墅。这种外出涉险、衣锦荣归的风气，早在清朝末年就很盛行。孙先生早年倡导革命，出生入死、不屈不挠，这种坚忍不拔、百折不悔的革命精神，应该是受老家热爱冒险的风气之影响。

孙中山小的时候受祖母黄氏的影响很深。黄太夫人很爱讲故事，以激发儿童内心的志趣，所以孙中山幼年深受其启迪。孙中山4岁那年，黄太夫人去世，小小的孙中山非常悲痛。起初家人抱着他送殡，但孙中山竟坚持要走路为祖母送殡。

孙中山7岁开始读《三字经》《千字文》，他的记忆力很好，诵读两次就可以背下来了，但是毕竟无法意会字句当中的意思，所以幼时并不喜好读这些古文。年纪虽然小，身体也不是很强壮，但孙先生自幼任侠仗义，只要见到玩伴被人欺侮，就会为他们打抱不平，奋不顾身。即使不是对手，经常被人打得鼻青脸肿，他也毫不退让。为此，常被他的母亲杨老夫人责骂。

孙中山的父亲孙达成因为收入有限，没钱给孙中山启蒙就学，直到10岁才让孙中山上学，读私塾。私塾设在翠亨村的陆家，也就是陆皓东的家里。私塾先生姓王，乡人称为“蝶王”，教学非常严谨，开始教大家四书五经。孙中山虽然年纪比其他的孩子大，但他读书非常用功，进步神速。王先生曾经告诉孙达成，你的孩子孙帝象（孙中山小时候上学的学名），如果长大成人了，一定可以做一番轰轰烈烈的大事业。因为我从这孩子的个性看得出来，他不屑做小事，认为做了也无益。如果他能再追随我读书三年，我保证他可以不同凡响。

翠亨村有一家三兄弟，和孙家关系不错，他们勤俭致富，家里环境不错，孙中山放学后经常去三兄弟家里游玩。可是不知何故，有一天，官府派了大批衙役士兵，把三兄弟的家团团围住，并且把他们抓了起来。三兄弟也不知道犯了什么法，就这样莫名其妙被抓走了，其中一个还被处死，另外两个被判刑。仅10岁的孙中山很为他们打抱不平，挺身而出，诘问官吏以什么罪名要抓捕三兄弟。官吏见这孩子出言不逊，拿起刀子就往孙中山身上刺来，幸亏孙中山躲得快，没被刺伤。从此孙中山对清政府没有好感，种下了日后革命的种子。

又有一天，孙中山在私塾读书，忽然听说有土匪打劫村里的有钱人，村民听说这个消息，个个惊惶不安，纷纷逃离家园。孙中山却一点儿都不害怕，反而想去旁观这帮土匪到底是怎么打劫的，但孙中山晚了一步，土匪早就先一步劫财而逃。有钱人被劫走了钱财，心里非常难过，向村民哭诉说：“以前我们到海外打工或者经商赚钱，在当地还有法律保护我们，免受盗匪的侵害，没有想到我们回到自己国家，竟被土匪抢劫一空，为何祖国如此毫无法纪？”村里的老人家反而说，这盗匪就和蝗虫天灾是一样不可避免的。孙中山听了非常不以为然，他问村里的长者：“国家不就应该保护每个老百姓吗？”

就读私塾的附近，和乡里之间，经常有些参加过太平天国起义的老兵，喜欢畅谈过去的往事逸闻。孙中山从这些老兵嘴里，慢慢知道了明朝兴亡，清朝灭明朝的故事，听久了之后，如数家珍，也因而兴起了“光复”汉民族思想。孙中山从11岁就认定，洪秀全是一介平民百姓，却有志驱逐满洲异族。虽然最后失败了，如果不以成败论英雄，是值得钦佩的一号人物。

厌恶清吏欺压良善，喜闻洪、杨起义感人故事，各种反清革命思潮深植年幼的孙中山内心。与此同时，孙中山的兄长孙德彰，在孙中山先生12岁那年远赴夏威夷打工。孙家有了第一个漂洋过海到海外的亲人。孙德彰到了夏威夷之后，起初是为有钱人当帮佣，之后积攒了一些钱，向夏威夷政府租了一块土地开垦，经过几年的打拼，又在夏威夷茂宜岛海边买了一块地，从事畜牧事业，赚了一些钱。孙德彰有空经常写信向老家的父母报平安。从大哥的信中，孙中山也得知夏威夷这个海外之地，政治清明，民风善良，土地肥沃，是一个值得发展的世外桃源。受到大哥的影响，孙中山从小就想到海外一窥沧海之阔，看看外面的世界。

到了孙中山13岁那年，孙德彰终于衣锦还乡荣归故里，从夏威夷回到翠亨村。25岁的孙德彰回乡是奉父亲孙达成的命令，要他回乡和谭氏结婚。士别三日，教人刮目相看。这时的孙德彰已经是一个小有积蓄的生意人了，而且孙德彰的学识丰富，尤其对西方科学文明有深刻的认识。在和家人团圆的时候，孙德彰不免要说说这些年浪迹海外的经历。孙德彰说，夏威夷的沙滩是金黄色的，海水特别靛蓝，青山绿水，沃野百里，一般老百姓只要稍微辛勤一点儿，不论是垦荒或种地，人人都可以致富。这趟孙德彰回乡，还负有一项任务，因为夏威夷政府认为孙德彰工作勤奋，也有意招募一些华人去夏威夷进一步开垦。孙德彰想配合夏威夷政府的政策，招募乡里的青年到夏威夷闯天下。孙德彰回来的这段日子，便在翠亨村附近创立了移民事务所，并且和朋友合股接管了一艘海船，作为日后载运华工之用。

经营了几个月之后，已经有好几百名香山县的青年移民夏威夷。

在私塾读完了四书五经，孙先生已经是一个 13 岁的大孩子了，传统的经书已经无法满足他对世界的好奇心。他听邻里间谈到，隔壁乡镇上有一位洋教牧师，他的家里挂着一幅世界地图，这在翠亨村的村民眼中，是一件“稀世珍宝”，只知道许多乡亲到南洋和海外打工赚钱，但是南洋和西洋到底长得什么模样，地图是不是可以解开他们的迷惑呢？孙中山也想有朝一日能看看这幅地图。从这时起，他对历史、地理、政治等各种社会科学，产生了极大的兴趣。

13 岁的孙中山，是一个正义感强烈的少年。某日，他看见有一个叫杨帝卓的大哥哥，喜欢和友人在路边聚赌，所谓十赌九输，孙中山曾经屡次劝他。有一天杨帝卓又在路边赌钱，刚开始还赢了钱，孙中山路过，发现杨帝卓赌得入神，就扯了扯杨帝卓的辫子，意思叫他适可而止，别再赌了。哪知道杨帝卓那把竟然输了钱，反身过来，一把揪住孙中山，怪罪孙中山扯他的发辫，让他的好赌运走了。杨帝卓痛殴孙中山，而且还扯住孙中山的辫子，抓住他的头去撞墙，孙中山当场昏倒。其他的赌客见杨帝卓闯了大祸，赶忙为孙中山敷药，孙中山过了好一会儿才苏醒过来。

又有一天，翠亨村隔邻村子有个卖炸豆腐的贩子，人称“豆腐秀”，平日挑着一只大瓦锅叫卖油炸豆腐。孙中山和一个姓杨的小朋友隔着一道竹篱，观看“豆腐秀”叫卖，哪知道这“豆腐秀”发现有小孩儿窥探他，很不开心，就舀了一勺滚烫的油，朝竹篱泼来，杨姓小朋友被当场烫伤。孙中山当时十分生气，心想，杨姓小朋友并没有做什么错事，“豆腐秀”竟然泼烫油伤人，实在是欺人太甚，于是拾起路旁一块石头，朝“豆腐秀”的油锅砸去，飞石砸破了油锅。“豆腐秀”气冲冲端着那只破锅子，找孙家大人理论，孙中山的母亲杨老夫人正准备骂孙中山，孙中山连忙把经过情形详细说清楚，“豆腐秀”自知理亏，只好悻悻然退出孙家。

清光绪五年，公元1879年6月，刚好有一条英国轮船“格兰诺克”号，要从澳门启程前往夏威夷。孙中山的母亲杨老夫人想去探视孙德彰，孙中山一直以来不断向父亲孙达成要求出国闯天下，这次父亲索性让孙中山陪着母亲一块去夏威夷。孙中山多年的心愿终于如愿以偿，他在自己的自述中提及：“十三岁随母往夏威仁岛，始见轮舟之奇，沧海之阔，自是有慕西学之心，穷天地之想。是年母复回华，文遂留岛依兄，入英监督所掌之书院，肄业英文三年后再入美人所设之书院肄业，初拟在此满业耶，往美国入大书院。”

换言之，孙中山陪同母亲一块去了夏威夷以后，待了一阵子，母亲先回中国老家，孙中山留下来学习。起初，孙中山在孙德彰于夏威夷爱槐镇开设的一家“德隆昌米店”当店员，同时学习夏威夷当地方言和中国式记账方法、打算盘。孙中山对这些杂务毫无兴趣，觉得这不是他漂洋过海到国外的目的。经过与兄长商议，非常体念弟弟爱好的孙德彰就让孙中山就读檀香山的意奥兰尼书院。孙中山入学时的中国名字为孙帝象，同校的中国同学有唐雄、李弼、钟工宇三人。刚开始，孙中山不会听、讲英文，夏威夷籍教师所罗门美厚拉氏（Solomon Meheula）要孙中山先在一旁见习10天，然后再教他从英文字母、拼音、造句逐步学习起，孙中山很聪明，很快就上手了。

除了语文的精进，孙中山特别喜欢阅读英文版的历史类书籍，尤其景仰华盛顿、林肯等美国开国元勋的传记故事。据同学唐雄回忆，孙中山不爱和同学游玩浪掷时间，却好写文章。时常看见孙中山一个人静静坐在屋子的角落，读中国古文，有时候在纸上起草稿写文章，文章写好了便把草稿揉作一团。

孙中山和几位中国同学，上学时穿着中式长袍马褂，身后还拖着一条长辫子，因而时常成为洋同学取笑狎侮的对象。洋同学欺人太甚者甚至拉扯孙先生的辫子，拉他的长袍。孙先生起初一再隐忍，被捉弄了几次之后，实在忍无可忍，便勇敢抵抗，他像是一个会武功的拳脚师父，对欺人太甚的洋同学报以拳脚，从此洋同学再也不敢轻侮他。即便如此，孙先生对一般年幼弱小的同学却分外礼让尊重，所谓济弱扶倾的革命思想，是他从实践中培养出来的。这段时间，有洋同学曾经问孙先生，你们中国同学为何不剪掉辫子。孙中山回答，留辫子的习俗是清政府强迫我们的，这必须等我们全体国民有志一同，大家一块革命这个陋习，不然我们少数人剪去辫子，对我们国家整体毫无意义可言。

孙中山在夏威夷时期，当地人民因为受到英国、美国殖民主义的压迫，与英、美人士之间不时发生种族摩擦，滋生种族不平等的问题。孙中山看在眼里，也因而产生中国革命运动的初念。

经过了 3 年学习，公元 1882 年 7 月 27 日，孙中山以优异的成绩毕业于夏威夷意奥兰尼书院。孙先生在毕业典礼上获得了“英文法”第二名的奖赏。毕业之后，孙先生在兄长孙德彰开设的商店中又帮忙了半年，之后，在第二年的春天进入夏威夷的欧胡学院（Oahu College）。孙中山原本的打算，是想从欧胡学院毕业之后，再到美国留学。但是，兄长孙德彰发现孙先生那时对基督教产生了兴趣，唯恐弟弟成为基督徒，会被父母亲责骂他没有管束好弟弟，而且孙德彰认为弟弟的西洋学问已经达到一定程度，何必再花时间锦上添花，便反对孙中山继续去美国深造，同时，他命孙中山停学，直接回广东家乡，补修传统中国国学，以后再考虑是否留学。

孙中山遵从兄长的建议，即束装返国，孙德彰也尽到了兄长的职责和情分，还从财产中拨付了一部分钱财，供孙中山日后再进修的束脩之用。

回到家乡，孙中山发觉故乡景物依旧，村民和过去一样保守安命，即使饱受地方官的欺凌，也是无怨无悔。私塾学堂里实施的教育，依旧是着重背诵强记，除了四书五经，没有任何启发式的教材。孙先生认为，社会国家像一潭死水，如何能应对世界的新潮流呢？他大胆地在香山县城市集人多的地方，登高一呼，告诉地方乡亲，清朝官吏只知道向我们巧取豪夺，苛捐杂税让我们喘不过气来，清政府的官僚什么时候为百姓设想过？一个国家，没有学校，没有桥梁道路设施，公共建设完全缺乏，这样的朝廷完全不顾国计民生，只知道皇帝一家一姓的福祉，政治黑暗，金融混乱，把老百姓放在什么地方？……尽管孙中山讲得理直气壮，慷慨激昂，可是讲了半天，也没人理会他。

回老家的日子，与过去儿时的小朋友碰头，是孙中山最开心的事。幼时就结交成密友的陆皓东，是孙先生儿时的莫逆之交，两人一向很谈得来。陆皓东是一位十分聪明的年轻人，国学底子深厚。孙中山和陆皓东两人时常邀聚一帮年轻朋友，成天讲述太平天国起义的故事，法国拿破仑、美国华盛顿革命的事迹。

和老朋友如此群居终日，倒也相安无事，但接下来发生的一桩大事，却让孙中山无法见容于乡里，被迫离家前往香港继续读书。

事情缘由是这样的，孙中山返乡之后，他的父亲孙达成曾经三番五次告诫他，即使你不相信神祇，但你绝对不要做出冒犯神明的事，以免招致众怒。孙达成这番劝诫，不可不谓是“知子莫若父”，他非常清楚自己儿子叛逆的个性，拿不准迟早要出个大事。果然，某日，孙中山和他的一群朋友以及侄子们出游，路过翠亨村当地知名的北帝庙，庙里供奉乡人笃信的玄天上帝，孙中山见到乡人香客颇多，一群群信众跪在地上膜拜，便告诉侄儿说：“你们相信这偶像吗？如果这偶像真有血有肉，我才相信，否则便是造假，欺骗世人的。”孙中山教小侄子扯断北帝庙供奉的玄天上帝神明的一只膀子，仔细打量一番，便扬长而去。

又过了几天，孙中山又拿着一把小刀子，趁人不注意时，偷偷前往北帝庙，将玄天上帝神像一旁的金花夫人手指割断，还把断指带回了家，拿给二婶看，吓得二婶脸色大变。不久，此事被乡民察觉，纷纷鸣锣示警，要乡民集合起来，找孙中山的父亲孙达成算账。乡人聚集在孙家厅堂前大吵大闹："孙文这孩子难道是疯了吗？怎么会做出这种触犯神明、大逆不道的大禁忌？这必定是中了洋人教育的邪毒，这种亵渎神明的大罪，必然给村民带来厄运，孙达成一定要给我们村民一个交代。"此时，不但孙中山躲了起来，孙达成也仓皇逃跑不知去向，所幸孙中山的母亲杨老夫人不断向愤怒的村民赔不是，不停地安抚村民，最后达成协议，答应赔偿纹银10两，并且再为庙里建醮做法事，向神明请罪，也向村民赔不是。好不容易安抚好村民，杨老夫人当然对孙中山这儿子莫可奈何，为了息事宁人，也为了让儿子不在跟前，少惹些"麻烦"，只好叫孙中山到香港再读书去了。由于早先孙德彰曾经送给孙中山一笔私产，这笔钱让孙中山可以再到香港付学费读书。

18岁的孙中山进入香港拔萃书院读英文。同年，他和陆皓东在美国籍牧师喜嘉理的介绍之下，在香港美国纲慎会礼拜堂受洗为基督徒。同时，在香港修习国学的伦敦会长教区凤墀，为孙中山取了一个名号叫"逸仙"。在此期间，一度接到兄长孙德彰从夏威夷来信，孙中山再度去了一趟夏威夷，因毁损庙宇导致家乡父老不谅解之事，受到了孙德彰的严厉责备，并以断绝经济支助为要挟。孙中山负气离开夏威夷，孙德彰再来信宽慰，兄弟情感如昔，兄长继续给予中山先生就学援助，使他没有后顾之忧。

孙先生晚年时期经常对人说："余致力国民革命凡四十年"，这个说法和公元1885年有非常密切的关联。因为，就在这一年，爆发了中法战争，清廷屈辱地与法国订立《天津条约》，原属我国的藩属越南遂成为法国殖民地。孙中山认为，如果要解救中国积弱不振沦为各国殖民地的危难，只有推翻清朝，建立民国。所以，1885年这年，不光是孙先生个人命运的一个转折点，更是我们中华民族一个命运的拐点。从这年起，孙先生矢志革命志业，从这时起，孙先生把救国的工作，当成他毕生的职志。

再从夏威夷回到香港，孙中山做出了一个重大的决定。他决心为他的革命事业找寻一个新的出路。原本，孙中山一度有意投考陆军或海军学校，或者学习法律。最后他认为学习医学，是掩护他的革命事业非常好的一门专门技能。因为，将来从事医学工作，既可以悬壶济世，又可以广泛结交朋友，对日后的革命志业，有绝大的帮助。于是，21 岁的孙先生考进了广州博济医院的附设医科学校就读。这是一所由美国籍嘉约翰担任院长的医科学校。孙中山第一年交了 20 元学费，住在学校宿舍哥利支堂十号。根据当年同学事后追述，孙中山在学校平常很少讲话，但若遇到有重要事件发生，他便开始雄辩滔滔。孙中山读书广博，有同学见他的宿舍里摆了一套二十四史，同学笑他，医学功课那么忙，我就不相信你有时间看二十四史。有一位叫何允文的同学半信半疑，随意抽出一本二十四史，询问孙中山知不知道某件史事，孙中山竟然对答如流，让何允文大为叹服，认为孙中山是一个好学不倦、有远大抱负的人。

在广州博济医科学校，孙中山结交了一位最特殊的同学——郑士良。在所有的同学当中，绝大多数人对孙中山整天高谈阔论救国良方缺乏兴趣，郑士良是少数知音之一。郑士良，广东归善人，在就读博济之前，曾经就读于德国礼贤会学校，是一名基督徒。郑士良是孙中山认识的朋友当中的第一位“洪门”成员。孙先生结交会党人士的人脉，有许多是郑士良引介的。郑士良与三合会，也就是天地会，有很密切的渊源，由于郑士良的关系，孙中山结识了不少两广秘密会社的人物。孙先生日后号召同志起义，这些秘密会社的成员，是组织群众，联系地方，非常重要的骨干力量。

除了郑士良，孙先生在这期间也结识了另一位同志好友——尢烈。话说某日孙先生和郑士良、邓景晖等几位朋友到街上闲逛。街边小摊贩售的荔枝十分新鲜，令人垂涎欲滴。孙先生想买些尝尝，却不巧身上的钱刚才逛街用完了，就和摊贩商量，叫小贩明晨到学校取款，水果摊子老板不同意。

这时，尢烈和本家的族人尢裕堂打旁边经过，一看是孙中山要买荔枝没钱，尢烈和孙中山本不太熟，尢裕堂很大方地代付了荔枝钱，便与孙中山、郑士良彼此一番客套，从此三人因为荔枝结缘，成了莫逆之交。

为了方便宣传革命，孙中山认为香港可能较广州更适宜。那时香港开设了一家以英文教学的香港雅丽氏医院附设之西医书院，孙先生认为，这所学校比广州博济医院医科学校素质更好，因此，孙先生又从广州转学到香港。从这个时候起，孙先生为宣传革命，经常往来于香港、澳门之间，利用这两个外国人占领的口岸，大力宣传革命。在这所学校里，孙先生遇到了影响其一生的英国老师康德黎博士（Dr. James Cantlie），他是雅丽氏医院附设西医书院的外科主任。和其他学生相较，由于孙先生在博济医院医科学校学习过一年，他在学科上的表现，尤其优异突出。

孙中山在繁忙的课余之暇，经常研究中国的历史地理。他在自己房间的墙上挂了一幅中国地图，每当读书读累的时候，孙先生便注视着地图，暗想什么地方应适合守应该怎么守，什么地方适合攻怎么攻。偶有朋友进他房间，和他闲聊，孙中山总是看着地图不断慨叹："我们中国有这么美好的江山，处处受到异族的欺凌，我们怎么对得起列祖列宗？"

在西医书院就读的这段时间，孙先生又认识了另外一位革命伙伴陈少白。陈少白是广东新会人，原本就读于广东英华学堂。孙中山将陈少白引荐给他的老师康德黎。陈少白也成为西医书院的同学，从此更是朝夕共处。此阶段，与孙中山要好的同学有杨鹤龄、尢烈、王孟琴、何隆简、杨遒安、关景良等人，而孙先生尤其与陈少白、杨鹤龄、尢烈交游最称密切，四人之间以兄弟相待，在西医书院共处一室，又经常聚在一起集会，谈论起革命大业，更是慷慨激昂。日久之后，其他同学就以"四大寇"称呼孙、陈、杨、尢四人。

同学关景良的母亲因在西医书院担任英文译员，有一次她邀请孙中山等人到家里吃饭喝茶，听到孙中山不断谈论中国革命等事，就打趣问孙中山："听你一天到晚都在议论国家大事，难不成你以后要当广东制台的官吗？"孙中山说："不是。"关母又说："难道你是要做钦差大人？"孙中山说："不是。"关母又问："难不成你想当皇帝？"孙中山正色回答："关老师，我什么官位都不想做，我的理想是要推翻清政府，恢复我们华夏的正统，让我们中国人不受外国人的欺凌。"关景良的母亲睁大眼睛望着孙中山，说："你简直就是孙悟空！"

1891年6月，经过5年的求学，孙中山以第一名的优异成绩，毕业于香港西医书院。在成绩表现上，他在产科、外科及医学等三种专门考试中，以平均分73分考了第一名。在第五学年考试完成之后，再举行毕业考试，共考12科，包括植物学、化学、普通解剖学、骨学、生理学、药物学、病理学、法医学、公众卫生、产科、医科、外科等。应考的12科学科里，孙先生有10科获得"荣誉成绩"，也就是最优异的评分，另外两科获得"及格"成绩。

医学院毕业之后，即被准许执业从医。孙先生选择澳门作为行医的第一站。澳门距离孙先生的故里翠亨村很近，和香港、广州之间也有畅通的水路运输，交通便利，也适合孙先生从事革命活动。选择澳门行医还有另一个重要的机缘。澳门有两位当地的士绅叫曹子基、何穗田，他们家人生病，看医生看了很久都治不好，经过孙先生诊治之后，吃一服药就治好了。曹子基和何穗田两人在孙先生毕业后，为感谢孙中山的医术，特地找朋友募款，设立了一个"中西药局"。孙先生从此开始他的行医生涯。此外，孙中山亦在镜湖医院执业，为民众义务诊治。他最擅长外科手术和助产两项，还曾经为患者割除肾脏结石，最大的肾结石有如鸡蛋大小的，重量达一两七钱多。每次施行大手术时，孙中山的老师康德黎会特地从香港赶到澳门协助工作，每次都称赞孙先生医术高明，手术技巧稳健熟练。

然而，孙中山在澳门行医的消息，对当地医界而言则是一个"侵门踏户"

的坏消息，同行相忌，这是放诸天下皆准的道理。孙中山在澳门行医不过几个月，澳门当地的葡萄牙医生就想方设法加以阻抗。他们所持的理由相当冠冕堂皇：孙中山没有葡萄牙国核发的行医执照，按规定是不能在澳门行医治病的。当地医生联合抵制，而且通令各个药局不准为他国医生配药方。这么一来，等于是掐住了孙中山的脖子，没法再在澳门行医了，所以，孙中山只好迁往广州行医。

和一般的医生不同的是，孙中山为人看病开药，不是为了发财，而是为了一边开业问诊，一边倡导革命事业，因此，他为人治病赚来的钱财，都用在结交朋友上了。行医不过一年工夫，随着革命事业的日趋紧急，孙中山索性暂时放下了医务，专心干起革命事业来了。

在广州，广雅书局的南园抗风轩，是孙先生与初期一班革命同志议事救国的场所。那时和孙先生一道的同志，有郑士良、陆皓东、尢烈、陈少白、周昭岳、魏友琴、程耀宸、程奎光等人。广雅书局这个地方比较隐蔽，可以避开清廷官方的爪牙。

头几天，革命同志之间的看法各不相同，但多能秉持同甘共苦之精神，坦诚相谈。比如，陆皓东和孙先生的革命手段就不尽相同，陆皓东认为，当前革命的形势是必须先抵御外侮，孙中山则主张，革命的首要工作就是推翻清朝，这才是治本之道。两方意见不同，孙中山与陆皓东辩论了好几天，最后众人都被孙中山说服，大家看法终归一致，认同了革命的首要目标便是倾覆清朝。

孙先生和同志们议论着：在革命运动的初期，该如何壮大革命团队的人数呢？郑士良以他与会党之间的紧密结合，他主张初期可以广纳会党人士，以帮会现成的组织系统及人脉背景作为基础，发展我们革命的组织，壮大我们的群众基础。其次，可以在清政府的防营军队里发展革命组织，联络同情革命的清军，发展他们慢慢成为我们的同盟力量。如此一来，以会党为根本，以发展清军内部组织为进阶，革命的力量便可与日壮大。

孙中山以行医为掩护，便利革命大业争取同志，初期得到不少成果。例如，清廷海军官员程璧光的弟弟程奎光，因为患了胃病，找上孙中山看病。孙先生知道程奎光的兄长是清廷海军官员，便极力争取程奎光成为革命伙伴。孙中山告诉程奎光，你这个胃病，光是吃药不管用，最好能够每天抽时间到野外散步，多呼吸新鲜空气，身体有了适当运动，好好调理之后，你的胃病自然会有所改善，甚至痊愈。孙中山表示，我若有空闲很愿意陪你走走，因为我也需要锻炼一下身子。于是，孙先生便经常借机与程奎光散步，趁着和程奎光一同散步，四下清静无人的机会，向他讲述革命的道理，令程奎光颇为动容。某日，孙先生便带领程奎光到一处河边古庙，参与了同志们的秘密集会，听过孙先生讲述革命的道理，参与了革命同志的集会讨论，程奎光便自愿成为革命党的一员。

在以武装革命手段着手倾覆清朝之前，孙先生也曾经审慎思考过，是否能以说服与提出建言的方法，说动清廷大员力行改革时政呢？他的想法是，如果可以说动清廷大员改革朝政，那将省却很多力气，也可以不必动枪动刀，兵不血刃而富国强兵。这自然是孙中山起初一厢情愿或者是另一种“先礼后兵”的想法。孙先生的目标锁定在清朝推动洋务运动最积极的李鸿章身上（时任直隶总督兼北洋大臣），之所以选定李鸿章，是因为认定李鸿章毕竟是清廷大员当中见过世面，与东西方列强折冲经验丰富，最明确中国的世界形势地位的一个重要人物。此外，也是因为因缘际会。有一次孙先生在前往上海的路上，遇到了一位香山同乡郑观应，郑氏以有办法通过王韬的介绍，与李鸿章的幕僚罗丰禄联系上。孙先生因而意欲循着这样一条间接的人脉系统，可以和李鸿章建立互动渠道。所以，他借此机会写了一封信给李鸿章。此时，为公元 1894 年 6 月间。

这一份以孙文署名，将近 8000 字的上李鸿章书是这么写的：

官太傅爵中堂钧座：敬禀者：窃文籍隶粤东，世居香邑。曾于香港考授英国医士。幼尝游学外洋，于泰西之语言文字、政治礼俗，与夫天算、舆地之学，格物化学之理，皆略有所窥；而尤留心于其富国强兵之道，化民成俗之规。至于时局变迁之故，睦邻交际之宜，辄能洞其阃奥。当今光（风）气日开，四方毕集，正值国家励精图治之时，朝廷勤求政理之日，每欲以管见所知，指陈时事，上诸当道，以备刍荛之采。嗣以人微言轻，未敢遽达。比见国家奋筹富强之术，月异日新，不遗余力，骎骎乎将与欧洲并驾矣。快舰、飞车、电邮、火械，昔日西人之所恃以凌我者，我今亦已有之；其他新法，亦接踵举行。则凡所以安内攘外之大经，富国强兵之远略，在当局诸公，已筹之稔矣。又有轺车四出，则外国之一举一动，亦无不周知。草野小民，生逢盛世，惟有逖听欢呼，闻风鼓舞而已，夫复何所指陈？然而犹有所言者，正欲乘可为之时，以竭其愚夫之千虑，仰赞高深于万一也。

窃尝深维欧洲富强之本，不尽在于船坚炮利，垒固兵强；而在于“人能尽其才，地能尽其利，物能尽其用，货能畅其流”。此四事者，富强之大经，治国之大本也。我国家欲恢扩宏图，勤求远略，仿行西法，以筹自强，而不急于此四者，徒惟坚船利炮之是务，是舍本而图末也。

所谓人能尽其才者，在教养有道，鼓励以方，任使得法也。

夫人不能生而知，必待学而后知；人不能皆好学，必待教而后学。故“作之君，作之师”，所以教养之也。自古教养之道，莫备于中华；惜日久废弛，庠序亦仅存其名而已。泰西诸邦，崛起近世，深得三代之遗风。庠序学校，遍布国中；人无贵贱，皆奋于学。凡天地万物之理，人生日用之事，皆列于学之中；使通国之人，童而习之。各就性质之所近而肄力焉。又各设有专师，津津启道，虽理至幽微，事至奥妙，持能有法以晓喻之，有器以窥测之。其所学由浅而深，自简及繁，故人之灵明日廓，智慧日积也。质有愚智，非学无以别其才；才有全偏，非学无以成其用。有学校以陶冶之，则智者进焉，愚者止焉；偏才者专焉，全才者普焉。盖贤才之生，或千百里而儿一，或千万人而有一；若非随人随地而施教之，则贤才亦以无学而自废，以至于湮没而不彰。泰西人才之众多者，有此教养之道也。

且人之才智不一，其上焉者，有不徒苟生于世之心，则虽处布衣而以天下为己任。此其人必能发奋为雄，卓异自立，无待乎勋勉也；所谓“豪杰之士，不待文王而犹兴”也。至中焉者，端赖乎鼓励以方。故泰西之士，虽一才一艺之微，而国家必宠以科名；是故人能自奋，士不虚生。逮至学成名立之余，出而用世，则又有学会以资其博，学报以进其益；萃全国学者之能，日稽考于古人之所已知，推求乎今人之所不逮，翻陈出新，开世人无限之灵机，阐天地无穷之奥理；则士处其间，岂复有孤陋寡闻者哉？又学者倘能穷一新理，创一新器，必邀国家之上赏；则其国之士，岂有不专心致志者哉？此泰西各种学问所以日新月异，而岁不同，几于夺造化而疑鬼神者，有此鼓励之方也。

今使人于所习非所用，所用非所长，则虽智者无以称其职，而巧者易以饰其非。如此用人，必致野有遗贤，朝多幸进。泰西治国之规，大有唐、虞之用意；其用人也，务取所长而久其职。故为文官者，其途必由仕学院；为武官者，其途必由武学堂。若其他文学渊博者为士师，农学熟悉者为农长，工学练达者为监工，商情习谙者为商董，皆就少年所学而任其职。总之，凡学堂课此一业，则国家有此一官；幼而学者；即壮之所行。其学而优者则能仕，且恪守一途，有升迁而无更调，夫久任则阅历深，习惯则智巧出；加之厚其养廉，永其俸禄，则无瞻顾之心，而能专一其志。此泰西之官无苟且，吏尽勤劳者，有此任使之法也。

故教养有道，则天无枉生之才；鼓励有方，则野无郁抑之士；任使得法，则朝无幸进之徒；斯三者不失其序，则人能尽其才矣。人既尽其才，则百事俱举；百事举矣，则富强不足谋也。秉国钧者，盍于此留意哉？

所谓地能尽其利者，在农政有官，农务有学，耕耨有器也。夫地利者，生民之命脉。自后稷教民稼穑，我中华之农政，古有专官。乃后世之为民牧者，以为三代以上，民间养生之事未备，故能生民能养民者为善政；三代以下，民间养生之事已备，故听民自生自养而不再扰之，便为善政，此中国今日农政之所以日就废弛也。农民只知恒守古法，不思变通，垦荒不力，水利不修，遂致劳多而获少，民食日艰。水道河渠，昔之所以利农田者，今转而为农田之害矣。如北之黄河，固无论矣，即如广东之东、西、北三江，于古未尝有患，今则为患，年甚一年。推之他省，亦比比如是。此由于无专责之农官以理之；农民虽患之而无如何，欲修之而力不逮，不得不付之于茫茫之定数而已。年中失时伤稼，通国计之，其数不知几千亿兆。此其耗于水者，固如此其多矣；其他荒地之不辟，山泽之不治，每年遗利，又不知凡几。所谓地有遗利，民有余力；生谷之土未尽垦，山泽之利未尽出也。如此而欲致富，不亦难乎？泰西国家深明致富之大源，在于无遗地利，无失农时；故特设专官，经略其事；凡有利于农田者无不兴，有害于农田者无不除。如印度之恒河，美国之密士，在昔泛滥之患，初亦不亚于黄河；而卒能治平之者，人事未始不可以补天工也。有国家者，可不急设农官以劝其民哉？

水患平矣，水利兴矣，荒土辟矣，而犹不能谓之地无遗利，而生民养民之事备也；盖人民则日有加多，而土地不能以日广也。倘不日求进益，日出新法，则荒土既垦之后，人民之溢于地者，不将又有饥馑之患乎？是在急兴农学，讲求树畜，速其长植，倍其繁衍，以弥此憾也。夫天生人为万物之灵，故备万物为之用；而万物固无穷也。在人之灵能取之用之而已。夫人不能以土养，而土可以生五谷百果以养人；人不能以草食，而草可长六畜以为人食。夫土也、草也，固取不尽而用不竭者也；是在人能考土性之所宜，别土质之美劣而已。倘若明其理法，则能反硗土为沃壤，化瘠土为良田，此农家之地学、化学也。别种类之生机，分结实之厚薄，察草木之性质，明六畜之生理，则繁衍可期，而人事得操其权，此农家之植物学、动物学也。日光能助农物之生长，电力能速农物之成熟，此又农家之格物学也。蠹蚀宜防，疫疠宜避，此又农家之医学也。农学既明，则能使同等之田，产数倍之物；是无异将一亩之田，变为数亩之用。即无异将一国之地，广为数国之大也。如此，则民虽增数倍，可无饥馑之忧矣，此农政学堂所宜亟设也。

农官既设，农学既兴，则非有巧机，无以节其劳，非有灵器，无以速其事，此农器宜讲求也。自古深耕易耨，皆借牛马之劳，乃近世制器日精，多以器代牛马之用，以其费力少而成功多也。如犁田，则一器能作数百牛马之工；起水，则一器能溉千顷之田；收获，则一器能当数百人之刈。他如凿井、浚河，非机无以济其事；垦荒、伐木，有器易以收其功。机器之于农，其用亦大矣哉！故泰西创器之家，日竭灵思，孜孜不已；则异日农器之精，当又有过于此时者矣。我中国宜购其器而仿制之。

故农政有官，则百姓勤；农务有学，则树畜精；耕耨有器，则人力省；此三者，我国所当仿效以收其地利也。

所谓物能尽其用者，在穷理日精，机器日巧，不作无益以害有益也。

泰西之儒，以格致为生民根本之务，舍此则无以生物利民；由是孜孜然，日以穷理致用为事。如化学精，凡动植矿质之物，昔人已知其用者，固能广而用之；昔人未知其用者，今亦考出以为用。火油也，昔日弃置如遗，今为日用之需要，每年入口为洋货之一大宗。煤液也，昔日视为无用，今可炼为药品，炼为颜料。又煮砂以作玻璃，化土以取矾精，炼石以为田料；诸如此类，不胜缕书：此皆从化学之理而得收物之用，年中不知裕几许财源。我国倘能推而效之，亦致富之一大经也。格致之学明，则电、风、水、火皆为我用。以风动轮而代人工，以水冲机而省煤力；压力相吸而升水，电性相感而生光，此犹其小焉者也。至于水，作汽以运舟车，虽万马所不能及，风潮所不能当；电气傅邮，顷刻万里；此其用为何如哉！然而物之用，更有不止于此者，在人能穷求其理，理愈明而用愈广。如电，无形无质，似物非物，其气附于万物之中，运乎六合之内；其为用较万物为最广而又最灵；可以作烛，可以传邮，可以运机，可以毓物，可以开矿。顾作烛、传邮已大行于宇内；而运机之用，近始知之，将来必尽弃煤机而用电力也。毓物开矿之功尚未大明，将来亦必有智者究其理，则生五谷、长万物、取五金，不待天工而由人事也。然而取电必资乎力，而发力必借乎煤。近又有人想出新法，用瀑布之水力以生电，以器蓄之，可待不时之用，可供随地之需；此又取之无禁，用之不竭者也。由此而推，用物愈求精，则人力愈省，将来必至人只用心，不事劳人力而全役物力矣。此理有固然，事所必至也。

机器巧，则百艺兴，制作盛；上而军国要需，下而民生日用，皆能日就精良而省财力；故作人力所不作之工，成人事所不成之物。如五金之矿，有机器以开，则碎坚石如齑粉，透深井以吸泉，得以辟天地之宝藏矣，织造有机，则千万人所作之工，半日可就。至缫废丝、织绒呢，则化无用为有用矣。机器之大用，不能遍举。我中国地大物博，无所不具，倘能推广机器之用，刚开矿、治河，易收成效；纺纱、织布，有以裕民。不然，则大地之宝藏，全国之材物，多有废弃于无用者；每年之耗，不知凡几。如是，国安得不贫，而民安得不瘠哉？谋富国者，可不讲求机器之用欤？

物理讲矣，机器精矣，若不节惜物力，亦无以固国本而裕民生也。故泰西之民，鲜作无益。我中国之民，俗尚鬼神，年中迎神赛会之举，化箔烧纸之资，全国计之，每年当在数千万。此以有用之财，作无益之事；以有用之物，作无用之施。此冥冥一大漏卮，其数较鸦片为尤甚，亦有国者所当并禁也。

夫物也者，有天生之物，有地产之物，有人成之物。天生之物，如光、热、电者，各国之所共有，在穷理之浅深，以为取用之多少，地产者，如五金、百谷，各国所自有，在能善取而善用之也。人成之物，则系于机器之灵笨与人力之勤惰。故穷理日精，则物用呈；机器日巧，则成物多；不作无益，则物力节；是亦开财源节财流之一大端也。

所谓货能畅其流者，在关卡之无阻难，保商之有善法，多轮船铁道之载运也。

夫百货者，成之农工，而运于商旅，以此地之赢余，济彼方之不足，其功亦不亚于生物成物也。故泰西各国，体恤商情，只抽海口之税，只设入国之关。货之为民生日用所不急者重其税，货之为民生日用所必须者轻其敛。入口抽税之外，则全国运行，无所阻滞，无再纳之征，无再过之卡。此其百货畅流，商贾云集，财源日裕，国势日强也，中国则不然，过省有关，越境有卡，海口完纳，又有补抽，处处敛征，节节阻滞；是奚异遍地风波，满天荆棘，商贾为之裹足，负贩从而怨嗟。如此，而欲百货畅流也，岂不难乎？夫贩运者，亦百姓生财之一大道也。“百姓足，君孰与不足？百姓不足，君孰与足？”以今日关卡之滥征，吏胥之多弊，商贾之怨毒，诚不能以此终古也。徒削平民之脂膏，于国计民生，初无所裨！谋富强者，宜急为留意于斯，则天下幸甚。

夫商贾逐什一之利，别父母，离乡井，多为饥寒所驱，经商异地，情至苦，事至艰也。若国家不为体恤，不为保护，则小者无以觅蝇头微利，大者无以展鸿业远图，故泰西之民，出外经商，国家必设兵船、领事，为之护卫；而商亦自设保局、银行，相与倚恃。国政与商政并兴，兵饷以商财为表里。故英之能倾印度，扼南洋，夺非洲，并澳土者，商力为之也。盖兵无饷则不行，饷非商则不集。西人之虎视寰区，凭陵中夏者，亦商为之也。是故商者，亦一国富强之所关也。我中国自与西人互市以来，利权皆为所夺者，其故何哉？以彼能保商，我不能保商，而反剥损遏抑之也。商不见保，则货物不流；货物不流，则财源不聚；是虽地大物博，无益也。以其天生之材为废材，人成之物为废物，则更何贵于多也？数百年前，美洲之地，犹今之地，何以今富而昔贫？是贵有商焉为之经营，为之转运也。商之能转运者，有国家为之维持保护也。谋富强者，可不急于保商哉？

夫商务之能兴，又全恃舟车之利便，故西人于水，则轮船无所不通；五洋四海，恍若户庭；万国九洲，俨同阛阓。辟穷荒之绝岛，以利商廛；求上国之名都，以为租界，集殊方之货宝，聚列国之商氓。此通商之埠所以贸易繁兴，财货山积者，有轮船为之运载也。于陆，则铁道纵横，四通八达；凡轮船所不至，有轮车以济之，其利较轮船为尤溥，以无波涛之险，无礁石之虞。数十年来，泰西各国，虽山僻之区，亦行铁轨；故其货物能转输利便，运接灵速。遇一方困乏，四境济之；虽有荒旱之灾，而无饥馑之患。故凡有铁路之邦，则全国四通八达，流行无滞；无铁路之国，动辄掣肘，比之瘫痪不仁。地球各邦，今已视铁路为命脉矣，岂特便商贾之载运而已哉？我国家亦恍然于轮船铁路之益矣；故沿海则设招商之轮船，于陆则兴官商之铁路。但轮船只行于沿海大江，虽足与西人颉颃而收我利权，然不多设于支河内港，亦不能畅我货流，便我商运也。铁路先通于关外，而不急于繁富之区，则无以收一时之利，而为后日推广之图。必也设于繁富之区，如粤、港、苏、沪、津、通等处；路一成而效立见，可以利转运，可以励富户。则继之以推广者，商股必多，而国家亦易为力。试观南洋英属诸埠，其筑路之资，大半为华商集股，利之所在，人共趋之。华商何厚于英属，而薄于宗邦？是在谋国者，有以乘势而利道之而已。此招商兴路之扼要也。

故无关卡之阻难，则商贾愿出于其市；有保商之善法，则殷富亦乐于贸迁；多轮船铁路之载运，则货物之盘费轻。如此，而货有不畅其流者乎？货流既畅，财源自足矣。筹富国者，当以商务收其效也。不然，徒以聚敛为工，捐纳为计，吾未见其能富也。

夫人能尽其才，则百事兴；地能尽其利，则民食足；物能尽其用，则财力丰；货能畅其流，则财源裕。故曰：此四者富强之大经，治国之大本也。四者既得，然后修我政理，宏我规模，治我军实，保我番邦，欧洲其能匹哉？

顾我中国仿效西法，于今已三十年。育人才，则有同文，方言各馆，水师、武备诸学堂；裕财源，则辟煤金之矿，立纺织制造之局；兴商务，则招商轮船，开平铁路，已先后辉映矣。而犹不能与欧洲颉颃者，其故何哉？以不能举此四大纲，而举国并行之也。间尝统筹全局，窃以中国之人民财力，而能步武泰西，参行新法，其时不过二十年，必能驾欧洲而上之，盖谓此也。试观日本一国，与西人通商后于我，仿效西法亦后于我，其维新之政，为日几何？而今日成效，已大有可观；以能举此四大纲，举国行之，而无一人阻之。夫天下之事，不患不能行，而患无行之人。方今中国之不振，固患于能行之人少，而尤患于不知之人多。夫能行之人少，尚可借材异国，似代为之行；不知之人多，则虽有人能代行，而不知之辈，必竭力以阻挠。此昔日国家每举一事，非格于成例，辄阻于群议，此中国之极大病原也。

窃尝闻之：昔我中堂经营乎海军铁路也，尝唇为之焦，舌为之敝，苦心劳思数十余年，然后成此北洋之一军，津关之一路。夫以中堂之勋名功业，任寄股肱，而又和易同众，行之尚如此其艰，其他可知矣。中国有此膏肓之病，而不能除，则虽尧、舜复生，禹、皋佐治，无能为也；更何期其效于二十年哉？此志士之所以灰心，豪杰之所以扼腕，文昔日所以欲捐其学，而匿迹于医术者，殆为此也。然而天道循环，无往不复，人事否泰，穷极则通。猛剂遽投，膏肓渐愈。逮乎法衅告平之后，士大夫多喜谈洋务矣。而拘迂自囿之辈，亦颇欲驰域外之观，此风气之变革，亦强弱之转机，近年以来，一切新政，次第施行。虽四大之纲，不能齐举，然而为之以渐，其发轫于斯乎？此文今日之所以望风而兴起也。

窃维我中堂，自中兴而后，经略南北洋，孜孜然以培育人才为急务。建学堂，招俊秀。聘西师而督课之，费巨款而不惜。遇一艺之成，一技之巧，则奖励倍加，如获异宝。诚以治国经邦，人才为急，心至苦而事至盛也。尝以无缘沾雨露之濡，叨桃李之植，深用为憾！顾文之生，二十有八年矣。自成童就傅，以至于今，未尝离学；虽未能为八股以博科名，工章句以邀时誉；然于圣贤六经之旨，国家治乱之源，生民根本之计，则无时不往复于胸中。于今之所谓西学者，概已有所涉猎。而所谓专门之学，亦已穷求其一矣。推中堂育才爱士之心，揆国家时事当务之急，如文者亦当在陶冶收用之列，故不自知其驽下，而敢求知于左右者，盖有慨乎大局，蒿目时艰，而不敢以巖穴自居也。所谓乘可为之时，以竭愚夫之千虑，用以仰赞高深；非欲徒撰空言，以渎清听，自附于干谒者流，盖欲躬行而实践之。必求泽沛乎万民也。

窃维今日之急务，固无逾于此四大端。然而条目工夫，不能造次，举措施布，各有缓急。虽首在陶冶人才，而举国并兴学校，非十年无以致其功，时势之危急，恐不能少待。何也？盖今日之中国，已大有人满之患矣，其势已岌岌不可终日。上则仕途壅塞，下则游手而嬉；嗷嗷之众，何以安此？明之闯贼，近之发匪，皆乘饥馑之余，因人满之势，遂至溃裂四出，为毒天下。方今伏莽时闻，灾荒频见。完善之地，已形觅食之艰，凶侵之区，难免流离之祸；是丰年不免于冻馁。而荒岁必至于死亡。由斯而往，其势必至日甚一日，不急挽救，岂能无忧？夫国以民为本，民以食为天。不足食，胡以养民？胡以立国？是在先养而后教，此农政之兴，尤为今可之急务也。且农为我中国自古之大政，故天子有亲耕之典，以励万民，今欲振兴农务，亦不过广我旧规，参行新法而已。民习于所知，虽有更革，必无惊骇，成效一见，争相乐从。虽举国遍行，为力尚易，为时亦速也。且令天下之人，皆知新法之益。如此，则踵行他政，必无挠格之虞，其益固不止一端也。

窃以我国自欲行西法以来，惟农政一事，未闻仿效，派往外洋肄业学生，亦未闻有入农政学堂者；而所聘西儒，亦未见有一农学之师；此亦筹富强之一憾事也。文游学之余，兼涉树艺，泰西农学之书，闲尝观览，于考地质、察物理之法，略有所知。每与乡间各农谈论耕植，尝教之选种之理，粪溉之法，多有成效，文乡居香山之东，负山濒海，地多沙碛，土质硗劣，不宜于耕。故乡之人，多游贾于四方，通商之后，颇称富饶。近年以美洲逐客，檀岛禁工，各口茶商，又多亏折，乡间景况，大逊前时，觅食农民，尤为不易。文思所以广其农利，欲去禾而树桑，迨为考核地质，知其颇不宜于种桑，而甚宜于波毕。近以愤于英人禁烟之议难成，遂劝农人栽鸦片，旧岁于农隙试之，其浆果与印度公土无异，每亩可获利数十金。现已群相仿效，户户欲栽，今冬农隙所种必广。此无碍于农田而有补于漏卮，亦一时权宜之计也。

他日盛行，必能尽夺印烟之利，盖其气味较公土为尤佳，迥非川滇各土之可比。去冬所产数斤，凡嗜阿芙蓉之癖者争相购吸，以此决其能夺印烟之利也必矣。印烟之利既夺，英人可不勉而自禁，英人既禁，我可不栽，此时而申禁吸之令，则百年大患可崇朝而灭矣。劝种罂粟，实禁鸦片之权舆也。由栽烟一事观之，则知农民之见利必趋，群相仿效，到处皆然，是则农政之兴，甚易措手。其法先设农政学堂一所，选好学博物之士课之，三年有成，然后派往各省，分设学堂，以课农家聪颖子弟。又每省设立农艺博览会一所，与学堂相表里，广集各方之物产，时与老农互相考证。此办法之纲领也，至其详细节目，当另着他编，条分缕析，可以坐言而起行。所谓非欲徒托空言者，此也。文之先人，躬耕数代，又于树艺牧畜诸端耳濡目染，洞悉奥窍，泰西理法，亦颇有心得。至各国土地之所宜，种类之佳劣，非遍历其境，未易周知。文今年拟有法国之行，从游其国之蚕学名家，考究蚕桑新法，医治蚕病，并拟顺道往游环球各邦，观其农事。如中堂有意以兴农政，则文于回华后，可再行游历内地新疆、关外等处，察看情形，何处宜耕，何处宜牧，何处宜蚕，详明利益，尽仿西法，招民开垦，集商举办。此于国计民生，大有裨益。所谓欲躬行实践，必求泽之沾沛乎万民者，此也。惟深望我中堂有以玉成其志而已。

伏维我中堂佐治以来，无利不兴，无弊不革，艰巨险阻，犹所不辞。如筹海军、铁路之难，尚毅然而成之；况于农桑之大政，为生民命脉之所关，且无行之之难，又有行之之人，岂尚有不为者乎？用敢不辞冒昧，侃侃而谈，为生民请命。伏祈采择施行，天下幸甚，肃此具禀，恭叩钧绥，伏维垂鉴！文谨禀。

第二章

创兴中会　广州起义

孙中山怀抱着一腔热忱，上书给李鸿章。这亦是孙先生徘徊在“革新”与“革命”之间的一个分水岭，换言之，孙中山刚开始也不是绝决地要与清朝誓不两立的。此其一。其二，孙先生之所以上书李鸿章，另一个重要因素，李鸿章与孙先生就读的香港西医书院是有渊源的，李鸿章是西医书院的名誉赞助人。基于这么一层关系，孙先生期望李鸿章能听听他这个后生小辈的建言。孙中山也想借此时机，让李鸿章通过这份上书明了中国民间的疾苦，借此批判清政府的封建苛政，品评了李鸿章等清季知识分子与官僚主导的洋务运动的追逐皮毛、舍弃根本，他希望能以这篇不及万字的民间条陈，提醒李鸿章施政的偏失。令人好奇的是，孙中山上书送到了李鸿章手上了吗？如果送到李中堂之手，李鸿章又是如何反应？他曾经因为这份上书而召见孙中山吗？有关这些疑惑，向来各界都有不同解读。事实上，孙中山并未见到李鸿章，李氏亦未就上书事有所回应。但是，孙中山确实与同乡好友陆皓东两人联袂去了一趟北方，游历了天津、北京，就北方的山川形势，清廷虚实，做了一番考察，而且还循着长江，逆江而上，遍访武汉三镇。以纵横华南、华北的实地观察，为未来的革命大业预铺道路。

诚如前文所言，上书李鸿章是孙先生从“坐而言”走向“起而行”的一个重要的分水岭。从揣摩中国的国情究竟是走革命道路，抑或是行改革之法，从十七八岁自夏威夷归乡受清廷边防官吏索贿刁难从而对清廷兴起嫌恶之心，到29岁上书李鸿章失败导致对清廷绝望，这十一二年间，孙中山始终停留在言论宣传革命的阶段，组织方面也仅止于纠合同好、会商国是，根本谈不上付诸实际行动。不过，上书李鸿章未获回应之后，孙中山便采取了实际行动的方式，不但“坐而言”，而且是“起而行”了。

同年，亦即1895年7月，中日爆发战争，这便是历史上著名的中日甲午之战。中国在海上、陆上的战役中，先后吃了败仗，国耻与国难接踵而至。这也是孙中山的思想与行动发生剧变的一个关键时机。孙先生在自己的著作《建国方略》《孙文学说》的第八章《有志竟成》一文中，做了简要而生动的交代与叙述。孙先生说，他自香港西医书院卒业之后，“悬壶于澳门、羊城两地以问世，而实则为革命运动之开始也。时郑士良则结纳会党、联络防营，门径既通，端倪略备。予乃与陆皓东北游京津，以窥清廷之虚实；深入武汉，以观长江之形势。至甲午中日战起，以为时机可乘，乃赴檀岛、美洲，创立兴中会，欲纠合海外华侨以收臂助。不图风气未开，人心锢塞，在檀鼓吹数月，应者寥寥，仅得邓荫南与胞兄德彰二人愿倾家相助，及其他亲友数十人之赞同而已。时适清兵屡败，高丽既失，旅、威继陷，京津亦岌岌可危，清廷之腐败尽露，人心愤激。上海同志宋跃如乃函促归国，美洲之行因而中止。遂与邓荫南及三五同志返国，以策进行，欲袭取广州以为根据”。

这段孙先生的自述讲得很明白，他的革命事业起始点是极其艰难的。他的自述说明了几个重点。其一，孙先生的革命最初是靠着秘密会党势力的帮助，没有洪门兄弟这些地下会党，孙中山根本无从发展群众基础。其二，孙先生结交的同志郑士良，运用会党的人脉渊源，在清廷八旗之外的军队系统当中吸收同志，发挥作用。其三，孙先生靠着好友陆皓东，陪同他游历大江南北，观察山川形势，默察清廷的统治基础。其四，孙先生非常清楚，在国内要发展革命组织谈何容易，革命若要成功，必须从海外发展组织成功之后，再“出口转内销”，把革命组织从海外移回国内。

孙先生为了发展革命组织去檀香山，但即便是在夏威夷那么开放的地方，当地的华侨对孙先生这位陌生的青年革命家的呼吁是“言者谆谆，听者藐藐”，没多少人理会与反响，亦即所谓“不图风气未开，人心锢塞，在檀鼓吹数月，应者寥寥”。孙先生在夏威夷宣传了三四个月时间，只有自己的兄长孙德彰乐意捐钱响应，再有就是同志邓荫南及其他亲友 20 余人。最令孙先生感动的，是兄长孙德彰。过去，孙德彰曾经数次苦心规谏教导孙先生，甚至因为兄弟之间意见不同，发生孙德彰不愿意资助孙中山的情况。但此时的孙德彰深刻理解了弟弟孙中山的主张，情愿毁家相助。是时，孙德彰有牛数千头，田地数百顷，华侨之间以“茂宜王”（夏威夷王）戏称之。

是以，近代中国第一个革命组织“兴中会”，便在孙先生极其艰难的发动之下，筹组成功。这时是公元1894年11月24日，“兴中会”成立当天，是在夏威夷卑涉银行的经理何宽家里举行的第一次成立大会，那天会议的主席是孙先生本人，到会的人有：何宽、李昌、刘祥、程蔚南、邓荫南、郑金、黄亮、黄华侠、钟木贤、许直臣、卓海等20余人。主持会议的时候，孙中山发言表示，今天成立的这个会社，定名为“兴中会”，我们的宗旨是要挽救国家危局。孙先生接着说，从事革命事业的人必须牺牲，不是一般的会社签个名附议就可以了。所以，参加的人必须郑重宣誓，矢信矢忠，有始有终，才可以把事业搞成功。当天开会过程中，一个重要的程序便是成员的宣誓仪式。孙先生自己率先在会议中宣誓，由成员李昌宣读誓词让全员听清楚，再由孙先生用左手按在一本《圣经》上，右手高举，上帝“鉴察”这项宣誓仪式。

誓词内容是这样的：“联盟人某省某县人某某，驱逐鞑虏，恢复中国，创立合众政府，倘有二心，神明鉴察。”

“兴中会”成立以后，按原本的计划，孙先生打算到美洲拓展会务。这时，他接到上海革命同志宋耀如的信函，称中日战争清军屡为日军所败，朝鲜失陷，旅顺不保，天津和北京震动，清政府的威信扫地，民心激愤。更急要者，是中华民族面临的深重危机，已经愈来愈彰显，此时不救国，更待何时？宋耀如写信要孙先生速回国内。于是孙先生停止美洲之行的计划，在同志邓荫南等人的陪同下，踏上返回祖国的归途。（按：宋耀如出身传教士与商人，是孙先生革命时期非常重要的幕后金主，他出钱出力，对革命出力甚巨，他正是日后孙夫人宋庆龄女士的父亲。）

回到香港，将“兴中会”的总机关设于此，并把另一个革命机关“辅仁文社”也并入“兴中会”，为了掩护安全，外头的招牌挂着“干亨行”，以规避港英及清廷密探的侦察。

公元1895年2月27日，香港的“兴中会”召开成立大会，这一天，孙先生发布了“兴中会”的宣言书，书文指出：“中国积弱，至今极矣！上则因循苟且，粉饰虚张；下则蒙昧无知，鲜能远虑。堂堂华国，不齿于列邦；济济衣冠，被轻于异族。有志之士能不痛心！夫以四百兆人民之众，数万里土地之饶，本可发奋为雄，无敌于天下。乃以政治不修，纲维败坏，朝廷则鬻爵卖官，公行贿赂；官府则剥民刮地，暴过虎狼。盗贼横行，饥馑交集，哀鸿遍野，民不聊生，呜呼惨哉！方今强邻环列。虎视鹰瞵，久垂涎我中华五金之富，物产之多，蚕食鲸吞，已见效于踵接；瓜分豆剖，实堪虑于目前。呜呼危哉！有心者不禁大声疾呼，亟拯斯民于水火，切扶大厦之将倾，庶我子子孙孙，或免奴隶于他族。用特集志士以兴中，协贤豪而共济，仰诸同志，盍自勉旃。”

革命机关正式成立之后，孙先生的首要任务便是策动起义。他与同志杨衢云、谢缵泰、黄咏商等人商讨攻打广州的计划。香港富商之子黄咏商相当积极，他主张汉族是否极泰来，从种种迹象观察，清廷已经显露败亡的迹象，此时策动武装起义正是时候。黄咏商言行一致，他卖掉了香港苏杭街的洋楼一幢，将所得款项8000大洋捐助革命。

香港“兴中会”成立后一个月，在香港“干亨行”的一次重要干部会议上，大家共同决议攻取广州作为革命根据地，会议决定派遣3000名勇士，从香港乘船到广州发动武装起义。陆皓东在这次会议上，提议以他手绘的青天白日旗，作为“兴中会”的革命军旗，这项提议也获得会议的通过。

香港“兴中会”成立半年后，同志们在“干亨行”（香港中环士丹顿街十三号）的活动，受到了港英殖民当局的关注，殖民当局行径宣布下令封闭“干亨行”。为了继续秘密集会之所需，为了逃避港英警探爪牙的侦察，孙先生与革命同志更改密会地点，改于香港西营盘的杏花酒家开会，第一次在杏花酒家的会议中决定了革命成功之后，成立临时政府的政策及攻取广州的方法策略。

既然决定了广州为袭取的目标，则必须在广州设置前进指挥所，以机动策应起义行动。1895 年 10 月 6 日，孙先生和同志在广州成立了“农学会”组织，这个以“农学”为掩护名称的单位，其实就是孙先生和同志策划第一次广州起义的机关。孙中山这时依旧以行医为借口，在广州市面上活动，并借着医生的名号，结纳广州地方上各阶层人士，他仍不改其放言高论的习惯，识者和不熟悉他的人，依旧视之为一个爱发牢骚的人，并未意识到孙先生正策划一次武装起义活动。而“农学会”的创会缘起书，也未给人暴烈革命的概念。“农学会”创会缘起书是这么写的：

说者徒羡其国多善政，吾则谓其国多士人。盖中华以士为四民之首，此外则不列于儒林矣。而泰西诸国则不然，以士类而贯四民。农夫也，有讲求耕植之会；工匠也，有讲求制器之会；商贾也，有讲求贸易之会。皆能阐明新法，著书立说，各擅专门，则称之曰农士、工士、商士，亦非溢美之词。以视我国之农仅为农，工仅为工，商仅为商者，相去奚啻霄壤哉？欲我国转弱为强，反衰为盛，必俟学校振兴，家弦户诵，无民非士，无士非民，而后可与泰西诸国并驾齐驱，驰骋于地球之上。若沾沾焉以练兵制械为自强计，是徒袭人之皮毛，而未顾己之命脉也。恶乎可？……某也，农家子也，生于畎亩，早知稼穑之艰难，弱冠负笈外洋，洞悉西欧政教，近世新学，靡不博览研求。至于耕植一门，更为致力。诚以中华自古养民之政，首重农桑，非如边外以游牧，及西欧以商贾强国可比。且国中户口甲于五洲，倘不于农务大加整顿，举行新法，必至民食日艰，哀鸿遍野，其弊可预决者。故于去春，孑身数万里，重历各国，观察治田垦地新法，以增识见，决意出己所学，以提倡斯民。……今特刱立农学会于省城，以收集思广益之实效。

孙先生非常重视广州革命起义对全国与国际的影响，特别要革命党人朱淇草拟中文的“讨满檄文”，另请英国人黎德及高文草拟英文版的革命对外宣言。孙先生殊不知由朱淇草拟“讨满檄文”恰恰为广州起义失败预埋了第一记伏笔。

“讨满檄文”写好的第二天，“兴中会”再次召开会议，这次会议的重大议程，是要选举“总办”，也就是“兴中会”的“会长”，但不论“总办”也罢，“会长”也罢，这只是中文的名衔，孙先生及一班留过洋的同志，给“总办”起了一个英文名字，称为“伯理玺天德”，就是把英文 president 用广东话发音给翻译成了这个名字。而“伯理玺天德”用今天的话来翻译，其实就是“总统”的意思。当年的革命同志和孙先生的共同意思，就是要在起义之前，选出未来革命成功之后的中国“总统”。如果以我们后见之明的角度品评之，孙先生这种还未成事就先“封官加爵”的做法，实在不是一种脚踏实地的处事态度。这也无异为这次行动的失败加添了第二记伏笔。

果然，接下来的问题浮现了。同志杨衢云可能心态上认为，既然你孙先生是老大，为何你当老大的人不到最前线，却要命令我上前线面对敌人？杨衢云不愿意到最前线的广州，明眼人一眼就可以看出来，杨氏明显和孙中山之间存在一种芥蒂。孙中山只好让杨衢云留在香港，命杨衢云处理驻留香港的枪械输送、人员接送等后勤事务。孙中山便将香港的枪械、钱款的调度权交给了杨衢云。但杨衢云却不以此为满足，在杨氏得到了钱款和调度大权之后，反进一步要挟孙中山，希望孙先生把“伯理玺天德”的职位让给杨某做。从这里我们可以窥知，“兴中会”组织成员原本背景即较复杂，有洋溢着爱国心的热血青年，也有满脑子功名利禄、酒色财气的牛鬼蛇神，会里头真正和孙中山算是铁杆兄弟的郑士良、陈少白等人看不过去了，和洪门关系亲近的郑士良甚至告诉孙先生，何妨我把姓杨的给杀了，以绝后患。

孙先生这时可能意识到，尚未成事就争相抢夺“伯理玺天德”的虚位，实在太不成体统，这是孙先生第一次举事犯下的大忌，他忽略了人性的弱点，所有的人内心深处都有一种潜意识：只可共患难，不可同安乐！无可奈何，举事已经如箭在弦，不可不发，孙中山只得把这“兴中会”的“伯理玺天德”总办虚衔让给了杨衢云。让位的第二天，孙中山就偕同郑士良两人联袂去了广州。

未料，孙先生人刚到广州，这时，前边讲过的第一记伏笔出现了最致命的麻烦。革命党人朱淇，奉孙先生之命，撰写一篇“讨满檄文”。写这篇文章的时候，朱某被他的兄长朱湘发觉了，追问之下，惊觉有这么一桩意图谋反的事。这朱湘极不乐意自己弟弟掺和其中，何况意图谋反，这在清朝可是重则可满门抄杀的重罪，朱湘便以朱淇的名义，向缉捕委员李家焯自首，希望将功赎罪。这李家焯得报之后，知道事情非同小可，随即展开张网行动，在孙中山的周遭布下了天罗地网。孙中山这时还满以为天不知、地不知，还谈笑自若去参加友人王绅宅邸的喜宴，吃酒席之间，孙先生发现有清廷兵警在附近监视，虽有警觉，却不以为意，还说说笑笑跟友人谈论：“这些兵警来这里难道是来捉我的吗？”孙先生和平日一样，放言高论，毫不把身边的微妙变化放在眼里。

吃完酒席，孙先生几分酒意，很从容地离开王绅家，回到自己住的地方。这时，危机愈逼愈近，缉捕委员李家焯得到朱湘的报告之后，跑来跟广东总督谭麟阁报告，称有人即将谋反。谭麟阁急问到底何人想谋反，李家焯称是孙文（孙中山），谭麟阁说：“你别说笑了，孙文就是一个读书狂人，爱吹牛皮，他创了一个‘农学会’，李少帅还支持他，孙某焉敢谋反，不至于，不至于。”李家焯报告完毕，也顾不得总督信不信了，但这时广东省方面已经做了若干布置，重要据点都做好了警力部署。

所谓“事机不密”，孙先生的第一次举事，有两件“事机不密”之处。一是请朱淇写“讨满檄文”太过张扬，消息外泄；二是孙先生自身身为统帅，到广州活动，不但公开暴露身份，而且四处放言无忌，动作太过孟浪。两个“事机不密”，把革命当成“请客吃饭”那么公开、容易，焉有不败之理？

福无双至祸不单行的事还不止一桩，香港杨衢云那头又出了纰漏。举事前两天，杨衢云为了分发枪械的事情，和同志吵了起来，有同志认为杨衢云分配不公，和杨衢云吵架不休，内部闹得不可开交。香港那边炸了锅，杨衢云控制不了场面，就发了一封电报给孙先生，称行动要往后延迟两天。所谓延迟两天，就是指原定要从香港运送300名会党先锋队人员的行动，必须往后顺延。这么一犹豫，清廷派驻在香港的官吏早已得到线报，一名叫韦宝珊的密探得知了“兴中会”人员所有的行动计划，广东清廷官员得到韦某的通报之后，马上加强了防备。

广东总督谭麟阁得知情报之后，发觉原先李家焯的情报果然属实，并未夸大，立即调遣长洲大营的清兵1500人回防广州。缉捕委员李家焯带着兵丁搜查广州王家祠、咸虾栏等地的革命党秘密机关，在这些地方查获了大批的旗帜、武器、军服和铁斧等证物，并且在革命机关逮捕了在那里逗留的陆皓东、程奎光、程耀宸、刘次、梁荣、程怀6人。

原先杨衢云和香港的同志之间发生意见不合，彼此僵持不下时，曾经发电报给孙中山，电报电文的暗号声称“货不能来”，表示行动暂缓，孙中山得电之后回复了一封电报给杨衢云：“货不要来，以待后命”，谁晓得这时却发生了令人大感阴错阳差的怪事，香港方面的人员和枪支还是如期抵达了广州。原来，当杨衢云接到孙中山回电立马给了孙中山第三封电报，电文上说：“接电太迟，货已下船，请接。”

以上，这是杨衢云这边发生的反反复复，和广州方面的孙先生在联系上又毫无默契章法，导致广州的同志进退失据，跑也不是，干也不行，搞得大家狼狈不堪。可见，孙先生这次行动所托非人。

广州这边和香港之间联系失序，另外，香港运送到广州的枪械武器也出了麻烦。原来香港的革命党人带着以普通货物掩护伪装的武器军火，运上搭乘的“保安轮”，其中有洋枪 7 箱，因为上船装载的时间最早，所以被其他后上船的货物积压在货舱的最下层，等到“保安轮”抵达广州，要靠泊码头了，革命党人这才发觉他们随船运送的长短武器，全部被其他货物压在船舱最底层。突袭队员手无寸铁，这已经够窝囊够糟糕了，更糟糕的是缉捕委员李家焯、南海知县李征庸早就得到通报，以逸待劳，率领大队清廷兵勇在码头上严阵以待。等到革命党人丘四、朱贵全等 40 余人上了码头，兵丁一阵吆喝，围拢过去，将这 40 多名革命党人一网成擒，后面有些刚下码头的人见机不妙，一哄而散，清兵分途捉拿，等于是行动尚未展开，革命党人的主力部队已经损失殆半。

核心党人被捕者有陆皓东、丘四、朱贵全等人。陆皓东被捕后，革命党人及家属曾设法营救，并动用了美国领事到广东南海县署衙门探问，美国领事表示，陆皓东是耶稣会教徒、上海电报局的翻译员，并不是所谓的乱党，美国领事还愿意保释陆氏，但是南海县署官员拿出陆皓东的供词给美国领事看，这是陆皓东亲笔写的供词，不容否认。美国领事也无话可说。清廷当局依大清律令处置革命党人。如陆皓东、丘四是被处斩，朱贵全被凌迟而死。

所幸，事发当天，孙先生的行踪未被清廷侦悉，事发后，清廷官吏悬赏 1000 银圆捉拿孙先生。孙先生躲到了他熟识的牧师朋友王煜初的家里，再从王家雇了一条小汽艇，到唐家湾，改雇轿子，跑到了澳门，再转往香港。终于顺利脱险。从虎口挣脱，孙中山先去访晤了西医书院的老师康德黎，康德黎为孙先生引介了一位律师达尼斯，并询问律师孙中山如果留在香港的安全性问题，律师认为，清廷很可能通过引渡追捕孙先生，情非得已，只好偕同陈少白、郑士良等同志搭乘日本轮船“广岛丸”逃离香港，前往日本。孙先生抵达日本之后不久，港英当局果然宣布，孙文因在香港组织革命团体，反对清政府，对香港地方治安和秩序有危害之嫌，自1896年起，禁止孙文在香港居留，时限5年。他等于暂时成了政治难民，有家归不得矣。

经过两个星期的海上旅程，孙先生来到日本神户，第一个访晤的对象是老朋友冯镜如，冯镜如在日本横滨开了一家印刷店。孙先生在冯镜如的接待与帮助之下，与日本当地的革命党人冯紫珊、谭发、黎达卿、黎炳垣、赵明乐、赵峄琴、温遇贵等10余位同志会面，孙中山和大家讨论如何在日本成立“兴中会”分会的事情。但是，这时同志们之间弥漫着失败主义的氛围，不愉快的消息接二连三而来。随着中日战事的告一段落，中日《马关条约》之后，中国驻日本的新公使即将到任，市面上传播着让革命党人不安的消息，比如，日本政府很可能同意清廷当局引渡孙中山等人回国。孙中山被迫做了前往美国的远行准备，为方便易容改装，孙先生剪去了他的发辫，蓄起了西洋人流行的西装头。

正所谓成王败寇，孙中山想远赴美国，但是这时他的经济问题陷入了极端困窘之中，首先必须解决的是赴美川资的难题。他开口向横滨的同志借500日元旅费，竟然没有一个人肯伸出援手，最后只好再回头找收留他住宿的冯镜如兄弟，冯氏兄弟义气十足，当即应允出借500元。孙先生拿了这500元，分给郑士良100元，要郑氏回香港招回失散的同志，徐图再起，孙先生买了一张船票，前往夏威夷，打算先去投靠兄长孙德彰。

檀香山的情况比起日本好不了太多——除了在夏威夷有兄长孙德彰的亲情义气支持。孙先生在夏威夷各岛游历，宣传革命思想，引起共鸣的实在屈指可数。在华侨之间募集革命军费，跑完整个夏威夷，只得6000美元。

夏威夷是“兴中会”首创之地，但历经了广州起义的失败，这里的同志亦是弥漫着失败主义，导致了会务停摆，同志们不像创会时那样关心会务。所幸，部分“兴中会”人员又筹组了一个“中西扩论会”，这个组织的同志对孙先生满腹热情，推举孙先生为该会会长。为了日后培训革命干部，还在孙先生的带领之下，举办了一个军事训练班，聘请了一位丹麦人担任军事训练的老师，每日实施操练。

孙先生十分明白，夏威夷的格局毕竟不大，如果革命要成功，必须从美国、欧洲着手，唤起当地华侨社会对祖国形势的关切，出钱出力，众志成城，方可形成一股澎湃汹涌莫之能御的潮流。

在夏威夷流亡岁月中，竟亦难得拥有政治难民罕有之天伦乐趣。孙先生抵达夏威夷不久后，他的母亲杨老夫人、孙先生的原配卢夫人、长子孙科、长女孙金琰都相继从故里远赴夏威夷来相聚，家人受到兄长孙德彰的悉心接待，一家和乐，团聚于异国，教人不胜感叹。兄长亦对孙先生鼓励宽慰有加，勉励他从失败中吸取教训，必有东山再起之日。

幸得兄长孙德彰财务支持，得以有川资游历美洲、大陆与欧洲。

第三章

游历欧美　伦敦蒙难

1896年6月18日，孙中山搭船抵达美国西岸旧金石埠。这是孙先生头一次到美国，当年美国的领土尚不及大清帝国之幅员辽阔，但是，孙先生从美国西海岸登陆以后，坐上前往纽约的火车，沿途景致让他深受感动，心想有朝一日，中国走上共和的道路，必可像美国一般建设成富强康乐的现代国家。在铁路沿线，只要有华侨的城镇，他必定停留盘桓，少则数日，多则十几天，孙先生尽量在华侨聚集的场合，登高演说，告诉侨民，祖国已经面临存亡绝续的危难关头，甲午之战，我国竟然败于东方蕞尔小邦，如果我们这一代的中国人不猛醒，坐令清政府继续腐败无能，让中国成为各国的殖民地，中国就有亡国灭种的危险。孙先生告诉华侨，要让国家富强，只有改革一途，而驱逐鞑虏恢复中华，创立合众政府，尤为不二良方。但是尽管孙先生讲得舌敝唇焦，能够对孙先生的革命主张产生共鸣者，每个城市少则几个人，多则10多人。

双方初次接触，华侨社会对孙先生的革命主张反响不大，一时之间很难改变此种现实。然而，在国内曾与他关系密切的洪门，在美国也有洪门组织叫“致公堂”，孙先生基于“同门之谊”必去拜会，但美国的洪门“致公堂”与孙中山的初体验，明显并未投射较大的温情。当然，孙中山向“致公堂”宣传革命，要求他们赞助经费，得到的回响更不会热烈。久居异邦，大家面对的是如何在国外讨生活，所谓“反清复明”，对他们来说也是早已十分淡薄的前尘往事了。孙先生日后在讲述三民主义时，亦曾举例洪门丧失民族主义，结果反被清朝异族利用的故事，以此来说明当初他在奔走革命时，唤醒洪门弟兄民族思想遭逢的艰难。

孙先生在讲述三民主义说过一个不胜感慨的掌故：“到了清朝中叶以后，会党中有民族思想的，只有洪门会党。当洪秀全起义之时，洪门会党多来相应，民族主义就复兴起来。须注意：洪门不是由洪秀全而得此称；当是由朱洪武或朱洪祝（康熙时有人奉朱洪祝起义）而得此称谓，亦未可定。

洪秀全失败以后，民族主义流传到游民，那时的军队如湘军、淮军多属会党，即如今日青帮、红帮等名目，也是由军队流传而来，明朝遗老宣传民族主义到下流社会里头，但是下流社会的知识太幼稚，不知道自己来利用这种主义，反为人所利用。比方在洪秀全时代，反清复明的思想已经传到了军队里头，但因洪门子弟不能利用他们，故他们仍然是清兵。又有一段故事，也可以引来证明。当时左宗棠带兵去征新疆，由汉口起程到西安，带了许多湘军、淮军，经过长江。那时会党散在珠江流域的叫作三合会，散在长江的叫作哥老会。哥老会的头目，叫作'大龙头'。有一位大龙头在长江下游犯了法，逃到汉口，那时清朝的驿站通消息固然很快，但是哥老会的马头通消息更快。左宗棠在途上，有一天忽然看见他的军队自己移动集中起来。排起十几里的长队，便觉得非常诧异。不久接到一件两江总督的文书，说有一个很著名的匪首，由汉口逃往西安，请他拿办。左宗棠当时无从拿办，只算是官样文章，把这件事搁起来。后来看见他的军队移动得更厉害，排的队更长，个个兵士都说去欢迎大龙头，他还莫名其妙。后来知道了是兵士要去欢迎的大龙头，就是两江总督要他拿办的匪首，他便慌了起来。当时问他的幕客某人说：'什么是哥老会呢？哥老会的大龙头和这个匪首有什么关系呢？'幕客便说：'我们军中自兵士以至将官，都是哥老会。那位拿办的大龙头，就是我们军中哥老会的首领。'左宗棠：'如果这样，我们的军队怎样可以维持呢？'幕客说：'如果要维持这些军队便要请大帅去做大龙头。大帅如果不肯做大龙头，我们便不能出新疆。'左宗棠想不到别的方法，又要利用那些军队，所以便赞成幕客的主张，也去开山堂做起大龙头，把那些会党都收为部下。由此便可见左宗棠后来能够平定新疆，并不是利用清朝的威风，还是利用明朝遗老的主义，中国的民族主义，自清初以来保存了很久。从左宗棠做了大龙头之后，他知道其中的详情，就把马头破坏了会党的各机关都消灭了。所以到我们革命的时候，便无机关可用。这个洪门会党都被人利用了，所以中国的民族主义，真是老早亡了。”

在美国盘桓了3个多月，1896年8月17日，搭乘“麦竭斯底”号轮船从纽约前往英国利物浦，并转往伦敦。但是孙先生的行踪已经完全被清政府驻美国官员掌握，并且电报英国的清政府大使龚照瑗，而龚照瑗为了了解孙先生到英国的全盘动态，命令清政府驻伦敦的英国籍二等参赞马格里爵士，由马氏委托了司赖特侦探社，全程跟监孙中山在英国期间的动态，从孙先生登岸，乘火车前往伦敦，即一路紧跟不舍。

到了英国首都伦敦，孙先生安顿好旅馆住宿事后，第一件事便是去找昔日香港西医书院的老师康德黎。康氏为孙中山另外安排了一个与自家较近的住处，一处位于伦敦葛兰法学协会场八号宝勒特小姐开设的私人公寓。孙先生在旅馆住了一晚之后，第二天就搬到这处私人公寓。

康德黎是外国友人中与孙先生最亲近者，所以彼此一直维系着不错的亦师亦友的关系。刚到伦敦的那几天，孙先生每天必定到康宅报到，在康宅吃饭，与康老师聊天，闲话家常。吃饭时，康德黎夫人告诫孙先生：“你信不信，你们中国驻伦敦公使馆的人要是认出你来，他们可是会把你解送回中国的。”孙先生听了这番话，不禁开怀大笑。

不久，孙先生去访晤西医书院时期的英国老师孟生博士，孟生也告诉孙先生同样的话，提醒他千万要提高警觉。可见孙先生的朋友都比他着急，希望他绝对不可掉以轻心。从孙先生刚到伦敦，竟然连中国公使馆位于哪里都不清楚，可知这时期的孙先生的确欠缺警觉心，更危险的是，孙先生对自己已经身陷危境，竟毫无所知。

我们举孙先生到伦敦后第10天，1896年10月10日这天为例。当年31岁的孙先生，初来乍到，除了去康德黎家和孟生家之外，不是去伦敦大英博物馆参观，便是遍访各处名胜古迹。10月10日这天，孙先生选择去英国国会上下两院参观，盘桓逗留了两个多钟头。当天其他的时间，便是在一处公园闲逛，并且游历了动物园和植物园，然后就回到住的私人公寓休息。与此同时，清廷驻英国公使龚照瑗拍发了一通密电给他的同僚，电文内容称："孙文已到英，外部以此间无交犯约，不能代拿。闻将往法，现派人密尾。"这封密电透露，清廷正密切注意孙中山的动态，派人悄悄跟监，而孙先生本人却无警觉心。另外一个重要的资讯是，清廷虽然积极争取英国当局协助缉捕孙中山，但英国当年和清廷没有"交犯约"——也就是没有订定犯人引渡条约，因此英国拒绝清廷在英国境内抓捕清廷的钦命要犯。

就在孙先生欠缺危机意识的情况下，10月11日这一天，孙先生出事了。

这是一个星期天，孙先生早上8点起床，用过早餐之后，于10点半钟离开住的葛兰旅店。他打算和康德黎一家同去覃文省街的礼拜堂做礼拜，刚步行到波德广场附近时，一名黄皮肤东方人悄悄出现在他身后，这是孙先生到伦敦之后第一次见到东方面孔，他起先有些惊讶。那个人走到孙先生身旁，用英文问孙先生："你是日本人，还是中国人？"孙先生回答："我是中国人。"这人又问孙先生你是哪里人？孙先生直接回答："广东。"而且互报姓氏，孙先生直接说我姓孙，那人说他姓邓。孙先生便与这人攀谈起来，问起伦敦有多少中国人，邓某答称伦敦中国人很多。孙先生不疑有他，还问邓某住哪里，邓某指着远处，我住那块。他们一边走，一边有一句没一句地聊着，忽然迎面又走过来一个中国人，邓某为孙先生介绍，还彼此握了握手。这两个中国人便坚持说他乡遇中国人，到我住处去坐坐吧，大家喝个茶吃个点心聊聊。

孙先生这时似乎意识到如此唐突去陌生人住处不妥，借故推辞，便站在路边的石阶梯上礼貌客套一番，正待结束这次的"不期而遇"，这时身边又不知从什么地方窜出了一个中国人，加入了交谈，这时孙先生可能发觉情况有些诡异了，怎么伦敦的中国人全聚到一块儿来了呢？就在孙先生正琢磨着如何脱身，说时迟那时快，姓邓的那人忽然一声不吭扬长而去，留下孙先生和另两个中国人，这两人就不像姓邓的那么斯文了，边拉边推，硬要逼着孙先生往一旁的房里走去，但脸上还是带着装出来的笑容，等到一步步靠近一幢房子的大门口，那两人根本不让孙先生有挣脱的机会，一把揪住孙先生就往屋里推去："让我们都进屋里说话吧！"

进了房门，走在后面的那个中国人把门锁上了，直到这个时候，孙先生都还不知道这屋子就是清廷驻英国公使馆所在地，所以，还不知道什么是害怕，他只担心，来这里和两个陌生中国人谈天，不免要耽误和康德黎老师一家上教堂的时间。正在焦躁之间，那两个中国人邀请孙先生上二楼，这时孙中山发觉情况越来越不对劲，就问两人，刚才那位邓先生怎么不见他来？"你别啰唆，上楼就是！"两人说话的口气已经从原先的友好礼貌，变成命令胁迫。孙先生又问他们："要我上楼究竟是为了何事？""你尽管上楼，别问了。"上了二楼，只见到那里又有两个中国人交头接耳，状甚神秘，这两人见到孙中山，停止了交谈，以挟持的手段把孙先生拉到一间屋里，叫他坐下。

孙中山在那儿忐忑不安地坐着苦等，过了一会儿，走进来一个英国人，自称叫马格里，进了房间就问孙先生："你就是孙文吗？"孙先生不否认，回答："我姓孙。"马格里这时言归正传："我们得到中国使臣从华盛顿发来的电报，说孙文乘'麦竭斯底'号轮船来英国。"马格里告诉孙先生："你之前上书总理衙门的政策很好，但目前总理衙门急着要找你，你必须在这里等候，我们正在等待命令。"孙先生问："你们需要多久才可以让我走？"马格里说："需要18个小时。"孙中山说这么久，那必须把行李取来，我请我的朋友孟生博士，请他为我提取行李。马格里答应了孙中山的请求，差人拿纸笔给孙先生写信，他在信纸上写了一句："我被监禁在中国公使馆。"马格里见到便说："我不希望你用'监禁'两字。请你只要告诉他代为把行李取来便可以了。"孙中山只好另外写一张字条："我现在在中国公使馆，请你代为将我的行李取来。”马格里看过字条之后说：“这字条还得公使同意之后才可发出。”说完便把字条取走。马格里关上门，上了锁之后便离去，到整个事件结束，他再也不曾出现。

房间陷入深深的幽暗之中，孙先生此刻确认自己是被清廷公使馆关押了。几分钟后，他听见门外有人钉钉打打的声响，研判应该是公使馆请了工匠加固门锁。门外有两个壮汉守候，一个中国人，一个英国人。

孙先生焦急地盘算着，该用什么方法逃离虎口。第二天，先后有两名仆人打扮的英国人进来房间，送饭及为壁炉添煤。孙先生分别请两人递送名片给康德黎。其中一名仆役告诉孙中山，你的名片已经送出去了。但是，另一个叫柯尔的仆人比较老实诚恳，他说，今天都还没空出公使馆，有空一定为你送出去。

到了第三天，原本在街头借故与孙先生搭讪、把他诱骗到公使馆的那个姓邓的人出现了，此刻姓邓的告诉孙中山他的名字叫邓廷铿。邓在孙先生房间里以威胁的语气说，公使馆已经在雇船，准备把你孙某送回国内行刑，面露得意之色。孙中山回答邓某：“依据国际法，公使馆没有这种权力。”实际上，清廷公使馆哪里会理睬什么国际法，公使龚照瑗拍了一通电报给总理各国事务衙门，希望雇商船把孙中山押解到广州，但电报是用暗语说：“现在正在设法买商品，直接送往广东，中间不停泊英国口岸，万无一失。”

孙先生被关押的第六天，北京回复公使馆的电报称，你们正买东西直接送往广东的法子很好，请照办即可，运费要 7000 英镑，不用担心这个数目，请在汇丰银行暂行拨用。危机深重的情况下，出现了一线微弱的光线，公使馆有一名英国籍的女管家霍维太太，虽然不认识孙先生是何人，但见到公使馆的中国官员鬼鬼祟祟，把一个中国绅士关押在房内，这肯定不是干好事，便劝仆人柯尔，应该为孙先生传递信件给外头的朋友。后来，柯尔告诉这位霍维太太，自己处在天人交战，被关押的这个中国人（孙先生）

央求他传信出去给朋友。霍维太太问他是怎么一回事，柯尔说，这位被关押的中国人用英文告诉他，中国的皇帝极端仇视基督徒，所以想要拘捕我送我回国杀害，我就是一个中国的基督徒，而且还极力主张改革中国的内政，如果我的情况被英国人民知道了，必定会同情我的际遇。我如今的命运完全靠你是否肯出手搭救，如果你能为我送出这封信，我就可以逃过一死，不然我只有死路一条了。请你三思，你到底是忠于上帝比较重要，还是忠于雇主比较重要。

柯尔便把孙先生告诉他的事情，跟霍维太太说了。当下，霍维太太就告诉柯尔，显然中国公使馆是要诱捕这个可怜的中国基督徒，看在上帝的分儿上，你应该帮助人家，我如果是你，我一定帮这个忙。柯尔被霍维太太说动之后说："对，这位孙先生不过是写了几行字给康德黎博士，又不是做什么伤天害理的事，我为他送信，也不会被人发现的。"

第二天晚上，柯尔为孙先生写了一封求救信，但他不敢去投信，而请霍维太太趁着夜色和伦敦的大雾，塞到康德黎家的信箱里。夜里 11 点，心神不宁的康德黎，在自家信箱里发现一张字条，上头写着："你有一个朋友，从上个礼拜天就被关押在中国公使馆里，他们打算把他送回中国。如果送回去，肯定会被杀死，这个可怜人的下场将极其悲惨，请你立刻想想办法，如果他被押解离开英国，是不会有人知道的。我不能在这封信上签署任何名字，但请相信这封信内容的真实性。希望你能尽一切可能的力量，再晚就来不及了，你的朋友的英文名字叫 Sin yen sen（按：事实上柯尔把孙中山的英文名字拼错了字）。"

投信之后的第二天早晨，柯尔和霍维太太再见面，霍维太太表示，昨晚已将信投至康宅信箱，霍维太太鼓励柯尔能亲自去见康德黎，好人做到底。柯尔正面回应了霍维太太的建议，他决心拯救孙先生。柯尔趁着上午要为孙先生送煤炭的机会，在纸篓里丢了一张纸片，柯尔指了指纸篓，随即离开房间。孙先生在柯尔走后从纸篓里取阅那张字条。只见上头写着：“我会为你递送书信给朋友，但是你写信时千万不要在书桌前写，因为守卫从外头的房门钥匙孔可以窥见你的动静，希望你千万记得必须伏趴在床上写信，这样你的动静才不会被窥伺。”孙先生赶忙取出自己的名片，面对着墙壁，伏在床上，振笔疾书，一共写了两页纸。到了那天中午，柯尔假借送饭的机会，来为孙中山取信，孙先生送给了柯尔 20 英镑酬谢。

话说，康德黎得到第一天柯尔写的字条之后，知道孙先生这几天失去踪影的原因，竟然是被清廷驻伦敦使馆绑架了，即刻开始展开营救行动。但是，事出突然，康德黎一时也没有什么头绪，他首先驱车到哈兰场三号，探访马格里——那天在清使馆和孙先生谈话的那位英国籍二等参事，但是康德黎没见着马格里。康德黎情急之下，又赶到公使馆附近找警察局，向梅尔蓬巷的警察局报案，再到苏格兰场见了一位探长，但因涉及外交使节的层级，相关人等都没有办法处理。到了第二天早上，康德黎又去会晤孟生教授，巧的是，在孟生家门口遇到正从孟生家走出的柯尔，柯尔刚和孟生见过面，也是来谈孙先生被绑架的事件，遇到康德黎，柯尔从口袋里出示了孙先生写的一张名片，并且提醒康德黎勿被在清廷使馆工作的马格里骗。

康德黎接到柯尔的示警以后，更加惊恐，连忙与孟生博士联袂造访了苏格兰场的总警察厅，要求英国警方能出面干涉清廷公使馆的这种绑架行为。之后，还去了英国外交部，但是仍然束手无策。

康德黎与孟生突生一计，由孟生单枪匹马一个人跑到清廷驻英使馆，直捣龙门，孟生开门见山就说，中国公使馆以绑架的手法挟持了孙逸仙大夫，这事已经被英国方面知悉了，意思是要清廷公使馆有所收敛。哪里晓得清廷公使馆由邓廷铿出面，向孟生博士狡辩澄清并无此事，抵死不承认，中国公使馆绝对没有绑架孙中山。孟生和康德黎拿邓廷铿一点办法儿都没有。

下下之策，只有去雇了一位私家侦探，在清廷公使馆门口 24 小时守候，严防清廷把孙先生转移到其他地方。另外，两人通过和新闻界的关系，把此内幕透露给了《泰晤士报》的新闻记者，但《泰晤士报》表示此事如果无从查证其为真实，他们也不能做猜测性的报道。

又过了一天，事情出现了峰回路转的转机。10 月 19 日，已是孙中山被囚禁的第 9 天。康德黎这天一早增加聘请了一位私家侦探，守候在清廷公使馆门口，防止孙先生被挟持偷运出境。康德黎写了一封信给英国外交部，收信人是英国外长沙里士堡侯爵。随即，英国政府也有了动作，竟由英国外交部主动聘请了 6 位私家侦探，在清廷公使馆门口看守。外交部做出这个动作之后，继而又由英国外交部次长山德森，写信给清廷公使馆的马格里爵士，山德森正告马格里，下令马格里前往英国外交部汇报，澄清外界的质疑。山德森告诉马格里，如果在英国境内公然逮捕及囚禁政治人犯，这已经不属于外交豁免权的范围，英国外交将采取干涉行动。

然而，事件急转直下的关键点，不仅止于此。在英国外交部对清廷公使馆采取行动的同时，康德黎也把整起事件的经过内幕，透露给英国另一家报纸《地球报》知悉，《地球报》总编辑知道这则消息之后，立刻要求康德黎接受记者专访。当天下午，《地球报》的新闻记者访晤了康德黎，康德黎把他所知道的清廷公使馆在英国领土上非法绑架、囚禁中国革命党人孙中山的来龙去脉，做了详尽解说。第二天《地球报》以醒目而惊悚的标题报道："令人震惊的新闻""中国革命党人孙中山在伦敦街头被公然诱捕""公使馆内囚禁孙中山"。当天报纸揭露了这则消息后，整个英国朝野炸了锅，伦敦舆论大哗。康德黎的寓所门口来来往往的访客络绎不绝。

英国的新闻记者也是得理不饶人，为了跑得最新的进展消息，无不铆足全力，想尽各种手段采访最新的消息动态。有两家英国报社《中央新闻》《每日邮报》记者竟直接跑到清廷公使馆，按门铃指名要探访被囚禁中的孙先生。搞得清廷公使馆人员头皮发麻，不知如何打发这些难缠的记者，只好再由馆员邓廷铿出面挡人，并且狡赖说公使馆里没有孙某这个人。无奈，新闻记者就是不相信。《中央新闻》的记者告诉邓廷铿，你不必掩饰了，孙某被你们囚禁，如果不马上释放他，我们的新闻见报之后，明天早上会有数以千计的市民来包围使馆，你们如果激怒了伦敦市民，这后果不是你们收拾得了的。邓廷铿吓得不敢出声。

果然，清廷公使馆终因非法拘捕孙先生，遭遇到了空前的大麻烦。孙先生的囚室也因而照进了13天来第一道曙光。10月23日，英国外交部部长沙里士堡侯爵接到了康德黎的信函，又有鉴于英国各大报纸报道孙中山被囚禁消息后市民群情激愤，知道此事非同小可，随即向清廷公使馆提交了外交照会，要求清廷公使馆应该尽速释放孙中山。不光如此，英国外交部特地派遣专人，偕同苏格兰场的警察、侦探长，并邀请了康德黎博士，联袂到清廷公使馆。如此阵仗，浩浩荡荡，吓得清廷公使馆上上下下一时慌了手脚。出于无奈，公使龚照瑗在极其困窘尴尬的情势下，最后终于决定释放孙中山。清廷公使馆中国籍官员没有颜面面对孙中山，乃由马格里出来向孙中山宣布："你已经恢复自由了。"

孙中山走出清廷公使馆的时候，屋外有好多伦敦市民好奇围观，新闻记者簇拥而来，都想来一睹中国革命党领袖庐山真面目。马格里陪着孙先生走出清廷公使馆的侧门，孙中山面露微笑和市民握手，人们都想争睹中国革命领袖的丰采。侦探长急忙拥着孙中山走进一部马车，车厢里等候着的是他的老师，10天来拯救他脱险的幕后英雄康德黎博士，正要陪同他一块儿去苏格兰警场结案。

孙先生重获自由之后，他从一个籍籍无名之辈，成为在英国家喻户晓的人物。我们知道，孙先生在第一次革命，1895年广州起义失败之后，浪迹日本，当他从香港辗转坐船前往日本神户之日，日本当地报纸报道称"支那革命党孙文抵日”，大约是从这个时期，“孙文”的名号才在国际上为人所知，但毕竟“孙文”之名，日文报纸是以汉字日文印行，西方人对孙先生还是比较缺乏认识的。但是，自从伦敦被清廷公使馆绑架事件爆发后，孙先生不但在东瀛小有知名度，在欧美世界也渐渐打开了知名度，成为一名颇受众人关注的中国革命者了。

这也是孙先生在伦敦饱尝13天囚禁煎熬之苦后，所得到的一种“报偿”。

重获自由之后，孙先生开始以英文潜心写作一本《伦敦蒙难记》，这本书在英国出版，孙先生益发成为英国知名人物。写完这本《伦敦蒙难记》，孙先生继续留在英国，花了5个月时间夜以继日在图书馆和“大英博物院”看书，研读各种著作。而就在这一阶段，孙先生的思想也发生了巨大的蜕变。当年，西方列强每每以结合武力与经济力量形成之殖民帝国主义，侵略世界各落后地区之国家与民族，但是，这些专门以侵略别的国家为能事的西方列强，它们自己国家内部，却先后发生了因为资本主义发达而产生的社会不安现象。诸如此类的资本主义国家的种种弊病，孙先生也希望采取挽救与预防的手段。这也是孙先生的政治思想，在民族、民权思想发展的过程中，也希望把民生主义同时解决，形成了孙先生独特的三民主义思想体系。

在说明伦敦蒙难后英国学习岁月的思想变化过程时，孙先生是这么解释整个发展经过的：“伦敦脱险后，则暂留欧洲，以实行考察其政治风俗，并结交其朝野贤豪。两年之中，所见所闻，殊多心得，始知徒致国家富强，民权发达，如欧洲列强者，犹未能登斯民于极乐之乡也。予欲为一劳永逸之计，乃采取民生主义，以与民族、民权问题同时解决，此三民主义之主张所由完成也。”

第四章

奔走东瀛　惠州起义

1897年8月16日，孙先生在历经了1年3个月的欧美之行之后，再回到东方，落脚在他熟悉的日本横滨。假如把这一年有奇的欧美之行，形容成一趟学习取经之旅，那么再度回到东方，选择落脚距离自己祖国最近的日本，无非是希望汲取过去的历史经验，卷土重来。孙先生自从1895年11月，因乙未年广州起义失败出国，迄至1897年8月，被清廷通缉在案，有家不得归，形同放逐摒诸国门外，已1年9个月。当务之急，便是如何重整旗鼓，再度号召失散各地的同志，再举义师，倾覆清朝。

避居日本，孙先生的目的自然是为了革命谋求发展，他不但是要在东瀛安身立命，也是要在这里借助于日本的友好势力，整理革命队伍，徐图再起。是以，孙中山亟须要日本这个海外的革命基地。此刻，日本刚刚在甲午之战打败中国不久，燃起熊熊侵华野心的东瀛朝野，不免觉得类似孙先生这样被清廷通缉在案的革命分子，日后是一枚在对华政治上值得运用的棋子，可以放长线，做长期的扶植。在那起由清廷主道，荒腔走板的伦敦绑架案之后，孙先生更是声名鹊起，上升为世界知名之士，因而，孙先生1897年的这趟日本之行，在日本朝野人士心目中的分量，水涨船高。此刻，不乏用心纯正，或者夹杂着别具用意的日本青年，他们开始热切地追随孙先生，在中国革命的征途中，扮演起异国同志的特殊角色。

宫崎寅藏、平山周、可儿长一，就是一批典型的代表人物。

宫崎寅藏、平山周、可儿长一，这三个人的原始身份，也可能具有特务背景的日本青年，他们在和孙先生会面之前，曾经很长一段时间为日本外务省远赴中国，调查中国的秘密结社（帮会），以及社会情势。换言之，宫崎寅藏这几个日本青年，原来负有日本政府赋予他们的调查任务，到中国从事社会调查。日本当局会这么细心地调查中国社会，自然有他们深远的图谋野心在里边的。这一点，我们在认识孙中山的日本同志时，必须要有这点体认，才不会被其表面的真诚所欺瞒。试想，一群日本青年，凭什么对中国革命那样关心？明明是日本人，凭什么会无怨无悔投身中国革命，甚至愿意“舍身取义”？这种异国“革命感情”明显是颇不合常情的。在英伦吃过清廷绑架闷亏的孙先生，是不是真的能体认日本追随者的真实目的，委实不得而知，或者孙先生只是一种为达革命目的不择手段的“将计就计”呢？

按照宫崎寅藏等人告诉孙先生的讲法，他们几个人在前往中国的半路上，平山周知道在上海的书店里有一本书，书名就叫《伦敦蒙难记》，就买了一本来看，阅后便对孙中山的经历大表叹服，当下便决定，索性去香港等候，看看可否在香港遇到孙先生。当然，平山周未能在香港遇见孙先生，因为孙先生自广州首义失败之后，被清廷通缉在案，港英当局应清廷之请不允许他在香港上岸。宫崎寅藏原本是要和平山周、可儿长一等人同行前往中国，但临行前忽然生了一场重病，没去成，继续留在日本大森，在那里遇到一位日本友人曾根俊虎，曾根俊虎与孙先生好友兼同志陈少白相熟，曾根知道宫崎寅藏崇拜孙先生，就介绍了陈少白与宫崎寅藏认识。

陈少白和宫崎讲述了孙先生革命的道理，以及“兴中会”创办之宗旨，并且送了一本孙先生著的《伦敦蒙难记》，读后，宫崎寅藏更加坚定了想认识孙先生的信念。那时，被外务部赋予到中国做社会调查的另一位同事平山周在香港，宫崎便去香港找平山周，恰巧在船上遇见平山周，后来又赶往澳门，可是港、澳都没有孙先生的消息，但在澳门遇见革命党人区凤墀、王煜初等人，得知孙中山将于近期从美国前往日本。因而宫崎寅藏、平山周又从香港赶往横滨。

某日，孙先生独自一人在横滨住处，忽听得有人敲门，打开门一看，是一个满脸大胡子的日本壮年男人，此人问孙先生：“陈少白在不在？”孙先生回答：“陈少白去了台湾？”宫崎迫不及待追问：“那你知道孙文先生来日本了吗？”孙先生笑答称：“我就是孙文。”宫崎寅藏惊喜交加，万里寻知音，终于皇天不负有心人。两人在屋内坐定，讨论起中国革命的诸多问题。孙先生从这时起，与宫崎寅藏结成至交好友。

身为一个屡屡遭逢失利挫折的革命者，一个浪迹天涯，处处无家处处家的革命家，孙先生把与宫崎寅藏、平山周、可儿长一等人的患难相识，非但视之为人生的奇缘，更视之为在茫茫大海中偶遇的一叶方舟，让他在茫无际涯的归乡之路上，暂时得到倚靠。

试想，孙先生应该揣度过宫崎寅藏等人对他出奇地推崇的真正用心，我们好奇孙先生是否认真思索过，这批与他素昧平生的日本人，平白对中国革命如此热忱，是否包藏着不欲人知的险恶祸心？我们可以追溯历史文献，窥探孙先生这位洋溢着乐观主义的浪漫革命家，第一次会晤宫崎寅藏时，对这位新朋友交浅言深的谈话内容："共和者，我国家治世之精髓而行之者也。试观僻地荒村，凡未深浴清虏之恶德而消灭此慕古观念者，彼等皆能自治也。敬尊长，所以判曲直，置乡兵，所以御盗贼。其他一切共同之利害，皆人民自议而自理之，是非现今所谓共和之民者矣。"在谈到亚洲问题时，孙先生告诉宫崎寅藏，中国的革命不单是要拯救四万万中国人民，还要改变亚洲人被西欧列强支配的屈辱、让生长在亚洲土地上的人们恢复人道并得到拥护，中国的革命成功就能解决其他各种各样的问题。

日后，宫崎寅藏在他的著作《三十三年落花梦》，描述他个人对孙先生的总体印象时说道："余首肯，余心折，余私自忏悔。彼其胸中，且数万甲兵；彼此度量，可容卿百辈；彼其手腕，可以挥斥八极而无怍；彼其容貌，可以具四时而有余；余无以尽之矣！……我国岛民，所谓侠，所谓武士道，大和魂者，皆不足以当一笑。呜呼！不愧死，其亦当羞死！"宫崎也请孙先生为他的《三十三年落花梦》写序，在序言中，孙先生如是形容他对宫崎的概括印象："世传隋时有东海侠客虬髯公者，尝游中华，遍访豪杰……宫崎寅藏君者，今之侠客也，识见高远，抱负不凡，具怀仁慕义之德，发拯危扶倾之志；日忧黄种凌夷，悯支那削弱，数游汉土，以访英贤，欲共建不世之奇勋，襄成兴亚之大业。闻吾人有再造支那之谋，创兴共和之举，不远千里，相与订交，期许甚深，勖励极挚。方之虬髯，诚有过之。惟愧吾人无太宗之资，乏卫公之略，驰驱数载，一事无成，实多负君之厚望也。君近以倦游归国，将其所历，笔之于书。以为关心亚局兴衰，筹保黄种生存者，有所资取焉。吾喜其用意之良，为心之苦，特序此以表扬之。”以上堪称是孙先生和宫崎寅藏彼此相互推崇标榜之说。

至于人前人后，孙先生对宫崎寅藏也是推崇备至的。孙先生在1900年7月10日，于新加坡被当地移民官询问时，是这么形容宫崎寅藏的为人的：“宫崎是我的挚友，他是一个正派人，不是坏人。我是通过日本的领袖人物犬养认识他的。宫崎是日本一位富人的门下客，他受该富人及一些大矿主的资助。他在中国的政治事务上是有作用的，我不便加以说明。我的职业是医生，但我不能说明我的身份。我打算回到台湾。我常来会见我的一些同胞。……”

现在，我们再回到孙先生初见宫崎寅藏之后，当时的场景。

见过宫崎、平山、可儿三人后，这三个日本友人邀请孙先生去见他们的幕后老板，当时的日本众议员犬养毅。彼此结识之后，相谈甚欢，孙先生那时还居无定所，犬养毅交代平山周陪着孙先生去找寻住处。他们经过日比谷公园附近中山侯爵邸前，看到有一爿旅店，四周环境还算清幽，就投宿在那家名为“对鹤馆”的旅店，入住旅店，按日本当地规矩，旅店都要求客人写下姓名资料，孙先生大概是伦敦蒙难事件学得的教训，言行举止着重隐秘，所以就在旅店的登记表上写下“中山樵”三字，作为自己的化名。换言之，“中山樵”用中文意思来解释，就是“中国山樵”，中国山里砍柴的樵夫。这是孙先生给自己起的一个化名，借以掩人耳目。孙先生是从这个时候起，开始以“孙中山”的名字公开活动，日久成习之后取代“孙文”成为他的政治生涯专用名字。

认识犬养毅以后，他为孙先生介绍了许多日本政客，如副岛种臣、头山满、平冈浩太郎、秋山定辅、中野德次郎、铃木久五郎、安川敬一郎、犬塚信太郎、久原房之助、山田良政、萱野长知、菊池良士等人。

孙中山在犬养毅等日本政客的协助下，逐步在日本安定下来。例如，犬养毅介绍了一些日本的资本家，如平冈浩太郎是九州福冈的矿场主人，颇有积蓄，出手大方，对朋友很豪气，在犬养毅的穿针引线之下，由平冈为孙中山在麹町区平河町五丁目三十番地找了一处房舍，供其居住，所有旅费支出一律由平冈无偿供应。因为麹町区靠近清廷公使馆，有诸多不便，后来又迁地为良，搬到早稻田鹤卷町，平山周、可儿长一与孙中山住在一块儿。靠着犬养毅与日本官方的良好政商关系，到日本不满两个月，日本政府就发给孙先生正式的侨居证。

在日本友人襄赞之下，孙先生在日本生存与安全均不足挂虑，暂时得到休养生息及思考下一步作为的机会。然而，此时国内的形势却是风云紧急，瞬息万变。康梁变法失败，引发了清廷一场腥风血雨的宫廷政变。1898 年 9 月，慈禧太后废除新政，康梁同党为了逃避捕杀，纷纷星散海外。康有为本想避难到日本，当他在逃亡香港的半路上，却听到消息，指称清廷将任命缉捕康梁党人最积极的李盛泽为驻日本公使，康有为不禁忧心忡忡，担心自己难逃毒手，也通过关系找到宫崎寅藏，由宫崎一路护送康有为到日本东京。

在北京，还有来不及脱逃的梁启超等党人，躲藏在日本驻北京大使馆内。和宫崎寅藏搭档的平山周，一南一北地搭救党人，平山周在北京，将藏匿在日本驻北京使馆内的梁启超等人，护送出境，前往日本。康梁等人安抵日本之后，犬养毅、宫崎寅藏等日本政客有意撮合孙中山系统的革命党人，和康有为、梁启超系统的变法革新党人，两边联合起来，共谋改革大计。

起初，孙先生和陈少白等革命党人，并不排斥犬养毅、宫崎等人建议革命党人与康梁党人组成联合阵线的主张，还曾经主动到康梁等人住处慰问造访。但是，康有为竟然借故不见，让孙中山吃了一记闭门羹。犬养毅知道了以后，主动邀约康梁和孙中山碰头，地点就约在犬养毅位于东京早稻田的家里。当天，康有为又借故不来，只有梁启超单独赴会。犬养毅与孙中山、梁启超、陈少白 4 个人在客厅里长谈了一夜，犬养毅华语不通，陪着孙中山、梁启超、陈少白阔论时局，却又不通华语，听了老半天，索然无味，只好借口夜深，先行回房，留下孙中山、梁启超、陈少白 3 个人继续讨论时局看法与合作方案，但梁启超告诉孙先生，今日之谈论结果尚不能做主，必须回去请示康有为再做定论。

后两日，陈少白受孙先生之命，偕同平山周，前往康有为住处，陈少白与康梁两人辩论。陈少白主张，中国如果要得救，必须推翻政治腐败之清朝政府不可，陈少白劝告康有为、梁启超应该放弃改革的道路，改而认同孙先生的革命主张。康有为坐在那里毫不为所动，并且严肃告诉陈少白，光绪皇帝非常贤明，必有重新掌权的一天，我辈受到皇上栽培，恩情深重，我们只有鞠躬尽瘁，死而后已。于今之计，只有起兵勤王，为他解除在瀛台圈禁的危难。自从这次两方尖锐对辩之后，犬养毅建议康、梁与孙中山合作的方案，就此画下失败的句点。

孙先生既然不再寄希望于与康、梁的合作，而开始重新专心致志于革命起义工作。1899 年 3 月起，开始积极策划第二次起义的相关事宜。但是，基于过去的教训，孙先生对起义工作的规划显得益加谨慎。1898 年 6 月间，平山周曾经去了一趟中国湖南、湖北两省，联系了在当地的哥老会员和地下帮会势力，当地会党力量都期待革命党人再举义旗。“兴中会”在日本的会员也再三敦促孙先生该是东山再起之日了，但孙先生认为尚未准备周全，不宜轻举妄动。

孙中山得知宫崎寅藏和彭西交往的过程，以及彭西表述抗美的决心，他突然兴起一个念头，我们在菲律宾有不少华侨，这是一股可以争取的力量。革命党人何不先帮菲律宾人争取民族解放，先帮助菲律宾人争得独立自由，等菲律宾独立成功了，再把菲律宾争取独立的部队用来推翻清政府？这无疑是“曲线革命”，这套“曲线革命”的方法，未始不是孙先生一厢情愿的浪漫“创意”。

于是，彭西特地去了一趟日本，和孙先生碰面，彭西要求孙先生能够帮他们购买军械武器。孙先生答应下来之后，当然他自己在日本是没有力量的，仍然必须回过头来找日本人帮忙，和宫崎寅藏、犬养毅商议之后，犬养毅告诉孙中山，买武器这事我不在行，我可以找一个人替你想想办法。此人便是中村弥六。中村是何方神圣呢？此人对孙先生的革命而言，根本是个成事不足败事有余的骗子，但因为是犬养毅介绍的缘故，孙先生把中村当成一块宝，委以重任，结果是两度砸锅，诚为协助中国革命过程中一个日本丑角、诈欺犯。

中村弥六，他是日本长野县人，日本进步党政治人物，也是倭国第一位林业博士，当选过日本第一届众议员，有非常复杂的政商关系。但是此人的操守品德有问题，故而对中国推翻清朝与菲律宾挣脱美国殖民统治这两场革命运动，造成了若干的不良影响与后果。

中村弥六接受犬养毅交办代购军械武器事宜，供菲律宾独立军武装起义之用，他便与财阀友人、大仓商社的老板大仓喜八郎商量，请大仓喜八郎用大仓商事会社的名义，向日本陆军省购买了一批军火，包括枪炮数千支及弹药等，订购妥当之后，把这批军火装载在一艘名为“布引丸”的轮船上，货物进入日本海关报关，则伪称是载一船铁路枕木运往中国，再神不知鬼不觉从长崎秘密运往菲律宾。

谁知这条 7 月 19 日出发的“布引丸”却在途中遇到台风，船只不堪暴风袭击，失去了控制，7 月 21 日，这艘船在浙江宁波外海触礁沉没。事后，被问起船上的武器到哪里去了，中村弥六振振有词推说，船上运载的武器在沉船过程中全被浪打到海里了。死无对证的是有谁能证明军火武器的确上了这条“布引丸”呢？因为这条轮船报关时没人敢报称是武器，而是以铁路枕木申报的，所以在书面证据上，只不过是一纸“铁路枕木”用品，没有枪支武器，虽然中村弥六铁口直断，称船上是装满了军火，可是从何印证？再者，“布引丸”确实是沉没了，所以船上是否有军火枪炮，谁也无法说得准。但是，这无头公案的“哑巴亏”是谁吃呢？当然倒霉吃亏的不是中村弥六，而居间的孙先生尴尬得两头不是人，还有已经举事起义却没枪炮可用的菲律宾独立军。中村是不是拿了钱不办事，颇为可疑。

乌龙事件还不止这一端，“布引丸”沉没了之后，中村弥六竟然再向孙先生建议，再要彭西花另外一笔钱购买武器。而令人不可思议的是，孙先生竟然同意了，而且更不可思议的是，还征得了彭西的同意，彭西又从香港寄了一封信给孙先生，内文称：“目前我们买到的 250 万的数目已经足够了，船买到之后，剩下的钱请即刻为我们买同一口径的来复枪。”

中村弥六声称买到了那批来复枪，但据说日本当局在暗地里监视阻挡这批武器出口。也无法得证中村是否果真曾去采办，或者果真给日本政府查扣了，反正本案成为一幕罗生门，没人能证明，也找不着反证，随中村说了算。如此一来，倒霉的还是菲律宾独立军，没军火可用，那还造什么反，起什么义？对菲律宾独立军失信的还是孙先生。孙中山只好转请菲律宾的独立军暂停军事行动，菲律宾独立军领导人彭西在回电给孙中山时，不胜感慨地说：“吾人深虑吾人之厄运。吾人虽知无能反对命运，但亦须听天由命。依据阁下之观察，吾人之任务万不能实行时，在尽最后之努力尝试后，吾人必须停止，吾人仍将等待时机。”

中村弥六这个小日本鬼子，已经多次露出他的马脚，事实证明这个人根本就是一个成事不足败事有余、光靠一张嘴办事、做事不牢靠的江湖混混儿（哪怕他有什么日本第一个林业博士学位）。哪知道孙先生明明吃了两次亏却仍然继续相信中村弥六，结果终于造成不可收拾的后果。

此次菲律宾独立军武器被扣事件之后的第二年，革命党人在第二次举事的惠州起义中，中村弥六给参与起事的革命党人带来了致命的一击。

惠州起义前夕，孙先生开始为起事的武器采办伤脑筋，他想起去年中村弥六为菲律宾独立军在日本采买的枪支武器一事，据中村弥六的说辞，是说被日本政府查扣了，既然是查扣，那么武器不是食物，查扣的话，必定仍封存在某处仓库之中，必定完好如初。所以，孙先生便要求中村弥六将那批枪支武器设法打通关节取出来，供中国的革命党人起事之用。孙先生及革命党人赫然发现，中村弥六为菲律宾独立军购买的这批枪支武器，竟是一批废铁。这明显说明，中村弥六利用孙中山对他的信任，在中间搞鬼，拿了钱不办事，还大量中饱私囊，舞弊贪污。这件事当然知会了原先介绍中村弥六给孙先生认识的犬养毅，犬养毅便开除了中村的党籍。可是，中村吞没了菲律宾独立军一笔数目不小的军火费用，这下必须逼中村吐出来，哪知中村弥六却推说他手上没钱，犬养毅逼中村交出住宅抵押，孙中山叹了一口气说：“中村君都已经被你开除党籍了，在政治上已经是破产之人，何必再让他财产破产呢？”

从这件事，我们可以看出孙中山性格上宽厚的一部分。但亦可显现出孙先生当年不善于识人，轻易即被人欺瞒的性格缺陷。从伦敦蒙难事件、中村弥六事件，再三显示，孙先生性格上不善知人的缺点。然而，瑕不掩瑜的是，孙先生并未因为这些事件的干扰，而丝毫影响他革命大业的进程。为了第二次的举事，他开始在日本遥控华南地区的革命大计。

华南是中国传统会党势力最集中的区域，如能善加利用，将有利于革命工作的推展。首先，他派遣了革命党人史坚如、毕永年等人潜回到内地，遍访各地的会党领袖人物。孙先生还仿效康熙中叶陈近南制作歌谣的办法，亲自撰写了四句歌谣，作为日后举事之时的暗号，这歌词写道：“万象阴霾打不开，红羊劫运日相催，顶天立地奇男子，要把乾坤扭转来。”

在孙中山的指示擘画之下，革命党人分路并进。史坚如回国之后，遍邀国内会党首领，聚集到香港，准备更深刻全面地运用会党的力量，倾覆清廷。另外，孙先生命令郑士良在香港设置招待机关，能在平时和起事时，运作这个机关，接待同志，支援革命行动。

因为孙先生仍然不准入境香港，因而，等到一切布置妥当，革命党人和会党人士的重要骨干，包括郑士良、杨衢云、陈少白、宫崎寅藏、毕永年、平山周、李云彪、杨鸿钧、辜鸿恩、张尧卿等数十人，会聚在香港“兴中会”本部，举行仪式，仿效会党的模式，大家歃血为盟，给这个新的组织取了一个名字，叫“兴汉会”。在孙先生未出席的情况下，共同推举孙先生为“兴汉会”的总会长。

“兴汉会”成立是1900年年初的事情。就在这数月之后，国内爆发了义和团仇外事件，甚至有与清军联合仇外的倾向，国内形势进入空前混沌不明之状态。孙先生认为这正是革命起义的大好机会。1900年五六月间，孙中山暂时决定离开，直接到革命最前沿之周边所在，方便指挥革命起义。在离开横滨之前，他在日本公开和同志与日本友人发表了一次谈话，孙先生在这次的谈话里说道：“我离日本后也不能确保人身安全，所以今后想在新加坡居住，或者根据情势游历南洋各岛。但目前北京风云变幻，是一个亟须注意的时机。如果说清政府最终完全丧失实力之时正是我们成事的好机会，那么，我觉得目前的状况正应该特别加以注意。

“清政府在康有为公开致力于种种运动或采取恐吓政府的手段之际，对他的党派抱有严重警惕，因而对我们党派的注意逐渐放松，这在某种程度上正是我党的幸事。

“菲律宾的‘乱党’对我们寄予期望，而我们也有希望日后借助他们的力量以成事的想法，故已将数百人员秘密运往菲律宾，给他们以各种帮助。这些潜往的人员，其中有不少曾在清政府内从事过军务。令人难过的是，前去的退职士官中已有一人为美军所俘虏。尽管如此，我仍然认定今后应给他们以更多的方便和帮助。

“我们最终的目的，是要与华南人民商议，分割中华帝国的一部分，新建一个共和国。为此计划要汇集众多同志，并等待时机。……”

1900 年 6 月 11 日这天，孙中山离开了驻留近三年的日本，准备前往香港。孙中山在给友人斯韦顿汉的一封信上，讲出了此次离开日本的情况：“我偕同宫崎（寅藏）、清藤到达香港。……他们出来是为着保护我，当我离开日本时，我请求他们和我同行，像他们过去保护康（有为）那样保护我。福本在西贡与我相晤。宫崎和清藤，一名中国仆役，还有内田，都与我同乘‘印度河’号离开日本。……”实际完整情况是这样子的，在孙中山出发之前，孙氏已派遣平山周先到香港布置，6 月 11 日，孙中山在郑士良、杨衢云、宫崎寅藏、清藤幸七郎、内田良平等人的陪同下，搭乘法国轮船“印度河”号（又按法文翻译为“烟打士”号）前往香港。孙中山为了避人耳目，他的护照签证上注记了一个化名，叫作 Dr.Nagayama，亦即日文的“中山”。

香港当局早先即有禁令，不准孙文上岸，孙先生只好在“印度河”号轮船旁边泊靠的一条小船上，会商日后在广东（惠州）的起义计划。这时，孙先生得到消息，称李鸿章派了幕僚曾广铨，要曾某率领“安澜”号兵舰来迎接孙先生，准备邀请孙先生和杨衢云去开会。但是，来自日本朋友的情报显示，这是清廷的诡计，目的是诱捕孙文，这是清廷设下的一个陷阱。孙先生因而没有上那条清廷的兵舰，而是委派日本人宫崎寅藏、清藤幸七郎、内田良平代表上了兵舰。

又过了一个月，到了 1900 年 7 月 17 日，孙先生先后去了安南的西贡、南洋新加坡等地，又北返香港，只是他仍无法上岸，只好仍旧在船上和同志们开会讨论惠州起义的诸多事务。在这次的船上会议中，孙中山正式下令郑士良全权指挥惠州起义，并任命日本人平山周作为外务部长、原桢担任参谋长、福本诚负责留在香港作后勤准备、毕永年当内务部长。史坚如、邓荫南负责回广州响应，杨衢云、李纪堂、陈少白负责在香港筹划接济。做好了以上各项安排，孙先生返回日本神户。

在海外各地盘桓数月，孙先生脑中思维非常清晰，他思索的重点：其一，如欲革命成功，势必团结国内外友好势力，共襄盛举，日本友人愿意帮忙是再好不过的。其二，第二次的革命行动惠州起义，与义和团拳乱引发的“八国联军之役”在时间上有很大的关联性。孙先生想的是趁着清廷在北方忙着应付洋人围攻的时候，如果革命党人在南方起兵造反，让清廷疲于奔命，左支右绌，那么革命成功的概率将很高。

所以，此次起义孙先生的策划地点是在日本，参加的革命党人从成员背景观察，固然仍以中国人为主，但也不乏对中国革命同情的日本友人。孙先生于 7 月 20 日再赴日本之后，最主要的目的便是招募同情中国革命党人的日本同道者。重回日本后，孙先生每天在横滨等地的“东亚同文会”会议中，研究惠州起义的策略与方法。这期间，来自祖国上海的同志，也跑来日本和孙先生会合接洽。孙中山还和日本友人内田良平、宫崎寅藏、清藤幸七郎等人计划加强募集“东亚同文会”的会员，并打算从日本租借船只，偷渡到中国，参与惠州起义的武装行动。这些打算偷渡的日本人包括宫川五三郎、岛田经一、末永节等人。但日本人毕竟是日本人，非我族类其心必异。例如，有一批原本声称愿意留在香港，伺机参加惠州起义的日本友人原桢、福本诚等人，待了一些时日之后，革命热忱消失，即从香港悄悄回到日本，令孙中山大失所望。

1900 年 8 月 22 日，孙先生又去了一趟上海，盘桓了 3 个星期，又返回日本。9 月 19 日孙先生秘密赶往神户，目的是采购武器，准备运往香港。9 月 25 日，他从神户搭乘“台南丸”号到台湾。同行的日本友人有内田良平、平冈浩太郎、山田良政、平山周、尾崎行昌等人。这是孙中山第一次来到台湾——这个刚在 5 年前清政府在签订《马关条约》时，不幸割让与日本的祖国宝岛。

在山田良政的穿梭安排之下，孙先生见到了当时日本的新任台湾总督儿玉源太郎、民政长官后藤新平，这两个日本官僚一口承诺，一旦孙先生的同志在华南起义，日本方面会以武器后勤及人员补充，作为中国革命党人的后盾。当然，随着日本将在“八国联军之役”过程中攫取到了重大利益之后，儿玉源太郎、后藤新平这两个日本鬼子开“空白支票”，随即跳票，拒不兑现。

在台湾，早先有日本官僚夸夸其谈的承诺，孙中山乐观地作了惠州起义用兵方略的初步决定。他准备扩充原有的计划，就地招募军官，认为事不宜迟，下令郑士良即日行动，改变原有的进攻路线，不直取广州，而是希望逐步占领沿海地带，等到党人占领了沿海要冲，孙先生将亲自登岸指挥作战。

1900 年 10 月 8 日，郑士良打响了革命党人武装起义的第二枪，惠州起义的枪声响了。正如孙中山所言，“自起事以来，连获胜利，所向无敌，势如破竹”，但就是无法摘取到胜利的果实，又是何故。不可讳言，孙先生第二次起义——惠州之役，它的形势是有利的，北有“八国联军之役”遥相助威，东有东瀛盟友歃血为誓摇旗助威，南有革命党人抛头颅洒热血、肝脑涂地在所不惜。纵使如此，又怎堪先胜后败，究竟又是何故？我们可以从孙中山在紧要关头致函犬养毅看出一些端倪：

木堂先生足下[①]：十月六日郑军起惠州，前经电达，想得尊览。自起事以来，连获胜利，所向无敌，势如破竹。今已据有惠州，为进取之地。此外，陈军起海丰、陆丰，而进取潮、嘉二州；吴君起香山、顺德二县，而进迫广东省城，以牵制清兵；史君起西江，以窥梧州、肇庆；邓君起阳江、阳春，而据高、雷等府。清兵处处败北，吾徒人心大振。

下段是孙先生阐述的重点，他说：

惟当草创之初，百事未备。徒手奋起，铳炮弹药皆从军兵夺来而用，初未尝如他人之有资财数十万而运用之也，所恃者人心勇敢而已。敌兵败后，举国兴师，南省大兵已陆续云集。清朝虽顽，犹俨然一大帝国；北地虽糜烂，而南部尚金汤无缺。广州城内之铳炮弹药，犹有取不尽用不竭之多。吾徒人心虽勇，而兵器弹药尚乏接济之源。久持非计，不得不先作未雨之绸缪。

末段则是孙中山直接向犬养毅开口要枪炮：

敢乞先生一为尽力，游说政府，为吾人借一臂之助。若今得洋铳万桿，野炮十门，则取广州省城如反掌之易耳。广州既得，则长江以南为吾人囊中物也。时不再来，机不可失，支那兴亡，在此一举。贵政府如允济弱扶危，则各物可以从台湾密送，文当划一切施行之策，可保无虞。如何之处，务乞早示佳音。专此谨托，即候道安不备　弟孙文拜启　十月二十一日书

① “木堂”是犬养毅的字号。

隔了两天，见日本的援助不来，孙先生又发给另一位日本同志，众议员菅原传[①]的急信，孙先生的信上如是说：

> 菅原君足下：近以事急离京，未及告别，良用为憾。然日前相约之事，想不忘怀也。今者闻贵同志已握政权，而吾人义兵亦起，此真适逢其会，千古一时也。举旗至今十余日，连克大敌，屡破坚城，军威大振，人心附从，从来举事成功之速，未有及此也。惟现下万事草创，人才、兵械多形不足，今特托足下代转求贵同志政府暗助一臂之力，借我以士官，供我以兵械，则迅日可以扫除清朝腐政，而另设汉家新猷矣！务望向伊候星君[②]等力为言之。如蒙允诺暗助，即望移驾到横滨海岸九番地佛国邮船会社，通知同志黎焕墀君，托他即用电报通传为幸。此祷，即候　大安不一　弟孙文谨启十月二十三日

信末尾，孙先生还不忘交代：“幸祈将此信秘密，切勿登报”。

事实上，惠州起义初时革命党人的攻击行动颇有斩获，接连半个月的血战，党人奋勇无比，取得相当之胜利，郑士良领军连破清军于镇隆、龙冈、淡水，又转战至三多祝，继又占领新安、大鹏，及至惠州、平海一带的沿海地区。但是打到10月22日，形势发生了逆转，革命党人由胜转败。打败仗主要之关键，乃在后援不继。

---

① 菅原传：历史学家冯自由将菅原传列为“兴中会”初期之日本友人，冯自由写道：“菅原传，日本，传教士，基督教，任日本基督新教牧师，总理在檀与之结识，宫崎寅藏兄弟即其作函介绍。”并列为：“兴中会前半期之革命同志”，且是“兴中会”名单之中，唯一的日本人。他不但是“兴中会”会员，而且是赞助革命的同志。孙先生写信给他时，菅原传的身份是日本众议院议员。

② 伊候星君，是指伊藤博文。

惠州起义后期的情况大致是这样的，孙中山亲自到台湾遥控指挥，当之前郑士良等军事进展顺利之时，孙先生急电宫崎寅藏，要他把先前菲律宾独立军委托购买的日本军械，设法解除禁运，辗转经由台湾，转运到广东惠州，可是没想到中村弥六施展诈术，从中诳骗得利，结果所谓军械竟然全数是废铁令孙中山大吃一惊。更不妙的是，孙中山同时也就近向日本驻台湾总督儿玉接洽，请求儿玉能够接济商借一些武器。偏偏此时日本内阁更换，原本和孙中山比较熟悉的山县有朋辞职，新内阁总理大臣伊藤博文的中国政策与前任截然不同，伊藤命令儿玉不得协助中国革命党人，不得将武器出口，也不准日本军官投效中国革命党人。这么一来，革命党人在惠州起义各个据点的战事，遂告急转直下。

情非得已之下，孙中山写了亲笔信给郑士良等人，告诉两路后援都被卡断的情况。由山田良政把信带到郑士良等人手上，希望郑士良等人视实际情况，相机行事。

郑士良及其部属，历经半个月的战斗，弹药已经快用光了，既缺枪炮弹药，也欠干部军官，有些地方沿着海岸后撤，有些火线是饷弹两乏，工事解体，被清军攻下。郑士良最后没有办法，只好含着眼泪，解散军队党人徒众，偕同党人黄福、黄耀廷等人逃往香港。

在革命党人败退的过程中，有几名重要党人不幸遇难。日本籍党人山田良政，在惠州起义功败垂成的最后关头，于 10 月 22 日，因为和其他党人失散迷了路，被追击之清兵所截获。山田良政被抓当天，外面穿着中国衣服，里头穿着西装，蓄着辫发，他和中国籍党人学会了讲简单的普通话，所以清军不知道他是日本人，当成普通“乱党”，给当场处决而死。山田良政参加惠州起义前一年才认识孙中山，曾经誓言要“为东亚前途而奋斗”，死时年仅 33 岁。此外，在惠州起义行动中被捕杀的重要革命党人，还有谋炸清廷广东巡抚兼两广总督不成的史坚如。惠州起义失败后避难香港的杨衢云，为了糊口度日，以教书为业，孰料竟在起义失败后两个多月，在课堂上教书时，当着满屋子学生的面，被刺客当场枪击倒卧，被送到医院的路上，血流满地，还向医生护士纵论革命主义，终因流血过多，不治身亡。

孙中山发起的第二次起义，就在开头一路斩将搴旗、高奏凯歌的情况下，最后落得功败垂成，烟消云散。

第五章

驳保皇党　创同盟会

在孙中山革命的途程中，武装起义（武斗）和主义宣传（文斗）经常是交互进行、并行不悖的。孙先生武装起义唯一的目标厥为清政府，主义宣传的对象则是平民大众，而主义思想的斗争对象则首推保皇党人。

1903 年 9 月 26 日，孙先生为了宣传革命思想，也为了筹措革命经费，准备大规模发动武装起义之用，他离开了长期居留的日本，第五次前往夏威夷。此时孙先生经济情况不佳，连日本到夏威夷的船票钱和路上旅费 200 元银洋，都还是友人黄宗仰赠送的。

到了檀香山，孙先生才发觉此地已经成为康、梁保皇党的大本营，而细究夏威夷成为保皇党大本营的原因，与之前梁启超和孙先生在日本的一段因缘际会有关。

1899 年，同样与孙先生客居日本的梁启超，在日本常有往来。那段日子，孙先生和梁启超一度有意合作，只是康有为极力劝阻，梁启超才未与孙先生有更深入的合作计划。但两个人的交往还是比较密切的。从两人的书信往还，可以证明这两位各自创造了近代历史篇章的名人，均有相互倾心之处。梁启超在一封给孙中山的信上表示："捧读来示，欣悉一切。弟自问前者狭隘之见，不免有之，若盈满则未有也。至于办事宗旨，弟数年来，至今未尝稍变，惟务求国之独立而已。若其方略，则随时变通，但可以救我国民者，则倾心助之，初无成心也。与君虽相见数次，究未能各倾肺腑，今约会晤，甚善甚善。惟弟现寓狭隘，室中前后左右皆学生，不便畅谈，若枉驾，祈于下礼拜三日下午三点钟到上野养轩小酌叙谭为盼。此请大安。"

又在另一封信上，梁启超告诉孙先生："逸仙仁兄鉴：前日承惠书，弟已入东京。昨晚八点钟始复来滨，知足下又枉驾报馆，失迎为罪。又承今日赐馔，本当奉陪，惟今晚六点钟有他友之约，三日前已应允之，不能不往。尊席只得恭辞。望见谅为盼。下午三点钟欲造尊寓，谈近日之事，望足下在寓少待，能并约杨君衢云同谈尤妙。此请大安。"

从这两封信可以看出，在日本期间，梁启超与孙中山之间的交往程度。与此同时，梁启超向孙中山表示，他准备去夏威夷，在那里人生地不熟，知道孙先生早年在檀香山念书发展，当地人脉广泛，希望他介绍一些朋友关系，好让他去时有些依靠。孙先生便为他写了几封介绍信，分别写给孙德彰和在夏威夷熟识的几位老友。梁启超便持着日本护照到了夏威夷，并且拿着孙先生写的介绍信，先后拜访了孙先生的兄长孙德彰，孙先生友人侨商李昌、何宽、郑金、钟木贤等多人。凭着梁氏口若悬河，文章学识，颇受当地侨商民众之欢迎。许多人捐钱出力，对梁启超初期到夏威夷发展助益甚大。梁氏也以他强有力的宣传，声称保皇党其实与革命党人是一体两面，同根同源，大家的目标都是一样的。这导致部分“兴中会”的会员分不清彼此区别，便在孙先生忙于国内革命、远居日本期间，离开了“兴中会”，改投身“保皇会”。梁启超还在檀岛设立报馆《新中国报》，成为联络侨民，宣传保皇思想的宣传机关。

离开夏威夷 9 年之久，这次重登斯岛，旧地重游，孙先生发觉，昔日苦心经营的组织全被保皇党人鸠占鹊巢。原来的“兴中会”成员许多人都已叛离，只剩下李昌、郑金、何宽、程蔚南等十数人，尚坚守组织。更让孙中山吃惊的是，当他抵达夏威夷这个熟悉的地方，第一天，保皇会的机关报《新中国报》竟然在报上连续几天为文丑化孙先生，诬指孙中山“骗取菲律宾独立党巨款”云云，企图败坏革命党声誉。许多“兴中会”会员为此愤愤不平，咸认为是可忍，孰不可忍。此时，刚好“兴中会”会员程蔚南创办了一份《隆记报》又名《檀山新报》，孙先生趁此时将此报改组为“兴中会”的党报，开始与保皇会的《新中国报》展开笔墨战争。

1903 年 12 月，孙中山以一篇《敬告同乡书》，以极为辛辣深刻的文字，批判了保皇党言行上的乖谬，直接点名批驳了康、梁的“名义上保皇，实际上革命”的谬说。孙先生这封公开信写道：“天下事名不正则言不顺，言不顺则事不成。夫常人置产立业，其约章契券犹不能假他人之名，况以康梁之智而谋军国大事、民族前途，岂有故为名实不符而犯先圣之遗训者乎？其创立保皇会者，所以报知己也。夫康梁，一以进士，一以举人，而蒙清帝载湉特达之知、非常之宠，千古君臣知遇之隆未有若此者也。百日维新，言听计从，事虽不成，而康梁从此大名已震动天下。此谁为之？孰令致之？非光绪之恩，曷克臻此！今二子之逋逃外国而倡保皇会也，其感恩图报之未遑，岂尚有他哉！若果有如公等之所信，彼名保皇，实则革命，则康梁者尚得齿于人类乎？直禽兽不若也！故保皇无毫厘之假借，可无疑义矣。如其不信，则请读康有为所著之《最近政见书》。此书乃康有为劝南北美洲华商不可行革命，不可谈革命，不可思革命，只可死心塌地以图保皇立宪，而延长满洲人之国命，续长我汉人之身契。公等何不一察实情，而竟以己之心度人之心，以己之欲推人之欲，而诬妄康梁一至于是耶？"

孙先生这段文字的用意，自然是希望"兴中会"成员，以及广大侨胞，不要被康梁刻意模糊"保皇"与"革命"两者界限区隔所欺瞒。孙中山继续在文章中批判保皇会机关报《新中国报》肆意对其本身及革命党的诬谤，他说："又如本埠《保皇报》之副主笔陈某者，康趋亦趋，康步亦步，既当保皇报主笔，而又口谈革命，身入洪门，其混乱是非、颠倒黑白如此，无怪公等向以之为耳目者，混革命、保皇而为一也。此不可不辨也。今幸有一据可以证明彼虽口谈革命，身入洪门，而实为保皇之中坚，汉族之奸细。彼口谈革命者，欲笼络革命志士也；彼身入洪门者，欲利用洪门之人也。自弟有革命演说之后，彼之诈伪已无地可藏，图穷而匕首见矣。若彼果真有革命之心，必声应气求，两心相印，何致有攻击不留余地？始则于报上肆情诬谤，竭力訾毁，竟敢不顾报律，伤及名誉，若讼之公堂，彼必难逃国法。继则大露其满奴之本来面目，演说保皇立宪之旨，大张满人之毒焰，而痛骂汉人之无资格，不当享有民权。夫满洲以东北一游牧之野番贱种，亦可享有皇帝之权，吾汉人以四千年文明之种族，则民权尚不能享，此又何说？其尊外族、抑同种之心，有如此其甚者，可见彼辈所言保皇为真保皇，所言革命为假革命，已彰明较著矣！”

1903年12月，孙先生在写给僧人朋友黄宗仰的信中，也提及他正为了革命党与保皇党做斗争的情况，目的务必“铲除保皇党”之毒素，并在夏威夷各岛已取得了决定性胜利，他信上如是说：“中央上人英鉴[1]：横滨来函，已得拜读。弟刻在檀岛与保皇大战，四大岛中，已肃清其二，余二岛想不日可以就功，非将此毒铲除，断不能做事。但彼党狡诈异常，见今日革命风潮大盛事，彼在此地则曰借名保皇，实在革命；在美洲则自称保皇会为革命党，欺人实甚矣。旅外华人，真伪莫辨，多受其惑。此计比之直曰保皇如康怪者尤毒，梁酋之计狡矣！闻在全国各地敛财百余万，此财大半出自有心革命倒满之人。梁借革命之名，骗得此财，以行其保皇立宪，欲率中国四万万人永为满洲之奴隶，罪通天矣！可胜诛哉！弟等同志，向来专心致志于兴师一事，未暇谋及海外之运动，遂使保皇纵横如此，亦咎有所不能辞也。今当乘此余暇，尽力扫除此毒，以一民心，民心一财力可以无也。务望在沪同志，亦遥作声援，如有新书新报，务要设法多寄往美洲及檀香山分售，使人人知所适从，并当竭力大击保皇毒焰于各地也。匆匆草此，即候大安！弟中山谨启。”

与保皇势力的斗争，不但在报章上和保皇党论战，孙先生还亲上火线，以演讲的方式，在第一线面对华侨做“消毒”工作，让侨民清楚革命的道理，与保皇党捍卫清朝专制政权是截然不同的、势不两立的，绝对不可以混同为一。

孙中山选择夏威夷的第二大城市希洛（Hilo）作为演讲地点，这是他和

---

① 黄宗仰在出家之前，原名黄中央。

保皇党论述之战的第一站。当地“兴中会”会员毛文明是希洛市基督礼拜堂的宣教师，平常除了传教，还宣传革命党思想。他组织了一个演讲会，专门讲革命的大道理，和保皇党进行唇枪舌剑。他们得知孙先生来到希洛市，便邀请孙先生去发表演说，华侨听众慕名而来的有好几百人，一时座无虚席。孙先生说过：“我们民族在海外为了革命事业做公开演说的，实际是从希洛市开始的，这是我对侨胞第一次的演说。”孙先生到希洛多次，曾经一连演讲了三天，听众超过数千人。孙先生讲演完了，总会站在原位，留下来等候台下听众提问，无论任何问题，都能当场回答，完全不假思索。自从孙先生做了几次的即席演说之后，当地侨胞对革命与保皇的分野，有了清楚的认识，实际上两者是背道而驰的。是以，许多原本被保皇党甜言诱骗过去的人，经过孙先生阐明两者区别之处，背弃保皇党而转向支持革命的人，愈来愈多。

慢慢地，夏威夷当地报纸也注意到了孙先生这位中国革命家的演讲活动。有一家当地报纸《西字早报》如此描绘孙先生在当场演讲之情况：“昨天下午，著名的革命家在荷梯厘街戏院演讲，勇敢地说，革命是唯一可以拯救中国的道路，使中国挣脱国际交相压迫的危险地位，希望华侨赞助革命。听众都非常热忱。先生穿着白麻衣服，头蓄短发，很像是‘小吕宋人’。”这份报纸还描述了孙先生的讲道，他在演讲当中说：今日的中国为什么要革命呢？因为从这次义和团之役，就可以得证我们积弱的国家非革命不可了，两洋兵就可以把我们北京攻破了，假使我们四万万人一齐奋起，洋人能奈何我们吗？我们必须推翻清政府，建立民国。等到革命成功的那天，就应该效法美国，选举总统，废除专制，实行共和。

此外，孙先生还在夏威夷的利利霞街华人戏院发表演说，这场演讲听众也是满座，听众连站的位子都没有，挤得水泄不通。这天的演讲会主席是“兴中会”会员何宽。孙先生在这场演讲里说，汉人之所以亡了国家，是因为有不肖的汉奸，协助满人入关，征服全国，但是他相信不久之后，汉人就可以驱逐满人，还我河山。根据夏威夷的英文报纸报道，孙先生这场演讲，是夏威夷有史以来听众最踊跃的一次，并形容孙中山是最有魅力的演说家，他滔滔不绝地讲了三四个钟头，听众掌声历久不衰。

这回孙先生游历檀香山的主要核心议题，便是以口诛笔伐，驳斥保皇党的君主立宪之说。在夏威夷发表演讲和报端撰稿宣传革命之后，孙中山准备去美国奔走，在他成行之前，孙先生加入了洪门。

正式加入洪门，孙先生是听从母舅杨文纳的建议。杨文纳劝孙先生加入洪门致公堂的目的，是希望他能广泛结纳洪门人脉网络，作为他今后从事反清革命运动的群众助力。孙先生同意之后，杨文纳先要38岁的孙先生向洪门的前辈叔父钟水养鞠躬行礼，再由钟水养当孙中山进夏威夷洪门“国安会馆”的介绍人，“国安会馆”有另外一个名称叫“同兴公司”。介绍孙中山“入闱”“国安会馆”的时候，洪门内部的保皇党分子意图阻止孙中山进洪门，钟水养为孙先生据理力争，他说：“洪门的宗旨，原本就是要反清复明，孙先生虽然还没有进入洪门，不过他已经身体力行洪门的宗旨多年了，我们对这等人应该竭诚欢迎他进来都来不及了，怎么还可以拒之于门外呢？假使拒绝孙先生，不就是违反洪门的宗旨了吗？”

经钟水养这么一说，反对者都不敢再吱声。致公堂于是在1904年1月11日这一天，特地为孙中山演“开台戏”——这便是施行进入洪门的入门仪式，简言之，便是为孙中山举行了一次“拜盟”仪式，完成了孙中山加盟洪门的“入闱”。当天，参与孙先生“拜盟”仪式的洪门成员有60多人，主持仪式的“主盟人”“大佬”封孙中山为“洪棍”，这个位阶在洪门内部又称为“元帅”。

约莫在孙中山“拜盟”洪门致公堂的同时，他也在夏威夷的火奴鲁鲁温逸街二五六号三楼的这个地方，成立了一个秘密的革命组织叫“中华革命军”，凡是参加这个组织的人，都必须像“拜盟”洪门那样，向天发誓。加入“中华革命军”的誓词是：“联盟人某某某，某省某县人，驱除鞑虏，恢复中华，建立民国，平均地权，如有反悔，任众处罚。”

1904年春天，孙中山计划前往美国。可是，孙中山遇到一个必须要解决的棘手问题，到美国首先面对的是进入美国海关时，必须要持有有效的护照、签证，以及拥有在美国居留资格的有效证件。以那时孙先生的身份，仍处于被清廷通缉在案的状态，因而不可能拿到清廷核发的护照，也无从使用清廷的中国护照去办理入境美国的签证手续。是故，假使孙中山无法解决入境美国的证件问题，那么他就将处于寸步难行的麻烦状态。为了继续完成他的革命大业，势必想出解决之道。所谓穷则变，变则通，这个事情有兄长孙德彰在夏威夷，尚不是个会难倒人的难题。

这问题是如何克服的呢？凡事有原则，必有例外。美国国会于1882年通过了一项《排华法案》，中国人受到美国政府严重歧视，没有办法像欧洲人能够以移民身份申请进入美国。所以，早年中国人没有办法在美国享受和欧洲人般得以移民或入境美国的优惠待遇，原则上中国人被排拒在外，但有一个唯一的例外条件。因为美国的国籍是采行“属地主义”，假如是在美国领土上出生的外国籍人士（包括中国人），他就可以名正言顺拥有美国公民身份，自然就可以自由进入美国国境了。

在别的地方，孙中山恐怕想不出好的法子来，可是在兄长孙德彰的地盘上，这问题还是可以找出解决方案的。1904年3月9日，孙先生向夏威夷当局提出申请出生证的手续，正如当年革命党人杨文炳说的：“古人成大事者，多能通权达变，如像伍子胥乔装出关，孔子微服过宋。这事既以救国为目的，何必拘泥呢？”而这种所谓的“通权达变”，讲的就是孙先生兄长孙德彰为了解决弟弟赴美国的签证与停留问题，以他对夏威夷和美国国情熟门熟路，运用他在夏威夷的地缘和人脉渠道，想出来的一套机巧变通的法子。

夏威夷早先是孤悬于太平洋中，由当地原住民建立的一个独立王国。英国和法国分别在1843年和1849年宣称拥有夏威夷的主权，但到了1898年，美国正式并吞了夏威夷，迫使之成为美国的一个“疆省”。夏威夷固然亡国了，但在当地落籍的人民，即可自由出入美国。特别是土生土长的夏威夷人，自从美国统治夏威夷之后，他们就被视同为美国人。照理来说，孙德彰不是土生土长的夏威夷人，他是1871年从中国广东老家去的夏威夷，当时孙德彰、孙中山母亲杨老夫人的弟弟到檀香山经商，因为有事回国，要外甥孙德彰去帮舅舅照管产业，孙德彰才因为这个机缘过洋到了夏威夷。孙德彰出国那年，孙中山才6岁。

从1871年到夏威夷，直至孙中山1904年第二度前往美国之前，已经经历了三十三四年之久，这期间孙德彰几乎都留在夏威夷扎根打拼，在当地华侨界和土著、美籍人士之间，结交了广泛而深入的人脉。要为弟弟前往美国的“身份”问题动动脑筋，“通权达变”一番，这在孙德彰来说，完全不是问题。

于是，就在孙德彰的努力安排之下，解决了孙中山日后入境美国可能遭逢的阻挠难题。他是怎么办到的呢？有什么妙法可以让孙中山日后进出美国畅行无阻呢？那自然得设法在孙中山的出生地方面下一点儿功夫。孙德彰为弟弟孙中山通过关系申请了一份出生证明，这份由夏威夷官方开具的出生证明，当然是通过孙中山一只手按住《圣经》，经过宣誓之后、通过审查而取得的。出生纸上这么写着：

檀香山出生证（一九〇四年三月九日）夏威夷疆省柯湖岛（Oahu）成年人第二十五号　本人孙逸仙，先经宣誓后，兹作证称：凭我所知和所信，我乃于一八七〇年十一月二十四日在柯湖岛衣华（Ewa）镇之位问奴（Waimanu）地方诞生。我是一名医生，现在茂宜（Maui）岛的姑剌地方行医，我家居住在姑剌。我父亲孙达成于一八七四年前往中国，约八年后在那里逝世。本人作此誓词，旨在证明我的身份；并提供我出生于夏威夷的进一步证据，所附照片为本最近肖像。

孙逸仙（签名）

以上证词于一九〇四年三月九日我在场时签字和宣誓。

夏威夷疆省第一司法巡回处公证人

凯特·盖依（签名）

（公章）

宣誓之后5天，夏威夷有关部门核发给孙中山正式的文件证明，有了这份等同于拥有美国公民资格的《夏威夷出生证书》之后，两个星期后，亦即1904年3月27日，孙中山搭乘“高丽轮”号从夏威夷启程赴旧金山。

照道理，孙中山身上携带着这份《夏威夷出生证书》进海关时，关员审核无误的话，照例肯定会让孙中山入境。但是，却有人在这时候给孙中山“穿小鞋”。若干在美国的保皇党分子，他们事前得知孙先生已经搭船前往旧金山途中，就在此时，这些在美国的保皇党人向清廷驻旧金山的领事馆领事何祐通报，称孙文拿着《夏威夷出生证书》即将搭着“高丽轮”号来到旧金山，清廷便据此向旧金山的美国移民局通报。

等到“高丽轮”号一停泊旧金山港码头，美国海关的关员就上船检查旅客证件，发现了旅客中的孙中山，便对外宣称孙逸仙是中国的“乱党”，应该暂留在海关所属的一艘木船上，听候审讯，暂时不得上岸。

在船上被留置了一整夜，第二天上午，他被移送候审所，被囚禁在一间木屋之中。移民官讯问了孙中山，裁决要孙中山勒令出境，坐原来的“高丽轮”号回夏威夷。孙中山真是到了绝望的关头，却忽然看到同样被移民局监禁的一个广东老乡，看着一份《中西日报》，报头上印着总经理伍照盘3个字，孙先生猛然想起这位伍照盘，应该是他认得的一位基督教友，恰巧孙先生的行李里有一封介绍信，是1895年广州起义失败后逃亡海外，当年广东的基督教教友左斗山、杨襄甫为他写给伍照盘的，这封介绍信孙中山保管在身边有八九年时光了，哪里晓得至今竟在这个时机可能派上用场。

他赶紧写了一封简单的信，央求一位报童跑一趟旧金山沙加缅都街中西日报报馆，把信交给伍照盘。信里，孙先生留言称："现有十万火急之事务请帮忙，请即来木屋相见勿延。孙文。"这伍照盘一见是孙先生的便函，立马赶到移民局监禁人的木屋，找孙中山。问过案情，伍照盘知道孙中山和致公堂有关系，还是檀香山洪门的"洪棍"（元帅），在洪门之内也算是排上辈分的人物了。伍照盘便找到了旧金山致公堂"总理"（主盟者）黄三德、《大同日报》经理唐琼昌等人，努力设法营救。

致公堂等友人为孙先生聘请了律师，并且以旧金山士波福街一幢楼房为抵押，向保单公司具保500美元，把孙中山从木屋里保释出来，等候华盛顿美国联邦政府工商部方面的裁决。致公堂和旧金山的中文报界，还联合致电华盛顿联邦政府，为孙先生积极争取他的美国公民与入境美国之权利。等了3个礼拜，联邦政府工商部的判决文抵达旧金山移民当局，认可孙中山在美国的合法居留权利。按照美国的惯例，凡是移民局或者高等法院立下了判决，就算是定了案。所以，美国工商部做出的这一判决，无异决定了孙先生是否能够停留美国的命运，也间接决定了中国近代民主革命的命运。

刚获释，从被监禁的船上登岸，孙中山受到致公堂同志的热忱欢迎，初到那几天，暂时先住在致公堂的会所，吃饭时间就到《中西日报》用餐。

第二度到美国，这趟旅途确实较之前的美国行，尤其艰辛。初到美国的3个月，我们可以从孙先生与友人的信函中，窥知他这段时间的主要工作重心，仍是在与康梁保皇党做不屈不挠的斗争。在1904年6月10日，给至交好友革命同志黄宗仰的回信中，孙先生说：

中央上人大鉴：顷接来函，敬悉一切，深惜同志近日困穷如此，不禁浩叹。弟近在苦战之中，以图扫灭在美国之保皇党，已到过五六处，俱称得手。本拟通游美地有华人之处，次第扫之，大约三四个月后，当可成功。保毒当梁贼在此之时，极为兴盛，今已渐渐冷淡矣。扫之想为不难，惟是当发始之初，而保党不无多少反动之力，因此有一二康徒极恐彼党一散，则于彼个人之利益，大有损失。故极力造谣生事，以阻吾人之前途。所幸此地洪门之势力极大，但散涣不集，今已与各大佬商妥，设法先行联络各地洪家，成为一气，然后可再图其他也。故现时正在青黄不接之秋，当无从为力，以兼顾国内及日东之局面也。大约数月之后，当有转机也。幸致慰在东国同志，暂为坚守，以待好机之来，除洪家之外，弟更有数路可以有望，以图集力者。惟成败未可必耳。前挪上人之款，今当无从归赵，请宽以月内之期，想能付还也。已另有函致黎公矣，意亦同。上海同志近来境况志气如何？东京留学又如何？闻陈梦波已在横滨立一馆地，欲联络各处志士，此意甚美。未知现办成如何？能与此地致公堂通消息，互相照应，则来往船上之人，尽可召集也。上人在东有暇，亦望与此地致公堂并大同报馆消息，以鼓舞人心，则更可增多势力也。此致，即候大安

弟孙文谨启

西六月十号、加利科你省发。

从孙先生这封给黄宗仰的信函中可知，在此期间，孙中山的首要目标乃在扫除保皇党在侨社的影响力，从而巩固革命党在侨社的地盘，团结人心，如此方可激发华侨对革命的热情，使这股来自海外的革命热潮，进而在日

后国内的革命行动中，形成有力后盾。究竟要如何扫除保皇党的势力呢？这还是得仰赖洪门会党。如何鼓吹革命、筹募经费，成为孙先生到美国第一阶段的主要工作。

他向黄三德、伍照盘等人伸手借了一笔钱，用来印刷邹容著的《革命军》11000册，普遍寄发给全美各地华侨。他也借着基督教教会组织的力量，向各教友募集“革命军需债券”，在这些债券上印着以下字样：“此券规定实收美金十元，候革命成功之日，凭券即还本息一百元。凡购券者即为兴中会员，成功后可享受国家各项优先利权”云云。每张债券还像钞票一样，上面印了编号，并且由孙先生亲笔签名“孙逸仙”三字，还在右侧盖上了孙先生的印章（孙文之章）。第一波的募款行动，他募集了2700多美元。孙先生的朋友，基督教友邝华汰为孙先生募集了经费1300多美元。后来这笔经费，成为孙中山和黄三德周游全美国，团结洪门与侨社，奔走宣传革命的旅费川资。

由上可知，孙中山这第二次美国之行里面，于华侨社会，借助两股势力成为他宣传革命的群众基础。其一是基督教教会的组织力量；其二厥为洪门会党的关系网络，尤其是洪门群众力量，更是此一阶段的孙中山最借重的势力。之所以如此，是因为孙先生体认到美国华侨竟然一半以上是致公堂的会员，但是，致公堂组织相对比较散漫，同志的背景复杂，多半是守旧分子，分堂与总堂之间的统属关系也很疏离，经常阳奉阴违，如果不好好整顿，是无法形成团结的组织为革命助力的。孙先生观察洪门至少存在三大缺失：一是洪门成员多半忘却了反清的宗旨；二是受保皇党歪曲误导，民族意识模糊混淆；三是反清思想太过狭隘，不能与时俱进。

黄三德等致公堂大佬因而在孙先生建议之下，实施全美洪门会员重新举行总注册。并且在新的致公堂章程第一章总纲领第二条揭示：“本堂以驱逐鞑虏，恢复中华，创立民国，平均地权为宗旨。”

孙中山对从事反清革命的途程中，初期的群众力量集中于地下会党，有这么一段写实的描述：“乙酉以后，余所持革命主义，能相喻者，不过亲友数人而已；士大夫方醉心功名利禄，唯所称下流社会，反有三合会之组织，寓反清复明之思想于其中。虽时代湮远，几于数典忘祖，然苟与之言，犹较缙绅为易入，故余先从联络会党入手。”

孙先生的意思写得很明白。从1885年，他年方20岁，开始兴起革命的念头，能够和他沟通观念的人，只有少数亲近的人，一般的知识分子根本不屑与他谈论革命，反而只有类似三合会这种三教九流之人，脑子里面还有反清复明的国家民族意识。所以，下层社会的会党徒众，还比士绅阶级更容易着手游说。

尽管孙先生的革命理想，在侨社的会党与基督教友之间，取得了广泛的共鸣，但孙先生非常清楚，如果革命要成功，知识精英阶层的认同与参与，更是不可或缺。因而，在美国待了9个月的时间，孙先生此刻又把注意力的焦点转移到了欧洲。晚清中国留学生前往欧洲者颇众，人数远比去美国的多，而且他们受到欧洲进步思潮的启迪，多数赞同革命救国。孙先生长期致力于底层社会之耕耘，自此开始重视接触知识阶层。

为孙先生与欧洲中国留学生引介的人，乃是旧金山《大同日报》主笔刘成禺。刘氏是湖北江夏人，认识不少湖北籍的欧洲中国留学生，因而写信给他们建议他们能与孙中山会面。包括贺之才、史青、魏宸组、胡秉柯4人得信之后，便主动来信邀请孙先生去欧洲一叙。但孙先生终年奔走革命，缺来缺去还是缺钱，没钱买船票，动不了身，刘成禺好人做到底，再写信给欧洲中国留学生，最后是由留学比利时、法国、德国3国的中国留学生，为孙先生七拼八凑了8000多法郎，终于让孙先生得以顺利成行。

伦敦是孙先生抵达欧洲的第一站，因为此行的首要目的，是要会见在欧洲，尤其是比利时、法国、德国的中国留学生，所以1905年这年的春夏之交时，孙先生几乎是马不停蹄地奔波于这几个欧洲国家之间，风尘仆仆，毫无止歇。

所以，从美国抵达英国不久，就前往比利时，在布鲁塞尔与史青、贺之才、魏宸组、胡秉柯、朱和中等人聚面。孙先生首先提出他设想的“三民主义”“五权宪法”主张相号召，并且和这些留欧中国学生探讨关于组织革命团体的具体计划。朱和中在与孙中山会商时主张，应该把力量集中于策动清廷新军。朱和中列举了近年吴禄贞在新军里的活动为例，印证应该发展新军的革命组织。孙先生仍以他个人的经历，主张仍以发展会党势力为便利入手的方法。最后孙先生采纳众人的意见，认为应该双管齐下，以竟全功。

值得关注的是，孙中山与这群留学生最后开了一次会，并且举行了加盟仪式，遵照孙中山的意思，依过去他带领的革命组织入盟的形式，大家一起宣誓，孙先生亲笔写了一张誓词，一人一张，各自收执。誓词内容是这么写的：“具愿书人某某某当天发誓：驱除鞑虏，恢复中华，创立民国，平均地权。矢信矢忠，有始有卒。倘有食言，任众处罚。天运乙巳年月日押。”发誓完毕，孙先生与在场每一个人逐一握手，面露微笑说：“恭喜各位！你们已经不是清朝人了！”孙中山毕竟具有洪门“洪棍”身份，他当场教给大家各种手势口号：“问：君从何处来？答：从南方来。问：向何处去？答：向北方去。问：贵友为谁？答：陆皓东、史坚如二人。”

除了英国、比利时，孙先生又陆续前往德国、法国，先后与留学生三四十人结盟誓，成立了革命党在欧洲各国的分支单位。

遍访各主要欧洲国家的若干中国留学生之后，孙中山准备往下一个宣传革命的旅途进发。1905 年 6 月 4 日，他从巴黎发了一封信给日本同志宫崎寅藏，他说：“宫崎先生大人足下：日前寄英国之书，久已收读，欣闻各节，所以迟迟不答，盖因早欲东归，诸事拟作面谈也。不期旅资告乏，阻滞穷途，欲行不得，遂至久留至于今也。兹定于六月十一日从佛国马些（按即马赛）港乘 Tonkin 号佛邮船回东。过南洋之日，或少作勾留，未定；否则必于七月十九日可以到横滨矣。相见在迩，不日可复与先生抵掌而谈天下大事也。……弟中山谨启。六月四日写于佛京巴黎旅馆。”

孙中山从法国马赛搭乘法国邮轮 Tonkin 号前往日本，轮船中途会停留新加坡。船还在科伦坡，就从船上发了一通电报给在新加坡的老朋友尢烈，约他带着另外一位朋友，《图南日报》的主持人陈楚楠到船上会面。由于两次革命起义，孙先生被新加坡当局判定 5 年内不得登岸，但那已是三四年前的老案子了。船靠泊新加坡港口，尢烈、陈楚楠联袂登船相会，多年不见，不胜欣喜。陈楚楠是报社老板，他的人面广，地方关系绵密，陈楚楠说：“我和新加坡警察厅的官长们都是老朋友了，你的事应该是小事，我和他们商量商量，让你上岸去待两天，大家好好聚聚，等开船了我们再送你上船。”

陈楚楠果然顺利为孙先生打通了关节。上岸，在新加坡有名的“小桃源”酒店大家把酒言欢。酒过三巡，孙先生向尢烈、陈楚楠概说了从日本一路到檀香山、美国、欧洲各地的所见所闻。孙先生愉快地说，现在我们已经在欧洲留学生界成立了革命机关，紧接着，我就要去日本成立革命机关，我们将联合全世界各地华侨侨社、学生、会党、基督徒、各行各业、各个年龄层的中国人，形成一股巨大的革命力量。

孙先生告诉尢烈、陈楚楠等朋友，你们应该在南洋好好布置。自此，孙先生除了以日本作为流亡时期策划革命行动的据点，而后亦以新加坡作为与同志聚集，策动国内革命行动的大本营。

1905 年 7 月 19 日，孙先生终于抵达日本横滨。当时日本之革命气氛已经与孙先生第一次到东瀛不可同日而语。由于地利之便，日本有很多中国留学生，热忱爱国的志士也多聚集在此，但那时中国留学生与侨界，少了一个能够和日本朝野说得上话、有分量的外交代表，众人咸认为孙先生是绝佳的人选。

但其时孙先生看出了日本侨社与国内各革命团体，有支脉庞杂、各拥山头的情况，并且深以为忧。例如，当时黄兴和宋教仁在东京学界，十分活跃，成立了一个名为“二十世纪之支那社”的团体，发行杂志，宣传革命。孙中山在与宋教仁、程家柽等人晤面时指出：目前中国值得忧虑的，不必忧虑各国之瓜分中国，而应忧虑自己人的内讧。某一省想要起义，另一省也想起义，革命团体之间不相联络，各自号召自己的群众。这么一来，迟早会演变成类似秦朝末年20多个国家都想起兵，结果反而自家人争打一团；迟早会变成元朝末年朱元璋、陈友谅、张士诚、明玉珍争夺天下的乱局。孙先生强调，现今的革命主义必须以相互联络为最紧要之事。他说，广东、广西民风强悍，到处都有会党的组织，他们和清政府对抗，已经有10多年了，清兵拿他们没办法，但清军可以破坏这些反抗势力。而且两广欠缺一个有力的领导者，去年柳州起义，他们曾经到香港招兵买马，事发时我人在美国，鞭长莫及，无法回应他们。如果今天有几十人甚至几百人，出面联络分散各地的革命势力，出谋划策，我们把起事之前的事情，和起事之后的事情，预先做一番好的安排，每件事都有人负责任，一旦举兵发动，便可以创立文明的政府，天下就足以底定了。

孙中山之所以发表了这番议论，是因为有感于当年海外的革命势力缺乏一个统筹的力量，派系林立，各省有各省的革命组织。就像宋教仁和黄兴等人，组织有以湖南人为主力的华兴会。假如革命组织多而无统筹能力，这将大大削弱革命组织的效能，增加内耗。孙先生有感而发的这番话，也为两天后酝酿“中国革命同盟会”（后改名“中国同盟会”）的成立拉开了帷幕。

1905年7月30日，包括孙中山在内的革命党人70余人，在东京赤阪区的“黑龙会”召开“中国革命同盟会”的筹备会议。这天与会的人士，许多人日后成为民国近代史上非常重要的人物。当天到会的同志来自几个方面。孙先生偕同梁慕光、冯自由等人是从横滨赶到的。全国十八行省的同志有黄兴、宋教仁、程家柽、张继、陈天华、田桐、邓家彦等13人。由冯自由通知到会的，有马君武、胡毅生、朱少穆、刘道一、曹亚伯、但焘等11人。由胡毅生带领到会的，有汪兆铭、朱大符、李文范、古应芬等人。由宫崎寅藏带领到会的，有日本方面的同志内田良平、末永节等人。以及甘肃以外十七行省的代表。全员共70多人。

70多名同志初创的“同盟会”的组成来自以下几个团体：孙先生领导的日本“兴中会”总部的同志，黄兴与宋教仁领导的“华兴会”的同志，蔡元培与吴敬恒的“爱国学社”，张继的“青年会”的同志。

“同盟会”筹备会议开始，首先由孙中山先生演说革命的理由，当前革命的形势，与未来革命的方法，孙先生并且重申前一天和宋教仁、黄兴、宫崎寅藏等人说的那番话，表示全国革命党各个派系有必要合组一个新的团体，大家团结一致从事革命工作，这就是今天大家聚在这里共襄盛举的目的。对于孙中山这番发言，与会者都没有任何异议，孙先生讲完话，与会的各组织领导、各省代表们，公推孙先生为当天的会议主席。并且确定团体的名称，由原来的“中国革命同盟会”，以及“对满同盟会”等名称中，选定以“中国同盟会”为名称。团体的性质，则是一个秘密组织。

按照孙先生成立组织的老规矩，是要签名、指天发誓的。“中国同盟会”中这些规矩更是少不得。“同盟会”的盟书内文是：“联盟人某省某府某县人姓名某某某当天发誓：驱除鞑虏，恢复中华，创立民国，平均地权。矢信矢忠，有始有卒。如或渝此，任众处罚。天运乙巳年七月30日中国同盟会会员某某某。”

宣誓仪式的过场也是按照孙先生的老规矩办事。先请与会者在一张纸上签名，各自写各自的誓词、盟书，签完名，写好了盟书，便由孙先生领导众人举手行宣誓仪式。再由孙先生带着个别同志到隔壁小房间里，教给每个人洪门使用的握手暗号，及“同盟会”的3种秘密口号：“问：你是何处人？答：汉人。问：何物？答：中国事物。问：何事？天下事。”

这些过场结束以后，孙先生便与每位会员行握手礼，微笑道喜称：“我为各位庆贺，因为从今天起你们已经不是清朝的人了。”孙中山讲完这句话，也不知何故，会场房间后方的一块木板忽然轰然一声倒了下来，响声很大，让在场的人吓了一跳。孙先生随即机智地说：“这表示清朝就快要倾覆了。”在场与会者都大声叫好。

过了两个星期，孙先生又在东京留学生欢迎会上与留学生碰面，并发表题为“中国应建设共和国”的讲演。当孙先生演说时，场所内外的情景大致是这样的：

1895年8月13日，东京的留学生同志们特别在东京最著名的位于麹町区富士见楼召开欢迎孙先生的大会。上午，宋教仁先到场地主持布置会场工作，处理开会的准备工作。不久，孙先生抵达了会场，随即开会。首先由主持人宋教仁致上欢迎词，场内外近两三千留学生与我华侨皆拍手喝彩，来了那么多人，让宋教仁等主办单位大为惊讶，因为大多数群众都自动自发来到这里，一睹孙先生风采。富士见楼的场所很窄小，根本容纳不下两三千名群众，挤不进会场的留学生和华侨群众，甚至聚集到街上，在场外抬头张望。

当天，南北各地的革命党人终于见识到孙先生的号召力。孙先生为了革命事业，流亡海外，奔走劳顿，已经历了10多年时光，孙先生可谓是屡败屡战，但从不见他有丝毫的气馁，而且每天都是神采奕奕，努力奋发。

宋教仁发表一段引言之后，孙先生即上台讲演，完整阐述了他对建立民国的看法。一位中国新闻记者“吼生”记下了孙先生这天讲演的重点摘要：

兄弟此次东来，蒙诸君如此热心欢迎，兄弟实感佩莫名。窃恐无

以付诸君欢迎之盛意，然不得不献兄弟见闻所及，与诸君商定救国之方针，当亦诸君所乐闻者。（群众拍掌）

兄弟由西到东，中国至美国圣路易斯观博览会，此会为新球开辟以来的一大会。后又由美至英、至德、至法，乃至日本。离东二年，论时不久，见东方一切事皆大变局，兄弟料不到如此，又料不到今日与诸君相会于此。近来我中国人的思想议论，都是大声疾呼，怕中国沦为非、澳。前两年还没有这等的风潮，从此看来，我们中国不是亡国了。这都由我国民文明的进步日进一日，民族的思想日长一日，所以有这样的影响。从此看来，我们中国一定没有沦亡的道理。（群众拍掌）

今日试就我历过各国的情形，与诸君言之。

日本与中国不同者有两件。第一件是日本的旧文明皆由中国输入。50年前，维新诸豪杰沉醉于中国哲学大家王阳明知行合一的学说，故皆具有独立尚武的精神，以从此拯救4500万人于水火中之大功。我中国人则反抱其素养的实力，以赴媚异种，故中国的文明遂至落于日本之后。（群众拍掌）

第二件如日本衣、食、住的文明乃由中国输入者，我中国已改从满制，则是我中国的文明已失之日本了。后来又有种种的文明，由西洋输入。是中国文明的开化虽先于日本，究竟无大裨益于我同胞。（群众拍掌）

渡太平洋而东，至美国，见美国之人物皆新。论美人不过由400年前，哥伦布开辟以来，世人渐知有美国；而于今的文明，即欧洲列强亦不能及。去年圣路易斯的博览会为世界最盛之会，盖自法人手中将圣路易斯买来之后，特以此会为纪念。美国从前乃一片洪荒之土，于今40余州的盛况，皆非中国所能及。兄弟又由美至英、至法、至德，见各洲从前极文明者，如罗马、埃及、希腊、雅典等皆败，极野蛮者如条顿民族等皆兴。中国的文明已有数千年，西人不过数百年，中国人又不能由过代之文明，变而为近世的文明，所以人皆说中国最守旧，其积弱的缘由也在于此。殊不知不然。不过我们中国现在的人物皆无用，将来取法西人的文明而用之，亦不难转弱为强，易旧为新。盖兄弟自至西方则见新物，至东方则见旧物，我们中国若能渐渐发明，则一切旧物又何难均变为新物？如英国伦敦先无电车而用马车，百年后方用自行车，而仍不用电车。日本去年尚无电车，至今年而始盛。中国不过误于从前不变，若如现在的一切思想议论，其进步又何可思议！（群众拍掌）

又皆说中国为幼稚时代，殊不知不然。中国盖实当老迈时代。中国从前之不变，因人皆不知改革之幸福，以为我中国的文物极盛，如斯已足，他何所求。于今因游学志士见各国种种文明，渐觉得自己的太旧了，故改革的风潮日烈，思想日高，文明的进步日速。如此看来，将来我中国的国力能凌驾全球，也是不可预料的。（群众拍掌）所以各志士知道我们中国不得了。人家要瓜分中国，日日言救中国，倘若是中国人如此能将一切野蛮的法制改变起来，比美国还要强几分的。何以见之？美国无此好基础，虽西欧英、法、德、意皆不能及我们。试与诸君就各国与中国比较而言之。

日本不过我中国四川一省之大，至今一跃而为头等强国。美国土地虽有清国版图之大，而人口不过八千万。于今美人极强，即欧人亦畏之。英国不过区区海上三岛，其余都是星散的属地。德、法、意诸国，虽称强于欧西，土地人口均不如我中国。俄现被挫于日本，土地虽大于我，人口终不如我。

则是中国土地人口，世界莫及。我们生在中国，实为幸福。各国贤豪，皆羡慕此英雄用武之地而不可得。我们生在中国，正是英雄用武之时，反都是沉沉默默，让异族儿据我上游，而不知利用此一片好山河，宣

传民族主义，建一头等民主大共和国，以执全球的牛耳，实为可叹！（群众拍掌）

所以西人知中国人不能利用此土地也，于是占旅顺、占大连、占九龙等处，谓中国人怕他。殊不知我们自己能立志恢复，他还是要怕我们的。即现在中国与美国禁约的风潮起，不独美国人心惶恐，欧西各国亦莫不震惊。此不过我国民小举动耳，各国则震动若是，倘有什么大举动，则各国还了得吗？（群众拍掌）

所以现在中国要由我们四万万国民兴起。今天我们是最先兴起的一日，从今后要用尽我们的力量，提起这件改革的事情来。我们放下精神说要中国兴，中国断断乎没有不兴的道理。（群众拍掌）

即如日本当维新时代，志士很少，国民尚未大醒，他们人人担当国家义务，所以不到三十年，能把他的国家弄到为全球六大强国之一。若是我们人人担当国家义务，将中国强起来，虽地球上六个强国，我们比他还要大一倍。所以我们万不可存一点退志。日本维新须经营三十余年，我们中国不过二十年就可以。盖日本维新的时候，各国的文物，他们国人一点都不知道。我们中国此时，人家的好处人人皆知道，我们可以择而用之。他们不过是天然的进步，我们这方才是人力的进步。（群众拍掌）

又有说中国此时的政治幼稚、思想幼稚、学术幼稚，不能猝学极等文明。殊不知又不然。他们不过见中国此时器物皆旧。盖此等功夫，如欧洲著名各大家用数十余年之功发明一机器，而后世学者不过学数年即能造作，不能谓其躐等也。

又有说欧美共和的政治，我们中国此时尚不能合用的，盖由野蛮而专制，由专制而立宪，由立宪而共和，这是天然的顺序，不可躁进的；我们中国的改革最宜于君主立宪，万不能共和。殊不知此说大谬。

我们中国的前途如修铁路然，此时若修铁路还是用最初发明的汽车，还是用近日改良最利便之汽车？此虽妇孺亦明其利钝。所以君主立宪之用不合于中国，不待智者而后决。（群众拍掌）

又有说中国人民的程度，此时还不能共和。殊不知又不然。我们人民的程度比各国还要高些。兄弟由日本过太平洋到美国，路经檀香山。此地百年前不过一野蛮地方，有一英人到此，土人还要食他，后来与外人交通，由野蛮一跃而为共和。我们中国人的程度，岂反比不上檀香山的土民吗？（群众拍掌）

后至美国的南七省，此地因养黑奴，北美人心不服，势颇骚然，因而交战五六年，南败北胜，放黑奴二百万为自由民。我们中国人的程度又反不如美国的黑奴吗？（群众拍掌）

我们清夜自思，不把我们中国造起一个二十世纪头等的共和国来，是将自己连檀香山的土民、南美的黑奴都看作不如了。这岂是我们同志诸君所期望的吗？（群众拍掌）

所以我们决不能说我们同胞不能共和。如说不能，是不知世界的进步。不知世界的真文明，不知享这共和幸福的蠢动物了。（群众拍掌）

若使我们中国人人已能知此，大家已担承这个责任起来，我们这一分人还稍可以安乐。若今日之中国，我们是万不能安乐的，是一定要劳苦代我四万万同胞，求这共和幸福的。（群众拍掌）

若创造这立宪共和二等的政体，不是在别的缘故上分判，总在志士的经营。百姓无所知，要在志士的提倡。志士的思想高，则百姓程度高。所以我们为志士的，总要择地球上最文明的政治法律来救我们中国，最优等的人格来待我们四万万同胞。（群众拍掌）

若单说立宪，此时全国的大权都落在人家手里，我们要立宪，也是要从人家手里夺来。与其能夺来成立宪国，又何必不夺来成共

和国呢？（群众拍掌）

又有人说中国此时改革，事事取法于人，自己无一点独立的学说，是事先不能培养起国民独立的性根来，后来还望国民有独立的资格吗？此说诚然。但是此时异族政府禁端百出，又从何处发行这独立的学说？又从何处培养起国民独立的性根？盖一变则全国人心动摇，动摇则进化自速，不过十数年后，这“独立”两字自然印入国民的脑中。所以中国此时的改革，虽事事取法于人，将来他们各国定要到中国来取法的。如美国之文明仅百年耳，先皆由英国取法去的，于今为世界共和的祖国；倘是仍前不变，于今能享这地球上最优的幸福不能呢？（群众拍掌）

若我们今日改革的思想不取法乎上，则不过徒救一时，是万不能永久太平的。盖这一变更是很不容易的。（群众拍掌）

我们中国，先是误于说我中国四千年来的文明很好，不肯改革，于今也都晓得不能用，定要取法于人。若此时不取法他现世最文明的，还取法他那文明过渡时代以前的吗？我们决不要随天演的变更，定要为人事的变更，其进步方速。兄弟愿诸君救中国，要从高尚的下手，万莫取法乎中，以贻我四万万同胞子子孙孙的后祸。（群众拍掌）

这场盛大的欢迎会、演讲会进行过程中，发生了不少插曲。最初，宋教仁根本未曾预期会有那么多观众来听讲，哪里晓得开会当天一早，不说是万人空巷，至少是千头攒动，把富士见楼附近的街道挤得水泄不通。日本巡警发觉有大批群众在此聚集，以为会发生事故，立刻上门，要求宋教仁等主办单位，把会场大门关上。但这一关门，不得了，门外的群众群起鼓噪喧哗，吵得连日本警察也莫可奈何，宋教仁这时也有点心慌了，他爬上门墙，往外观察，知道外面的人潮已经快炸锅了，旋即和日本警察沟通，经同意后，把大门打开，尽量在会场内多容纳些群众，这才压抑住了外面人群的鼓噪声。从这里可窥知，孙先生那时在海外的名气与支持度已经是如日中天，蒸蒸日上。亦可印证海外民心之归向，侨民与留学生对革命党的观感愈来愈有向心力。

这场欢迎会后一个星期，亦即1905年8月20日，则是中国民主革命途程中，另一个值得记录的日子。在这一天，于东京赤阪区灵南日本友人阪本金弥的私宅，举行中国同盟会本部的成立大会，与会加盟者有300多人。

当天会议仪式的主持人是黄兴，会议开始，黄兴宣读“中国同盟会”的组织章程，与会人士就组织章程发表意见之后，选举“中国同盟会”的领导人——总理，黄兴提议，大家不必再经过选举的流程，如果没有异议，是否由大家一致公推孙中山先生为“中国同盟会”的总理，听到黄兴这么一说，与会者一律举手表示赞同。

会议的末了，黄兴提议，杂志社同人已经有一半以上加入同盟会，他主张该社社员愿意将此杂志纳入同盟会，成为同盟会的机关报，不知大家意下如何？听到黄兴作此提议，在场同志皆拍手赞成，至于具体事务，下次会议再商量细节。但是，孰料8天之后，《二十世纪之支那》杂志因为其有一篇文稿，宗旨描写日本政客涉及经营中国之主题，引起日本当局震怒，下令查禁该期的《二十世纪之支那》杂志。后来，为了让这份“同盟会”的机关报能延续其生命，在孙先生、黄兴、宋教仁与党内干部议决后，决定将杂志改名为《民报》。

3个月后，《民报》正式在东京创刊，孙先生在《民报》发刊词中，正式揭示了他的三民主义主张，这也是孙先生民族、民权、民生三大主义首次见之于文字：

……余维欧美之进化，凡以三大主义：曰民族，曰民权，曰民生。罗马之亡，民族主义兴，而欧洲各国以独立。洎自帝其国，威行专制，在下者不堪其苦，则民权主义起。十八世纪之末，十九世纪之初，专制仆而立宪政体殖焉。世界开化，人智益蒸，物质发舒，百年锐于千载，经济问题继政治问题之后，则民生主义跃跃然动，二十世纪不得不为民生主义之擅场时代也。是三大主义皆基本于民，递嬗变易，而欧美之人种胥冶化焉。其他旋维于小己大群之间而成为故说者，皆此三者之充满发挥而旁及者耳。

今者中国以千年专制之毒而不解，异种残之，外邦逼之，民族主义、民权主义殆不可以须臾缓。而民生主义，欧美所虑积重难返者，中国独受病未深，而去之易。是故或于人为既往之陈迹，或于我为方来之大患，要为缮吾群所有事，则不可不并时而弛张之。嗟夫！所陟卑者其所视不远，游五都之市，见美服而求之，忘其身之未称也，又但以当前者为至美。近时志士舌敝唇枯，惟企强中国以比欧美。然而欧美强矣，其民实困，观大同盟罢工与无政府党、社会党之日炽，社会革命其将不远。吾国纵能媲迹于欧美，犹不能免于第二次之革命，而况追逐于人已然之末轨者之终无成耶！夫欧美社会之祸，伏之数十年，及今而后发见之，又不能使之遽去。吾国治民生主义者，发达最先，睹其祸害于未萌，诚可举政治革命、社会革命毕其功于一役。还视欧美，彼且瞠乎后也。

翳我祖国，以最大之民族，聪明强力，超绝等伦，而沉梦不起，万事堕坏；幸为风潮所激，醒其渴睡，旦夕之间，奋发振强，励精不已，则半事倍功，良非嫚。惟夫一群之中，有少数最良之心理能策其群而进之，使最宜之治法适应于吾群，吾群之进步适应于世界，此先知先觉之天职，而吾《民报》所为作也。抑非常革新之学说，其理想输灌于人心而化为常识，则其去实行也近。吾于《民报》之出世觇之。

第六章

十次革命　屡仆屡起

“同盟会”成立之后，单单是1907年一年内便连续引爆了4场革命起义行动。显见斯时革命党人之雄心壮志，无日或已。潮州黄冈之役，是孙先生继广州、惠州起义之后的第三场革命行动。

黄冈位于广东东部，与福建相邻，地界上属于潮州饶平县，是闽粤两省重要的联络孔道。革命党人许雪秋原本计划于1907年正月间在潮州起义，行动迟迟没有实施，但仍通知同志随时待命。邻近的黄冈革命同志余既成、陈湧波等在黄冈挑水巷泰兴号，设置了革命总机关。事隔一月，许雪秋派人告诉余既成、陈湧波等人，计划联合海阳、揭阳、惠来、饶平、澄海各县的革命党人同时举事。

陈湧波认为行动在即，便命令革命党人前往汕头，领回革命经费及枪支武器，分别贮存在革命党人家中，并且赶制各种革命旗帜。但事机不密，被潮州镇总兵黄金福发现，派兵逮捕两名同志。余既成、陈湧波两人到香港报告实况，准备先起义，当时孙中山派了胡汉民在香港指挥策划，胡汉民不同意余既成、陈湧波先起义的计划，并说凡是革命起事的行动一定要得到孙先生允准才可行动。

余既成、陈湧波告辞胡汉民之后，一去没有消息。这时清廷潮州镇总兵黄金福又增加兵力，并且有意要查抄“泰兴号”革命机关，兵临城下，革命党人担心此时不动手，只有坐以待毙，任人宰割，必须得马上采取行动，但上面没有指示，又苦于没钱没枪，没人敢决议起事。这时，余既成和陈湧波带来一点儿好消息，他们从汕头筹得一笔款子，于是决定公历5月22日晚上发难。

5月22日晚上9点，革命党人在距离黄冈三里地的连厝坟集合，共聚集了700多人。这次行动的主持者余永兴宣誓起事，宣布军法十条。晚上10点钟，兵分各路，进攻黄冈，不多时就攻占了黄冈城内的各个重要据点，此次行动真正策划人许雪秋在香港没赶得及回来，现场的党人余既成被推举为临时司令，陈涌波为副司令。随即在黄冈的旧都司署成立军政府，革命党人在都司署门前贴上了安民布告。

革命党人拿下黄冈之后的第二天，有党人从汫州来黄冈报告，清廷总兵将率领清军从汫州攻打黄冈，革命党人决定先发制人。党人余既成、张麒麟两人带着革命党人在5月24日晚间进攻汫州，双方接战之后，血战两小时，起初清军被革命党人击败，清军的援军赶到，革命党人死伤过半，而且弹药用尽，只好退回黄冈。清军将领李準又率领清军2000抵达汕头，党人指挥者许雪秋这时从香港赶回，指挥调度，但这时黄冈存有的军粮只剩下一天的分量。经过党人会议商量，决定暂时解散。党人分成两路，一路由余既成、余通等十几人带领退往香港，另一路由陈涌波带领数十人前往黄冈附近的南岭山藏匿。

潮州黄冈之役，在黄冈牺牲了革命党人17人，在汫州战死了77人，事后被清廷追捕的有60余人。

孙中山在事后检讨第三次革命潮州黄冈起义失败的原因时，认为是败在缺乏枪支武器后勤支援上，白白牺牲了我英勇的革命党人百余人，诚属可惜可叹。孙先生在给党人华侨张永福、陈楚楠的信上说："……许雪秋兄再办潮事，深望各同志竭力扶助。前次雪兄办潮事，子瑜兄办惠事，皆能发起。弟谋运动军火以为接济，惜潮、惠皆一起即蹶，其散太骤，故不能应手。今者运动得手，可得大宗军火，已与雪兄定议，如潮事发起，当拨新式快枪数千，弹百数十万以应之，则此次军力充实，必非前比。惟雪兄尚缺运动费，前在星坡得各同志捐助三千元，其数实不敷用。弟已筹备军火，则运动之费不能不望之于他同志。以星坡会员之众，风气之开，而又气雄力厚，诚能奋发义侠，所得必不止三千元之数。"

按照孙先生原本的计划，是打算在1907年五六月间，在惠州、潮州两府同时举事起义，让清军两头顾不着。潮州方面是先有准备了，可惜后勤接济不上。而惠州方面，孙先生则把任务交付给当时流亡在南洋的这几个人：邓子瑜、黄耀庭两位革命党人，另外还找来了绿林好汉余绍卿。这3个人领了钱之后，各自到分配的地方发动起义。

但是，人性的趋吉避凶的弱点和丑恶面，往往在生死关头一览无遗。绿林好汉余绍卿拿走了1500元大洋之后，从此不见人影。黄耀庭拿走1200元大洋，听说香港政府在跟监他，便匆匆离开香港跑回新加坡去了。3个原定的主持者跑了两个，只剩下邓子瑜忠于职守，孙先生只好把惠州七女湖行动的任务，交付给了邓子瑜。

邓子瑜原本预备在归善、博罗、龙门等地，分三地起义，以遥相响应前述之黄冈起义，可惜因为博罗、龙门两地的会党纠集不易，只能号召一百数十人在七女湖发动起义，七女湖地方是当地有名的墟场。邓子瑜手下的同志陈纯在这里起义，当地少数清军立即反抗，但被党人击败、缴械。党人于是连下数个据点，包括泰尾、杨村、柏塘，又派了党人攻打八子爷、公庄、横刀、梁化等地，党人以秋风扫落叶的余勇，打得清军连忙向惠州告急。清廷广东总督连忙以快信通知惠州附近各路营勇、东路巡防各营的“管带”洪兆麟、李声振、吴鳌等人，率领各处的清军前往抵抗，还远从新会县调派右营守备中路巡防第十营管带钟子才，前往驰援。

革命党人在水口、横沥、三径、蔗浦等地战况十分得利。清军将领洪兆麟打到八子爷，被革命党人林旺从山上俯冲而下，洪当场中枪落马，部属死伤甚多。李声振、钟子才各地清军开始亦处不利态势。革命党人声势浩大，广东省城为之震动。时间是1907年6月2日的惠州七女湖起义事件。

七女湖起义之后的第四天，战况仍在胶着之中，秘密身处越南河内的孙中山，以假名“高野”署名，写信给新加坡的党人朋友张永福密函中，叙说了近日以来，各地起义反清的军事进展。历经各种危难事件之后的孙先生，亦向张永福再三力陈保密之重要性。信上如是说：

永福仁兄大人足下：

昨接惠书敬悉。日来潮起于东，钦廉应于西，全省风动。尚有数路，次第俱发。当合广、韶、惠、潮、钦、廉诸军，以联为一气，则粤事机局宏远，大有可为也！各埠同志闻此消息，皆非常踊跃。星埠声气较捷，团体较大，望兄道掖诸人，力任义务，以相协助，是所至望。

李水龙君于数日前偕林干廷及一人来。弟前只约李君一人来此，今渠竟偕他友二人同来，已为失约，而林干廷又不足信，故弟避而不见，托人推称已往香港。现林等二人复赴香港，弟已函告港中同志设法善处之。李君尚留此间，大约再数日必归星坡，兄如见之，亦告以弟已离河内可也。

河内同志已成立分会，诸会员多热心之士，办事认真。惟弟居此，严守秘密，除三四办事之人外，无知弟在此者。兄处如有书信至河内分会，不可提及弟之所在。其与弟往复信件，若系公函，可寄至香港转交。若系兄等秘密函件，则寄来此处。因现在有事之时，较诸早日更当机密，方便于筹策。兄对于星坡同志亦望守此秘密为要。专复，敬候

义安

弟高野谨启　六月五日

惠州七女湖起义的中途，在越南遥相指挥的孙先生，仍多方要求日本友人多予枪械、金钱等各种援助。例如1907年6月7日，他就拍发电报给日本的平山周，紧急要求驰援。电文说：

两广义师已分道并起，云南、四川皆可响应。现资械为联合之要需，日本义士能否相助？若助资，可电寄河内，用 Longsang（按：此为新加坡富商黄隆生化名）名收；同时以电通告 Chantung（按：陈同，是

胡汉民化名)。若助械,可托三上(按:日人三上丰夷)船运来。得回电,当再定授受之地。孙文启六月七日河内

从这里,我们也可以得一梗概,潮州黄冈起义、惠州七女湖起义这段时间,孙先生都是隐匿在越南河内,遥相策应指挥调度党人的进退攻防。

革命党发动惠州七女湖之役,最初的战略设计是惠州七女湖的党人可以与潮州黄冈起义的党人遥相呼应,让清廷两头忙乱。但两地的革命党并无便捷的联系渠道,刚开始,惠州七女湖的革命党人采行游击战法,飘忽不定,与清军鏖战十来日,使得官衙疲于奔命。但是,等到潮州黄冈起义失败,清廷广东总督电令水师提督李準,匀出打黄冈的军队,从汕头直扑惠州,大批清军从澳头登陆,给惠州七女湖起义的革命军造成极大压力。七女湖的党人指挥邓子瑜知道大势已去,率队到梁化墟附近村落,命令同志把枪械埋藏于地下,然后宣布先行解散。邓子瑜前往香港,但被港英当局勒令离港。另两名党人头领,陈纯辗转前往南洋;孙隐虽成功前往香港,但清廷以孙隐参与抢劫罪名,向港英当局申请引渡回广东,不久惨遭清廷屠戮。1907 年 6 月 13 日,惠州七女湖的抗清起义,终归失败。

纵使孙先生再在七女湖之役又尝败绩,但他始终不曾有丝毫气馁,反而愈挫愈勇,信心倍增。即便在惠州七女湖起义失败的最后一日,他还发了一通电报给“同盟会”日本同志平山周,电文要求平山周:“订购一万。先送铳两千,弹两百万。”此亦可证,自“中国同盟会”在日本成立以来,连续几次的倒清武装起义,都是以日本作为武器弹药与后勤补给的基地。连协助训练党人军事操作,甚至起义时在后方大本营以备咨询的顾问,火线上临场指挥调度的干部士官,孙先生都数度要求日本友人延聘专人协助。在给日本好友萱野长知的一封快信上,孙先生说:

萱野仁兄足下：今东军将起，欲得于军事上有学问经验之人以为顾问，弟念我兄雄武过人，谨以东军顾问之任相托，望襄助都督，以建伟业，并恳延揽同志，以资臂助。兄之热诚，弟所深信，望珍重。此请

义安

弟孙文谨启

1907年9月1日，此时，孙中山继续在越南河内遥控国内革命行动。当天广东发生了一场民变，惊动了孙中山，故而引发了第五次起义的防城之役。

事件是因为1907年春天，广东各地盛产蔗糖，清廷官方向钦、廉两府的农民开征糖捐，但是税捐太重了，引起人民不满，老百姓为了生计，推派代表地方士绅数十人，前往衙门讨价还价。官府为了表现官威，竟然把这些百姓代表全部关押起来，引起乡民极度不满，于是乡民纷纷聚众抗捐，并且冲入府衙，打算救出被官府拘禁的士绅代表，官府的少数官兵控制不了局面，随即引发了群众暴动。广东总督周馥见到情势不可收拾，兵分两路，调派郭人漳带领防军3个营，赵声带领新军第二标的新军步队一个营，炮兵和机关枪各一个队，合计兵力2000余人前往镇压。而且又打电报给广西提督丁槐，调拨衡军二营、绥远军一个营，协助前往镇压。

广东钦州、廉州两地的老百姓原本只是抗捐，顶多只是和清廷官吏讨价还价，希望少缴一点儿糖税，万万没想到清廷两广当局却把这请愿事件，扩大成百姓造反的民变，这种小题大做的搞法，闹到远近皆知，连远在越南河内的孙先生也得到消息。孙先生凭直觉判断，认定这是一次难得可资利用的大好机会。

孙先生研判，钦、廉两府人民起来反抗清廷，这是革命党人起义的最佳时机。而清军之中，防军的郭人漳、新军的赵声和革命党人平日就有联络，

尤其是赵声，更是热心的党人，如果各方能够联络得宜，八方响应，则成功的胜算甚大。

孙中山兵分两路，派了两路人马，第一路派的是邝敬川，到廉州的良屋，去见抗捐的士绅代表刘思裕、黄世钦、广甫珠等人，说服他们和革命党人共同举事，刘思裕等人都被说动了。第二路派了胡毅生到赵声的营中，约郭人漳、赵声两人同时起义。但是，没有想到为胡毅生传递消息给郭人漳的陈洄，来不及找到郭人漳，郭人漳根本不知道孙先生通知共同起义这码事，郭人漳派了管带林虎，带领一营清军进攻刘思裕带领的老百姓，刘思裕原本以为清军已经说好不打了，不料清军却突然来攻，措手不及，人民死伤惨重，刘思裕也死在乱军之中。

孙先生从越南又派了黄兴、王和顺，以及胡毅生，分别前往钦州、廉州，和郭人漳、赵声约定，两人同意如果有正式的革命军起事，必定起而响应。孙先生于是派遣萱野长知带着钱款回日本，购买军火，并且派人就近在越南招兵买马，还延聘了若干法国退伍军官，约定进占中越边界防城、东兴一带沿海之地。

革命党人受孙先生指示，分别以秘密身份进入清军部队中，从事分化说服工作。例如，王和顺与胡毅生两人联袂到廉州，在赵声的新军当中十几天，王和顺的化名叫张德兴，赵声还发给他军事委任状。王和顺等人拿着这个委任状在钦州一带如入无人之境，到处联络民团。受孙先生指令的黄兴，也到了郭人漳的清军军营，此外，革命党人谭人凤、王德润、陶表封、曾传范等人都在郭人漳的军队里，成为革命党安插在里面的棋子。防城的卫军左卫左哨官刘辉廷、右哨官李耀堂都有反清的意图，决定在防城发动事变。当地的革命党人都派人到安南，向孙先生报告了情况。

当时另一个重要的事情，是枪械的运送。孙先生打电报到香港，命令冯自由和萱野长知，要他们赶紧运枪械到白龙潭。但问题是基于安全考量，香港也没有现成的枪械储存，必须从日本赶运，不要半个月至少也要一个星期以上。由于军情外泄，情势紧急万分，王和顺等不及这批日本军火运到，率领革命军 300 余人，在钦州的王光山正式起义，杀清军于措手不及。

然而，孙先生领导的这第五次起义——防城之役，缘何亦是先盛后衰，虎头蛇尾，究其根本，还是与该次革命行动没有畅通的后勤补给，有绝大之缘由。前边提到，王和顺等不及军火运到，即匆匆起义，其实如果日本方面能在得到孙先生订货之后，如期将枪械交运，理应不至于发生枪械迟迟不来的后果。殊不知，这时东京“同盟会”本部的党员发生内讧，内部组织乱糟糟，有日本党员就趁乱浑水摸鱼。“同盟会”日本东京干部及日本人北一辉次郎，忽然以明码发来一封电报表示：听说萱野长知为革命党人购买的枪械武器，全是一堆不堪使用的废铁。这电报是发到香港《中国日报》，以明码拍发，让清廷也轻易解读电报内容，这么一来，等于是昭告天下，自曝了革命党购买的日本武器有问题，实为一摊废铁，此一乌龙事件因此不胫而走。这下子使得防城起义的王和顺等人乱了阵脚，更使得原本对革命党有所期待的地方士绅也空欢喜一场。

王和顺这一头既然等不着武器枪械，只好暂退到钦州，寄望能到钦州与郭人漳能够起而响应，两相会合。但这只是王和顺的如意算盘，郭人漳知道了王和顺这边没拿到枪械支援，忽然变了卦，而且还加强戒备，王和顺亲自在城内各据点巡视，不让革命党人进城，原本在城内的黄兴也无法做内应。王和顺的革命起义军最后只好化整为零，撤退到越南。孙先生领导之第五次起义防城之役，也以失败告终。

我们从孙先生这几次的武装起义行动中，得一概念，他初期历次革命行动之所以失败，几乎多系革命党人与各方协调联络不够切实细腻，不能无缝接轨有关。由此可知，在孙先生推翻清朝的历次行动中，不但参与行动者要冒杀头的危险，任何环节的联络协调哪怕是出了一点儿小差错，就会落得前功尽弃、满盘皆输，最后甚至会造成人头落地的惨烈后果。

不过，孙先生在这第五次革命行动，钦廉防城起义过程中，他是抱持着极大期待的，孙先生自己本身亲自坐镇越南，在河内就近指挥，案牍劳形，决策帷幄，耗费了他极大的精神。我们从他与革命党人、日本友人同志的来往函电中，可以窥知孙中山当年的心境与焦虑之情。

就在钦廉防城起义的第五次革命行动，打得最激烈、胜负难分、成败未卜的节骨眼上，孙先生给在日本的宫崎寅藏的一封信中，抱怨所托非人，造成购买武器发生乌龙事件，因而再委托宫崎转请孙先生认为做事比较靠谱的犬养毅，为革命党人筹谋军饷和军械等事。孙先生的信中这么说：

宫崎先生足下：久未作书，以事方进行，无以告慰也。萱野君归国把晤，当可畅谈一切。近日西军已发，一举破防城县，众数千人，极得民心，现已全军北趋，以取南宁。黄君兴于同志方面结合得一新势力，此时尚持重，俟机乃发，如一发则两军合并，广西不难定也。南来苦意经营数月，始得此结果。此军初起，而势力甚固，地位甚稳，专俟一取南宁，则革命军之基础已成，广东、长江等响应之师，相继而起，事可大有为也。现弟急欲筹妥军饷、军械、外交等事，始入内督师。关于日本之运动，弟在东京时，曾托足下全权办理，而足下谦让固辞。及弟去东京后，闻平山北、和阒诸人与足下冲突，当时弟意以为诸人意见不合，非有大故，故于来书所述，欲得全权办理之事，虑平山北、和阒等既挟意见，不能和衷，故第五十四号函中有“于各人才力所及之范围内，各有全权”之语。不料平山北、和阒等不顾公义，为弟之所不及料，非惟无以维持团体之精神，增进团体之势力，且立意欲破坏团体，既将日本人的方面破坏无余，且进而侵入内部，几至全局为之瓦解。前托萱野君回国购械，与足下谋议，事已垂成，而机泄于此数人之手，凡此皆不法之举动，公义之蠹也，弟以后不复信任此数人。其关于日本之运动，当托足下全权办理，宜秘密行事，不特平山北、和阗数子不可使之闻知，本部中人及民报社中人，亦不必与之商议，专托足下一人力任其难，如有所商酌，可直接函电弟处。其在日本之助力，以犬养毅君为最适宜，今缮一函致犬养毅君，祈即转交，相与谋议。现时最急者，军饷军械两大宗，望悉力筹划，以相接济。钦州海面，已为吾党势力所及，输运军械，较前容易矣。专此奉托，即请侠安。弟孙文谨启。八十八号。九月十三日。

萱野君想已到东，祈转告西军已发，东军之事，望速经营，至以为望。

为了让购买武器的事宜最后落实，孙先生亲自发了一封信，亲自撰写了一份委任状，委托宫崎寅藏全权处理此事。这份购置军火的委任状是这么写的：

中国革命同盟会总理孙文逸仙，委任宫崎寅藏君在日本全权办理筹资购械，接济革命军。所有与资主交涉条件，悉便宜行事。此委宫崎寅藏君。

天运岁次丁未年（一九〇七年）九月十三日（中国同盟会印章 The China Federal Association）

钦廉防城的第五次起义行动之失败，就败在支援人力与武器装备接济不上，所以无法与清军内部同情革命党人的势力里应外合。孙先生这封信，宗旨固然在抱怨日本友人之中有部分人不够朋友，不能恪尽朋友的道义，导致革命行动在最关键时刻出了最严重的问题。但重点仍在于要求宫崎寅藏临危受命，能仗义受委处理此事。宫崎寅藏接信之后也确实有情有义，按承诺肩负起了重责大任，并且督促载运军火武器的船只，从日本驶往孙先生指示的地点，船上满载着枪械武器与各式补给物资，就等广东沿海岸上的革命党人接运上陆，殊不知又在最后一分钟发生了意想不到的状况。这难道是上苍果然要与孙先生为难吗？

时间是 1907 年 10 月 12 日，钦廉防城起义失败之后近一个月。孙先生日本友人萱野长知，早在数月前特地走访越南，和孙先生会面，商谈为革命党人订购枪械弹药事宜，萱野长知回日本之后，几经波折，终于依约购妥军火枪械等补品，交船自日本启程运往中国海面，就等泊靠中国口岸，驳运交给革命党人了。当时海岸线除了洋人控制的重要口岸，大部分海岸线都掌握在清廷手上，至于船只停泊在什么地点最为稳妥可靠，孙先生听从党人领袖许雪秋的意思，选在广东海丰汕尾地方，那里距离香港、汕头都很近，陆上交通也很便捷，不论是起义或者运送枪械，都是两便之地。

既然船运已在半路上了，海上的事情有日本人解决，陆上的问题就交给革命党人接手。许雪秋派了手下许佛童、范妈鲁、林鹤松、李子伟、吴金彪等人在陆上布置人马，准备只要船只靠岸，就由以上数人统领海陆丰沿海会党数千人前往接货。萱野长知为了靠岸时不出差错，还带了两个熟悉广东汕尾水势的领港人陈二九等陪同在船上，以供船只靠岸时作为引道人。

这次革命党投入购买军火的资金预付金多达 1 万元日币（按：当年的日币价值比现今高得多），不足的款项是由日本财阀山下汽船会社老板三上丰夷担保。犬养毅还送了 3 把日本古宝刀。雇用的日本船名叫“幸运丸”，载重 2800 吨。随船还有几名日本军官，他们是应孙先生之聘，前往广东为革命党人当军事顾问的，他们的姓名是陆军大尉定平伍一、前田九二四郎（此君是宫崎寅藏的小舅子）、金子克己、三原千寻、松本寿彦等人。

按照原本日本方面和革命党人许雪秋的约定，许雪秋应该在广东沿海预备20条大渔船接应，同时在汕尾附近接运“幸运丸”上卸下的武器货物，两方的船只事前曾经约好了以白旗为号，夜暗时分则以红灯为信号，必须信号相同，“幸运丸”才愿意把船上的枪械卸下来。没料到许雪秋本人出了差错，非但根本没有准备任何渔船接应，且“幸运丸”早在天没亮之前，即已到汕尾外海10里左右地方等候，而却没等到任何许雪秋接应的船只与人员。等到上午10点，许雪秋才搭着一条渔船，以白旗为号，姗姗来迟。和许雪秋接头的日本人是孙先生的朋友萱野长知，他在“幸运丸”上责怪许雪秋为何来得那么慢，耽误了卸货的大好时机，要求务必在当天下午4点集合人力及船艇卸运枪械，否则轮船即将开走，以免影响安全。

担心的事情果然发生了，许雪秋的渔船走了不多时，来了一艘清廷小巡逻舰，前往查探“幸运丸”有何意图。这让“幸运丸”船主十分不安，担心被清廷查扣，赶忙开船往香港驶去。这时，香港的革命党人冯自由、胡汉民得知消息后，也发觉事态严重，即刻邀集了萱野长知及“幸运丸”上的日本友人，一起在香港商议解决方法。

谁晓得第二天一早，日本驻香港领事馆以电话约见“幸运丸”的公司经理代表，当面询问是否有为中国革命党人运送枪械弹药的事情？经理只好和盘托出，日本领事警告此种行为必定违反中国法律，警告必须尽速离去，以免遭到扣留。“幸运丸”毕竟是商人而非玩命的革命党人，当即驶离香港返回日本，钦廉防城起义的军事行动之所以功亏一篑，实在是方方面面的错失造成的，“幸运丸”事件只是众多事例的一例而已。“幸运丸”回到日本之后，船上的枪械俱为日本警察扣留。

第五次起义尽管又以失败收场，但在漫长的革命历程中，此次孙先生亲自在越南遥控指挥，两广与我国西南诸省的民心，也因而受到革命运动的启蒙，跃跃欲动。孙先生在致同志邓泽如等人的信上，有着详尽的记载：

泽如兄暨同志诸君惠鉴：

五月七日曾发第十八号函，想已收到。比维文明进步，忧国思潮与时俱长，为慰。弟前函云数月以来，两广革命军已竖旗起义，破城略地，电报纷传，想我同志诸兄闻其概矣，今更以详情一一述之。

弟自南来，即欲经营大军在钦廉发起，以东西兼顾，沛然进取。躬自经营者数月有余，又得海外同志之协力，联合好义敢死之士，输运新式枪械，百事俱备，乃于中历七月二十四日与虏兵战于钦州之王光山，大破之。《法兰西新闻》论之曰："此处革命军不知用何战术，能一战而去敌兵四分之三，可称奇捷"云云。可见革命军之名誉矣。二十七日乘胜进攻防城县，一鼓破城，生擒知县等官，责其不知大义，身为汉奸，尽诛之。安抚居民，秋毫无犯，民心大悦，醵金备烧猪、爆竹以欢迎义军。各乡之民携械从军者万余人。即晚全军出城，进取钦州，虚围其城以诱虏兵来救。八月初三全军直趋灵山，初五六两日连破横州、永淳两县（皆广西省南宁府属）。十日之内，全军二万余人连破数城，军威甚壮，虏兵不战而降，或一战而溃。

现在全军进取南宁府城，以南宁为广西之中心点，得南宁则北取桂林以出湖南，东取梧州以出广东，革命之基础可固。惟虏廷亦十分提防，现尽调广西之兵往救南宁，又调广东之重兵以驻钦廉，欲以两广之全力与革命军决战。我革命军亦尽锐相持，以决胜负。若能破其救兵，则南宁可得；南宁既得，则两广易定。

因现时两广之兵皆聚于南宁一带，若南宁既破，则前无强敌，大军所至，迎刃而解矣。此为胜负之关头，革命军第一级之着手处也。今日接电报，虏廷既已调湖北军来会战。夫以新起之革命军敌三省之兵，闻者或代为忧虑，然弟已夙计及此，早为预备，不日广东将有义（军）起而响应，使虏朝东西不能兼顾。至于湖北之兵，恐长江有事不敢遽来；

若其果来，则长江义师乘虚而起，愈为得手，此可无足忧虑者。今之所急，惟在尽力帮助攻取南宁之革命军，使得早日破敌耳。

夫虏廷既合两广之兵力以救南宁，我同志亦必合全群之力以接济南宁之革命军，然后可以必胜。现今革命军好义有勇，人心坚定，固可以进取无前；惟必须接济军需，使其军械足用，军饷不缺，然后声威大振，势力增加，此为目前最要之事。披坚执锐血战千里者，内地同志之责也；合力筹款以济革命者，海外同志之任也。今内地同志既为国民出死力以求自由，切望同志诸兄慷慨仗义，筹款接济，以充拓革命军之实力，使得一战破敌，斯则同志诸兄之责任，而国民之所属望者也。弟已与各国枪炮厂约定，新式枪炮随时可以购买；而近日革命军已占领钦州沿海岸，随时可以运送军械。今所缺者，为购械之款耳。

望我同志诸兄接此信后，即照弟前函所言，由同志中举出妥员专任运动筹款之事。当此义声霆震之际，不独同志踊跃尽力，即平日来当联合之人亦必乐于助义，宜不分畛域，以期迅集巨款。能于信到后七八日内筹得，以济军需，则革命军知海外同志之热心公义，且卫顾同盟兄弟如手足之相救、唇齿之相依，必然勇气百倍，奋力立功，以慰海外同胞期望之殷。而且军需既裕，则兵精粮足，必能打破此胜败关头；虏兵既破，南宁既得，则两广指日可定。有两广以为根本，治军北上，长江南北及黄河南北诸同志必齐起响应。成恢复之大功，立文明之政体，在此一举。

我同志诸兄筹饷之功，必与身临前敌者共垂千古而不朽矣！南宁破后，弟即于该处建立军政府，使各道革命军有所统系。届时必详定章程：凡捐资助款者，计期必厚利偿还，从丰报酬；其助饷尤巨者，并于国中开浚各种利源时优给以权利。弟知同志诸兄急公好义，必不因报酬之有无以为轻重，惟报施之道本宜如此，且亦可对外而劝捐。

请兄举定妥员后，凡捐资助饷者皆由经理员给回收条，电汇香港上环德辅道三百零一《中国日报》胡展堂[①]收，即由胡君一面发回收条，一面电汇弟处。将来军政府成立后，即照总收条以为报酬，皆可预为对同志诸兄告者，此也。

附呈两广革命军《布告海外之同胞》多张，祈即广布各埠华商，以资观感。当兹国民革命已睹萌芽，祈同志诸兄鼎力同心，以慰国民之望，坚革命军之志，不胜盼切。

专此奉托，敬请

公安

弟孙文谨启　九月二日

第五次革命防城起义失败之后两个半月，孙先生再接再厉，又在广西镇南关命令党人揭竿而起。时间是1907年12月1日。孙先生命令在钦州之役失败分散到大山的10万革命党人和会党群众，改向中国与安南边界的镇南关进发，以该地有炮台，如果能够占领，也是得一重要的军事据点。当革命党人的头领王和顺得到孙先生指示，准备采取行动时，王和顺和群众当中的土司头目李祐卿有矛盾，李祐卿拒不听从王和顺的指挥，王和顺只好返回河内向孙先生复命。但前线的革命党人不能一天没有领导者，孙先生便改派黄明堂负责这件事，李祐卿担任副帅，另外再派一个支队长何伍。

革命党人事前和守炮台的士兵联络好，并且和当地会党的头领梁正礼借用了一批刀械武器。12月1日的夜里，由黄明堂带领那模村的壮丁80多人，用绳縋攀爬非常危险的悬崖溪涧，他们绕到镇南关的背后，偷袭清军，朝镇南关上的右辅山炮台进攻，因为这批壮丁发动突如其来的攻击，守关的清兵有百来人，在震惊之余，才反抗不到半小时，就向革命党人投降了。镇南关上面的“镇中”“镇南”“镇北”3个高台都被革命党攻占。党人第一次在镇南关上升起了革命党的旗帜“青天白日旗”。

镇南关附近的会党和散兵游勇，听到镇南关被革命党人攻下的消息，许多人都自动前来投靠。第二天上午，也就是 1907 年 12 月 2 日，在河内的孙中山得知镇南关已经被革命党人攻下来，他立刻带着黄兴、胡汉民、胡毅生、卢仲琳、张翼枢和日本人池亨吉、法国炮兵大尉男爵狄氏乘火车赶往前线，在最近镇南关的同登车站下车。占领镇南关的革命党人特地派人来迎接孙中山，点着火把登上山头，抵达黄明堂坐镇的镇北炮台，孙先生在那里犒赏有功党人，黄明堂为了迎接孙先生的到来，还鸣鼓奏乐以示隆重，全军士气空前高昂。

不过，革命党人虽然攻占了镇南关的 3 座炮台，但清军却占了人数上的绝对优势。广西提督龙济光、镇南关防军统领陆荣廷，两军的部众加起来有 4000 多人，而革命党人全部徒众加起来也不过百来号人。但是，革命党人的英勇奋战，加上孙先生身先士卒，亲临火线，党人见状更是个个奋不顾身。

孙先生为了视察一处革命党人占领的炮阵地，带着黄兴、胡汉民、胡毅生等人登上那座炮阵地的小山丘。胡汉民体质虚弱，爬山才爬了一半，竟然昏倒在半路上，孙先生连忙叫胡毅生扶胡汉民进到炮台下的一幢小屋内暂时歇息。爬山爬了大半夜，直到黎明时分才上到炮台的山上。孙先生和法国炮兵官狄氏在一块，巡视炮兵阵地，并且在狄氏的指导下，孙先生亲手发了六七发炮，还轰中了敌军，发完了炮，孙先生面露喜色地说：“我反对清政府反对了 20 多年，直到今天才有机会亲自发炮轰击清军啊！”言下之意，是既欢喜又感慨。

在镇南关各炮台当中，仍有一处炮台控制在清军手中。孙先生发完了炮，顺道检视了一下炮台内部陈设，法国籍的炮兵官发现，其实那座炮台内有一门炮非常了得，是德国克虏伯兵工厂造的 12 厘米口径大炮，还有一门是

7 厘米口径的克虏伯大炮，另外还有八九门炮，可惜的是这几尊炮是固定方位的，炮口方向是朝越南方面，不能调动。更令人意外的是，镇南关的这 3 个炮台，所存弹药并不多，大炮只能摆摆样子，假如要坚守，恐怕很困难。最后孙先生听从大家意思，决定坚守镇南关 5 天，孙先生决定暂时回河内，筹措款项枪械，强化革命党人的后续实力。在镇南关炮台上待了两天，孙先生又与黄兴、胡汉民、胡毅生等人冒着清军猛烈的枪炮，冲过火线，直抵谅山。

在谅山附近，清廷官员侦悉孙中山通过边界，进入安南境内，清廷立马向法国殖民当局进行交涉。孙先生在路过越南文渊地方，被法国警察认出来，当即通报法国殖民当局，随后通知孙先生不准再居留越南境内。镇南关起义革命党奋战了七昼夜，最后亦终归失败，孙先生从此不能在越南立足，而将宣传主张、策划革命的基地，转移至南洋。

孙先生离开安南之后，仍命令黄兴与胡汉民等继续经营云南、广东的革命事业。黄兴、胡汉民两人数度进钦州、廉州两地，纠集两地同志，另外，命令党人黄明堂进取云南屏边的河口镇，向云南方面发展。河内的革命机关设法向安南的法国商人买到盒子炮手枪数十杆，再设法至香港买到子弹炸药，并且买通了河内“西安轮船”公司的买办彭俊生、黎量余等人，再将这些枪械弹药偷运到安南的海防，交给党人刘岐山，设法转送到中越边界。

黄兴在安南组织成功革命军两队，人数计有 200 多人，半数人拥有长枪，半数人佩带盒子炮。黄兴和胡汉民的分工是黄兴在前线，胡汉民留守河内，两人遥相通气。1908 年 3 月 27 日，黄兴率领党人黎仲实、梁建葵、梁瑞庭、唐浦珠、刘梅卿及越南华侨 200 多人，绕道打进了中国国境之内的钦州，在安南地界上的法国守军，抱着看热闹的心情，眼睁睁看着法国境内的中国人拿着长短枪打进中国地界之内，而且还以鼓掌欢送，搞得党人啼笑皆非。这时，甚至还有一队革命军人马，高举着“青天白日旗”，有人吹着军号，列队走过东兴附近的大路村，以中华国民军南军总司令黄兴的名义贴上告示，沿路乡民纷纷燃放爆竹。巧的是，偶尔半路之间还时不时杀出一小队清军，那些不知死活的清军，不是被黄兴他们追着跑，就是被打死打伤。这便是孙中山领导策动的第七次革命。

第七次革命固然并未取得决定性全面胜利，但是，孙先生从各地清军组织之散漫，望风之披靡，似乎隐隐然有革命风气大开，离共和成功之日愈来愈近之感。1908 年 4 月 22 日，孙先生在给马来西亚挂罗庇朥地方的同盟会会员的信上写道：

庇朥同盟列位义兄大人均鉴：邓彬兄来星，带到泽如兄一函，盟表二十张，军费银壹千元，俱已收妥。据彬兄等称述，各同志极热心爱国，现已竭力推广势力，以为陆续筹款以助革命军之地步。闻风钦佩，感慰无量，大为汉族前途贺矣。弟此次南来筹款，已得三数埠同志捐集不少，故钦军得有近日之活动，连战大捷，军威为之一振。今又得贵埠及芙蓉各同志赞成，前途更有大望矣。现时广西边防营勇已约降，而云南之布置又已妥当，可随时发起，所待者款耳。刻下有最急之需而不容缓者，有广西营勇约降之花红及饷需万余元，有云南待举之接济需万余元，有钦军之加补子弹需两万余元，此三宗统计不过五六万元耳。若能立得此数，则两粤、云南三省相连数千里之地，可以同时活动，则虏兵虽有百万之众，亦必难首尾兼顾矣。况彼虏倾国不过十余万之弱卒耶！广西、云南两省一起，则钦军无后顾之忧，可以长驱进取，而东路惠潮之义师可以再起，福建漳、泉可以响应，如是则南七省之局定矣。此时则北军必可起于燕、齐，中军必可起于吴、楚，此弟数年之计划也。无如财力不充，每不能为所欲为，加以近日用兵钦廉、广西等穷荒之地，为时既久，所费过钜，昔时同志，已成强弩之末，所以有今日青黄不接之忧，而区区五六万之款，亦无从挹注也。今幸得公等之新力，则九仞之功，或不致功亏于一篑矣。顾今日之得失成败，在于能速得此款否耳，得此款则吾军之势力可立增十倍，达此目的，则基础可固，乃能持久；一能持久，则军政府可以成立；军政府一成立，便可因粮于内地，借债于外国，此时自可左右逢源，虽数千万、数万万之军饷，国用可以无忧矣。惟当此得失之交，为吾汉族存亡所关，不能不望公等竭其能力，以任此急需也。

公等之力，再能担任几何？乞为预示，以备打算。并恳将续集之款，早日汇来，以便赶付军前应急，至紧，至紧。革命军定章：凡出资助饷者，军政府成立之后，一年期内，四倍偿还，即万元还四万元也；并给以国内各等路矿商业优先利权，及列为为国立功者，与战士勋劳一体表彰。公等为义而起，自不以此为计，然军政府酬庸之典则尔也。公等从此向各地劝励殷商助力，皆可以此为则。若更有大财力者，愿得他种之特别利权，弟亦有权可以允许定约，顺此并及。望公等力任其难，为国立功，是为祷祝。此致，即候义安不一。弟孙文谨启。西四月廿二日。

发给马来西亚挂罗庇朥同盟会会员信函不到7天，革命党人又在附近安南的云南河口地方，发动了孙先生首创革命以来的第八次起义事件。

孙先生把这第八次的起义行动，前方主持大计的权柄交给党人黄明堂，胡汉民依旧在安南河内担任接应的后方指挥调度职责。革命党人有100余人躲藏在中越边界起方，在边界中间铁路沿线又有200多名佯装为苦力模样的革命党人，伺机待命，随时等候揭竿而起，与此同时，革命党人也暗地说动了许多清军，准备随时起义来归。

这第八次的革命起义行动，距离钦州起义发生之后才一个月时间，为什么前边一次起义的失败伤痛尚未恢复，人员弹械尚未备齐，为何就急于一时匆匆部署并发动第八次的云南河口起义呢？原来，竟也是变生肘腋，箭在弦上不得不发的缘故。前边讲，革命党埋伏在中越边界上足足有二三百人之众，河口原本就是清廷十分重视的一大边关重镇，除了地方上维持治安的警察、绿营的汛兵士卒之外，还有督办带领的两营兵马，带头的管带叫黄元贞、岑德桂。黄元贞和革命党人之间有点交情，和革命军近期频频联系。但是他的顶头上司，督办王镇邦则是忠于清廷的死忠分子，王镇邦得到部下来告密，举报黄元贞形迹可疑，暗通革命党人。王镇邦即刻处理，决定先把黄元贞调往云南省里，正在行文处理黄元贞的人事案时，黄元贞也得到内部消息，得知王镇邦要调动他，难保不受整肃。黄元贞便与守备熊通二人私下商量好，决定与革命党人串通起义。

黄元贞的事情尚在酝酿变化之间，却不知另外一头也出了麻烦事。清廷的特工人员得到情报，称安南法国殖民地窝藏着好几个革命军指挥者。但是清廷特务不能像在国内那样，可以肆意捕人，他们就想出一个法子，向法国殖民当局谎报称他们遇到打劫，歹徒一共有 8 个人，为首的中国人叫黎仲实，其他 7 个也是中国人。这法国警察得到报案，听到的是抢劫案，哪敢大意，就赶紧追查。这一追，安南的革命党人领袖胡汉民也警觉到情况不妙，当机立断，紧急催促黄明堂、王和顺、关仁甫等人尽快发动起义，以免被清廷先下手为强。革命党人便决定在4月29日当天晚上2点发动起义。

清廷的警察有许多是革命党人，听到起义的消息起而响应，杀死了他们姓蔡的管带之后，攻打绿营汛兵兵营。革命党籍的管带黄元贞的两哨部下率先投降，另外两哨追随黄元贞攻到山顶上，但是内部仍有忠于清廷的清军，与黄元贞的手下打了起来。不过，分驻在三腰、那扒等地的亲革命党清军都聚拢过来，参与起义。

河口起义的消息被安南的法国记者报道之后，成为轰动国际的新闻。孙先生在南洋新加坡特地致电胡汉民，嘉奖胡汉民的调度成功。胡汉民得电之后，给孙先生回了一封电报，电文上详细叙说了这次河口起义，纯因临时发起，如果从起义响应的清军分析，不论就素质和动机而言，都不是可靠的革命队伍，纯粹是一群缺乏粮饷而受我们煽动才谋反的乌合之众，要预谋补救的方法，最后能够请黄兴出马来统领这群杂牌部队，再加上有几位懂得军事的干部帮助黄兴领军，起义行动方可大可久。孙先生认同胡汉民的提议，当即委派黄兴前往主持大局。

但河口起义的关键难题其实并不在于有没有称职的统帅，而在于有没有敢战、肯战、惯战的兵卒。没错，在之前钦廉革命行动中，黄兴的表现的确十分出色。他转战钦、廉、上思一带，大小数十回合战役里，所向无敌，每次战役总是身先士卒，冲在最前头，打了40多天，从没听黄兴喊一声累，每次遭逢敌军，不论对方有多少敌兵，黄兴总是勇猛往前冲锋，清军一听到黄兴的名号莫不敬畏有加。钦廉革命行动，黄兴手下才200多号人，而清军却动员了2万多人，还没办法抵挡革命军的凌厉攻势，死伤累累。

从钦廉上思之役退兵，黄兴应孙先生之召，赶到云南河口，就任云南国民军总司令职务，在五月初七进入老街的前线，后又到河口与党人黄明堂见面，黄兴的意思，要黄明堂不断进攻、再进攻，最好能朝云南首府昆明进发，向云南清军施压。但黄明堂犹豫不定，黄兴便自己做主，命令部队即刻开拔，朝昆明前进。但黄明堂只拨了100多人的部队让黄兴指挥，而且这百来人多半都是清军出身，打了几天仗就哭爹喊娘，嫌累怕苦，不想打仗了，勉强被黄兴说动，却不想才走不到一里地，兵士们竟然朝天空齐开了一枪，高喊：大家都累了，不想再往前走。黄兴好说歹说，这些人又走了半里地，部队却在这时一哄而散。黄兴寻思，这样的部队怎么上战场打仗？但又无可奈何，只好集合队伍往回走，折返河口。回到河口，黄兴又把在前线的党人领袖王和顺找来晤谈，王和顺也抱怨，兵疲马困，缺粮缺弹，这仗实在不好打。黄兴这才觉悟，将军一定要有自己的基本武装队伍，自己人好沟通好商量，意志容易集中，打起仗来才不致顾此失彼。黄兴只好在河内，将先前打钦州的党人老伙伴一两百人召集起来，图谋再起。

问题是计划赶不上变化，黄兴刚把基本部队重整旗鼓没两天，他从河口乘火车到河内去和胡汉民商量进一步的安排，在河内住了一天，第二天再坐车去老街，几个法国警察上了车，黄兴起初以为是专门上车搜捕中国革命党人的，结果法国警察是查日本特工，法国警察反正也分不清楚中国人、日本人长相的差别，见黄兴的模样，便认定是日本人，当即扣留。黄兴被法国警方抓走之后，清廷驻安南人员也得到消息，向法国殖民当局提出交涉，要求把黄兴依照国际法惯例遣送出境。胡汉民在黄兴被扣后，虽也通过越南党人侨民杨寿彭，跟法方协商，但毕竟是慢了一步，而且清廷人员又具官方身份，法国人当然买清廷官吏的账。就这样，黄兴被迫离境，河口之役也就因为群龙无首，当即陷入混乱局面，注定了第八次起义的残局。

从 1985 年以迄 1908 年，13 年间，孙先生主持了 8 次起义军事行动，他屡仆屡起的不屈不挠精神，受到了国际友人极大的关注，更使得国人同胞内心为之鼓荡澎湃。孙先生在总结之前历次起义失败的经验教训，1908 年 6 月，于日本友人池亨吉的著作《支那革命实见记》的序言中，有精要的阐述说明，孙先生写道：

良友池君近以书来言，著《支那革命实见记》已成，属余为序。余虽未见其所著，然以君之为人决之，而知其书必足以传世也。

君优于文学，操行高洁，能卓然自立，以才名闻于时。顾君平日尚公理，重实行，不拘泥于流俗之功名；见有戾于人道反于正义者，辄奋然思扫除之，其抱负英侠如是，故能决弃其平生际遇，而与吾党之士共勠力以从事于支那革命，艰苦危险，处之恬如也。

客岁吾党将有事于潮州，君毅然以身赴之，思大与以裨助。迨潮事一起即蹶，君郁郁不得展其志。暮秋造余所居，相与讨论擘画天下事。及我军占领镇南关，余驰往督师。余自乙未广州失败以来，历十有四年，至是始得履故国之土地，与将士宣力行阵间，而君亦于斯时与余偕行，冒锋镝，犯矢石，同志咸感其义。

今君以其亲历者著之于书，余知君必能明揭吾党得失利钝之迹，以示天下也。余尤企君不徒叙述吾党得意之事而已，必详举其困厄与失败之原因，俾吾党之士，得以自儆，抑亦将使天下之人，恤其孤厄而为之助焉。

客岁以来，吾党凡五举事矣。潮州之军，不旋踵而蹶；惠州继起，视前为劲；至于钦廉，则又进矣；镇南关之役，其势倍于钦廉；最近河口之师，则又足掩前者。由斯以言，吾党经一次失败，即多一次进步。然则失败者，进步之原因也；盖失败而隳然气尽，其不摇落者几希矣。惟失败之后，谨慎戒惧，集思补过，折而愈劲，道阻且长，期以必达，则党力庶有充实之时。历观前事，足以气壮，此固吾党之士所宜以自策励，即池君作书之本恉亦不外是。故书此以质池君，并以质读池君之书者。

戊申六月孙文逸仙拜撰。

历经了惠州、防城、钦廉、河口接连 4 次革命起义行动，革命党人元气大伤。历来党人的军械武器、给养薪饷，都是靠着孙先生和其同志们向侨胞的劝募，涓涓滴滴，全是爱国华侨的血汗积累。他们之所以乐意“无偿奉献”，乃是信任孙先生及革命党人，同时亦寄望于未来共和成立之后，能获得实质与精神之回馈。但毕竟革命事业是相当花钱的事业，革命党人举事需要用钱，即使平日养兵千日，也是多需用度花销。许多侨商甚至导致商业中落者。

例如，河口起义之后，在内地前线的革命党人被安南法国殖民当局遣送出境，多半被送到新加坡，人数多达六七百之众。新加坡的党人侨商张永福、林义顺、陈楚楠等人毁家纾难，无怨无悔，为这些革命伙伴筹措住宿事宜，安顿他们在海外的生活各种大小需求。这六七百号人的给养，甚至连原本提供各种物资资助的“中兴石山公司”最后也喊吃不消了。

距离革命成功仍遥遥无期，孙先生的革命事业自不可半途而废。再加上历次革命的策动安排，孙中山都是在外国人的地盘上，人在屋檐下不得不低头，可是偏偏安南、日本、中国香洪，甚至新加坡，这些较邻近的海外地区，皆已无容身之所。当地政府和殖民当局，在清廷外交压力下，均视孙先生为“头疼人物”，甚或不让孙先生踏进一步。为了永续发展，也为了自己的安危，他不得不再兴起周游欧美的念头。孙先生更希望能借助英国、法国、荷兰各国资本家的力量，为中国的革命事业，筹措较多的经费来源。然而，光是从新加坡到欧洲的船票与旅费，孙先生都凑了好久，依旧是囊中羞涩，凑不出个整数，最后还多亏暹罗的党人同志逐笔捐赠，外加胡汉民向仰光华侨党人募捐，才勉强凑足了孙先生的赴欧川资。

孙中山在 1907 年 4 月 6 日，致党人张永福的一封信上，透露出了他在经济上的窘迫：

> 永福仁兄大鉴：弟久欲早日离星，免至坐困，乃以旅费无着，未能成行。近接暹罗来信云：前认之款，日内当竭力筹交。而仰光又有信云：该地积有公款千余盾，可以调用；今更向同志再集，集就当并交汉民兄带回等语。有此两地之预约款，弟行期有日矣。但兄亦拟日间往游日本，则在此地相见之日无多，弟有多事欲谈，并今日有特别紧急事件，请兄即日赐驾来此一叙，幸甚。此致，即候大安。弟孙文谨启。四月六号早发。

同年4月12日，又有一信致党人邓泽如信函，同样可以窥见孙先生经济上捉襟见肘之窘状：

泽如仁兄鉴：来函并盟书廿一张、汇票一纸，已即着人收妥矣。南洋近况如此，真为大事进行之大阻滞也。幸尚有热血如兄者，否则吾等不免有坐困此地之虞矣。底号并此付上，祈为照授是荷。此请大安。弟孙文谨启。四月十二号。

于公于私，财务状况如此捉襟见肘，竟然还有人飞短流长、说三道四，背后诬指孙中山冒用募款名义，上下其手，贪墨入私人口袋。此事件在国民党党史上称为“东京本部暗潮”，是即“中国同盟会”东京本部的暗潮汹涌。这究竟是怎么回事呢？

这事情发生在1909年10月，孙中山在英国、美国访问途中。同为革命党人章炳麟、陶成章两人竟然散播传单，对孙中山大肆攻讦，指摘孙先生借着革命募款的名义，诈骗钱财。章大炎（字炳麟）在东京散播此一信息。早在9月间，陶成章等在荷属东印度邦加（Bangka）州首府槟港（Pangkal Pinang）广泛散发一份题为《孙文罪状》所谓七省“同盟会”会员致“同盟总会”书，并且将此宣传书寄往南洋、日本各地，散播于华侨社会与党人之间，对孙中山名誉造成极大毁伤。孙先生为了捍卫自己的尊严与清誉，写了一封信给党人吴敬恒，要吴敬恒在其主办的《新世纪》报刊上为孙先生辩诬，孙先生给吴敬恒的信上说道：

吴先生鉴：

昨日先生之意，以为宜将此事和盘托出，以解第三者之惑，而表世界之公道。弟再思之，先生之言甚是。而世人之所见疑人者，多以用钱一事着眼，故将弟所发起之三次革命所得于外助之财，开列清楚。然此适表出以前助者之寡，殊令吾人气短。然由前三次推之，则一次多一次矣。若明明白白表示于人前，使新得革命思想者无此疑惑，安知下次不更得多助乎？前二次助者无几，无甚可对人报销之事。前年第三次之款多由外助，而出款之人如南洋各埠，则零星合集数万金，当为千数百人之所出也，弟此处未有详细数目。然各款收入与支出，弟在安南时多自经手，弟离安南后则汉民经手。而受款分给各处用者，则河内之五家字号经手，以用于钦廉、广西、云南三地；其潮、惠之款，则由香港同志经手；日本办械、租船之款，则由日本殷实商人经手；皆有数目列明。除所人各款，尚支长万余元（即河内之欠债）。弟所开各处之人款是大约之数，因不记详细，所报皆过多而报少也。收款多由精卫，支款则我与汉民也。此事弄清，则可破疑惑矣。除三人经手之外，知各款之来路去路者尚有多数共事之同志，即今巴黎之张骥先亦其一也。请先生为长文一编，加以公道之评判，则各地新开通之人心自然释疑，而弟从事于运动乃有成效也。

所攻者以我“得名”、以我“攫利”为言，而不知我之经营革命在甲午以前，此时固无留学生为我吹嘘也。而乙未广州之事失败，则中国举国之人，无不以我为大逆不道，为乱臣贼子，为匪徒海盗。当时如有陶成章，想亦不欲得此等之名辞也！今日风气渐开，留学之士以革命为大光荣之事业，而陶辈始妒人之得名。

然我之初意只在赴大义、行宗旨，而与共事之同志亦无不如此。不期今日乃有以名而始谈革命者，此故固属风气之开，而亦道德之退化也！以我为“攫利”，而不知我于未革命以前，在社会二所处之经济界中固优胜之地位也。若不革命，则我之地位必不失，而世人所欲图之快乐我无不得之，革命“攫利”二胡哉？且当日图广州之革命以资财赞助者，固无几人也。所得助者，香港一二人出资数千，檀香山人出资数千，合共不过万余耳。而数年之经营，数省之联络，及于羊城失事时所发现之实迹，已非万余金所能办者也，则人人皆知也。其余之财何自来乎？皆我兄及我所出也。又庚子惠州起兵及他方经营接济，所费不下十余万元，所得助者只香港李君出二万余元及一日本义侠出五千元，其余则我一人之筹获而来也。自此吾一人之财力已尽，而缓急皆赖家兄之接济，而妻子俯蓄亦家兄任之。是从事革命十余年以来，所费资财多我兄弟二人任之，所得同国人及日本人之助者前后统共不过四五万元耳。若谓我以十余年之时间，而借革命以攫取他人四五万之资，则我前此以卖药行医每年所得亦不止万余元，此固港粤人人所共知共见也，而其他之事业投机取利者犹过于此也。若为图利计，我亦何乐于革命而致失我谋生之地位，去我固有之资财，折我兄已立之恒产耶！（两年前家兄在檀已报穷破产，其原因皆以资助革命运动之用，浮钱已尽）借贷到期无偿，为债主拍卖其业，今迁居香港，寄人篱下，以耕种为活。而近因租价未完，又将为地主所逐。乃陶更诬以在九龙建洋楼，夫家兄本为地主实业家者，非我从事革命以耗折之，则建洋楼亦寻常事，陶等何得多言。此庚子以前，我从事革命事业关于一人得失之结果也。

自庚子以后，中国内外人心思想日开，革命风潮日涨。忽而萍乡之事起，人心大为欢迎。时我在日本，财力甚窘，运调不灵，乃忽有他方一同志许助五万金，始从事派人通达湖湘消息，萍乡军已以无械而散矣（此事不过乘一时矿工之变而起，初未谋定而动，故动，他方同志多不及助，是以不支也）。惟有此刺激，人心已不可止，故定计南行，得日人资万四千元及前述所许五万元，以谋起义。初从事潮惠，潮黄冈以未期而动，事遂不成；惠七女湖仓猝应之，亦属无功。吾人遂转向钦廉，与该处军队相约，遂破防城，围灵山。惟此时所有之资以买械而尽，而安南同志虽陆续集款以助军需，精卫又亲往南洋筹资，惟所得不多；钦军统领终以资少不肯如约反正，钦事遂不成。吾人转破镇南关炮台，以促钦军之动，事又不成。我遂出关而入安南，过文渊，为清侦探所悉。广西官吏托龙州法领事到安南查我踪迹，知我寓某街洋楼，密告清政府，与法政府交涉，逼我退出安南。

我遂往新加坡。我到新加坡后则河口之事起，占据四炮台，诛彼边防督办，收降清兵绿营。本可进取，据有全滇，惜当时指挥无人，粮食不继遂退。自潮州、惠州、钦廉、镇南、河口五役及办械、运动各费，统共所用将近二十万元。此款则半为南洋各地同志所出，为革命军初次向南洋筹款者。今计开：由精卫向荷属所筹者约三万余元，向英属所筹者万余元，共约四万元；向安南、东京及暹罗所筹者约五六万元。我手得于上述之同志五万元，得于日本人万四千元，河内欠债万余元。此各项之开支，皆有数目，皆有经手。除梁秀春自行骗去五千及累去船械费数万，又一人骗去千余及陶成章用去一百，此外之钱皆无甚枉费。自我一人于此两年之内，除住食旅费之外，几无一钱之花费，此同事之人所共知共见也。而此期之内，我名下之钱拨于公用者一万四千元，家人私蓄及首饰之拨人公用者亦在千数百元。此我“攫利”之实迹，固可昭示于天下也！

又以东京同志以官费折作按贷钱，责我不代筹，此诚我罪矣。然家兄亦因以家产作按而致今日之破产，亦我罪也。河内五家作保之万余元至今犹未还，亦同为我之罪也。然此时则无如之何之际，闻陶现在南洋托革命之名以敛钱亦为不少，当有还此等债之责也，何不为之？又谓在南洋有出保护票之事，此乃荷属一隅同志所发起行之，本属自由行动，至成效如何我全未闻之，亦无从代受责任也。而陶成章亦在南印发票布，四处敛钱，且有冒托我名为彼核数，其不为棍骗乎？其无流弊乎？向陶成章当自知之，今乃责人而不自责。……

为了替孙先生辩诬，洗雪清白，东京“中国同盟会”发表公开信，为先生发表严正澄清说明。巴黎《新世纪》也发表了事件始末全部经过，在孙先生把革命经费用度昭告天下之后，一场人为恶意捏造的贪渎疑云终于误会冰释。不过，不可否认的是，此一恶意诬蔑事件给孙先生而后很长一段时间海外活动、募款相当程度之阻力。

孙中山这个阶段的心境之痛苦，处境之艰危尴尬，实在更有甚于昔日。1909 年 11 月，他访美国以后的心情写照，在致吴稚晖的一封信上溢于言表：

稚晖先生鉴：……闻美西金山等华人思想颇开，惟被陶布散传单之后，新得革命思想之人对于弟之感情大不善，非多少时日未易解释此种疑惑。最妙莫如由《新世纪》用同人字样作一函致美西四报馆即《大同》《美洲少年》《中西》及云哥华之《华英》，及檀香山三报馆《自由》《民生》《大声》，作为同业互通消息之谊，将陶信内忌功、争名、争利及煽人行杀于弟之口声之无理处指出，并下以公平之评判……

甚至有革命党人在孙中山这段最艰困的时刻，趁机逼他“急流勇退”，辞去“同盟会”总理。张继就是代表人物。他“劝”孙先生两个解决方案：一是退隐深山；二是辞退“同盟会总理”。不难想象孙先生接信之后心情之千头万绪、翻滚汹涌。但是，孙先生即以极其坚定的态度回复张继说：

溥泉吾兄鉴：弟于西十一月八号行抵美国，登岸幸无阻。由英发途时，吴先生送于车场，带交兄之手书。所云从新组织团体，弟在南洋，已有行之，是以南洋之组织，与东京同盟会不为同物。此陶所攻击之一端也。至兄所示二策，（一）退隐深山。此时为革命最衰微之时，非成功兴盛之候，是为弟冒艰危，茹困苦，以进取之时代，非退隐之时代也。（二）布告天下：辞退同盟会总理。弟被举为总理，未有布告天下始受之，辞退亦断未有布告天下之理。弟之退总理，已在要求同盟会及章太炎认不是之时，同盟会及章太炎至今未有认过，则弟已不承认为彼等之总理久矣。前去两年，两广、云南之起兵，皆奉革命党本部之名义，并未一用同盟会名义也。弟孙文复。

整个1909年的下半年一直到次年年初，章太炎与陶成章诬蔑事件，如孤魂野鬼般始终萦绕不去，此对孙先生当时的革命志业进程，势必造成某种程度的妨碍。甚至给孙先生个人生活造成极大的冲击与困厄。1910年2月10日，章陶诋毁事件事发四五个月之久了，孙先生于此日抵达旧金山。抵达该地后，由侨胞党人黄伯耀、李是男等人沿路照料，住在旧金山一处名为“粤东旅馆”的小旅店之中，系中国城一间廉价旅馆，房间的空气通风尚好，只是房间十分狭窄，屋内仅放着一张小床、两张小桌子、三四把椅子而已。孙先生行李十分简单，旅费有限，每天还要抽点时间清洗自己的内衣裤与随身衣物。

就在章陶诋毁事件发生作用的这段时间，孙先生的同志们胡汉民、黄兴、赵声、倪映典、朱执信等，正积极在香港革命机关部，商议广州起义的落实细节。

1909年9月，胡汉民、黄兴已经先行在香港成立了一个革命党的南方统筹机关，设于香港的黄泥甬道，命名为“同盟会南方支部”。孙先生委派胡汉民为支部长。但是，孙先生这段时间经费几乎已经枯竭，“同盟会南方支部”的运作费用，完全由胡汉民与党人分别筹措。

这时，革命党吸收了一位新同志——倪映典，他是安徽合肥人，与革命党人赵声是同学关系，刚从军时任职江南炮队第九标三营队长，后来又调马队的队官，原本计划在安徽起义，结果消息走漏，倪映典索性逃跑到了南方，私下加入同盟会，仍在新军炮营任职，当排长，后来身份被广东总督怀疑，只好离开清军的军职，经常往来广东、香港之间，私下策划着革命行动，并且在广州发展了组织，设置机关在广州天官里寄园巷。倪映典很活跃，才不久就在新军内部吸收了 3000 人。新军器械与训练在当时都称第一，广东军队有万余人，倪映典在军中的关系就有 3000 人，组织动员能力不可谓不惊人。

1909 年 12 月下旬，倪映典到香港和胡汉民等组织上的领导开会，胡汉民认为倪映典发展组织的成绩可圈可点，是故革命行动应可于近期发动。最后商定行动发起的日期是 1910 年春节过后的正月十五。

但当时的新军犯了一个致命的错误，他们以为部队的器械精良，人数众多，难免有趾高气扬的骄傲感。1910 年除夕下午，新军二标的兵士吴英元，在广州城内一家名叫“绣文堂”的商店刻图章名片，因自己有事，请托同营兵士华震东代取，因为讨价还价，吵闹声惊动了警察，前来排解取缔，华震东居然与警察理论，警察不甘权责受辱，当场就把华震东逮捕回局。这下子惹了大麻烦，因为广州街上正巧有好多士兵在路上闲逛，一听说有新军弟兄被警察拘捕，二话不说，群聚警署门口叫嚣哗闹。有名警官（当时叫警道）高觐昌发现情况不对，临时决定要华震东的官长来领回，管带周占魁即将华震东带回部队。此事原可就此了结，哪知第二天早上，春节假日，正逢新军放假，第二标的士兵刚进城，半路上遇到一群警察，两边对看不顺眼，新军与警察首先在育贤坊警察第一局门口，大打一架。接着新军又在大东门与警察第五局的警察发生互殴冲突，警察见新军人多势众，情急之下对新军鸣枪，这下子新军火大了，群聚第五局，并且予以捣毁，紧接着，第六局的警察局也被捣毁。

新军最气愤不平的是，他们是军人都没动枪，警察竟然敢对军队动枪，真是大水冲垮了龙王庙，心想警察有枪，新军的枪更利更凶，于是群聚部队取枪，回去找警察报仇。

广东总督袁树勋获报情况，立即做出紧急处理，命令参议吴锡永与督办吴晋，紧急前往新军第二标，找了第二标的官长协统张哲培，集合队伍训话，并且派人把第二标、第三标各营的枪械拆开来，子弹收起来，枪械从后门往城内送走。同时再命令第一标统带及炮工辎各营的管带官长，把所有枪械子弹全都收缴起来，而且即刻宣布，新年年初二、初三两天停止休假，初三还要实施阅兵仪式。

各营士兵听到官长作如此宣布，群起哄闹，但也无可奈何。这时，新军内部的党人同志杨凤岐等人派人快马加鞭报告广州、香港的革命党机关部，要革命党赶紧派出像是赵声、倪映典、徐维扬等前任官长到场指挥。

新军与警察的冲突事件激化之下，当然让倪映典觉得大事不妙，明明一盘安排得好好的棋，却给一次军警冲突意外打乱了。按照倪映典安排的时程，应该是在 1910 年的元宵节那天举事，可是军警冲突这么一闹腾，清廷事前有了防备警觉，连枪弹都给收了起来，那么新军党人难不成要赤手空拳起义吗？倪映典心急如焚地来到香港，找到胡汉民商议。他怪新军弟兄实在不该和警察冲突，但事已至此，只有力求弥补，他说："这就是小不忍则乱大谋，我原本以为新军的革命党已经很成熟，一直寄予厚望，经过这次军警冲突事故，势成覆水难收，我主张提前起事，不要等到元宵节，以免夜长梦多。"当天会议，胡汉民等听从倪映典的建议，预备把行动从元宵节改为农历正月初六。

殊不知情势变化出乎倪映典的料想。倪氏年初二晚上返回广州，清吏张鸣岐、李凖下令清军严加戒备，八旗兵把大炮运上城墙，李凖也派出了清军扼守牛王庙，守住广州对外重要孔道之一。倪映典冲进咨议局，却不见自己的同志，立马取了两把手枪揣在怀里。他去新军军营，遇到新军的营管带齐汝汉，假意和他拜年，出其不意就朝齐汝汉开了一枪，击毙他。倪映典一不做，二不休，他拿起军号吹奏，集合军士们，大伙见到是倪映典都很高兴。倪映典高声疾呼，我等今天已到了国家民族生死存亡的最后关头，同志们跟着我起来，我们朝省城进攻！

但这时李凖带领着他的统领吴宗禹，率领管带李景濂、太永宽、李得铭、童常标及各防军兵丁 2000 多人，由大东门、大北门、小南门三路朝党人新军进攻。清兵与起义的新军遭遇于东门茶亭附近。李凖知道倪映典和他手下管带李景濂交情好，要李景濂安抚倪映典。李景濂冲到倪映典面前，倪氏诘问李景濂：你不是某某人介绍加入我们革命党的吗？我们今天就要起义了，你为何不起而响应呢？李景濂明白倪映典是真的谋反了，灵机一动说：“我这就回去吆喝同志们起义。”说完，李景濂一溜烟不见人影。其实李景濂根本无心起义，他回去就报告李凖，赶紧进攻。双方军队正式接战。

倪映典这天穿着蓝袍，手擎着一面“青天白日旗”——革命党旗帜，骑马冲在队伍最前头，高声喊着：“同志们，随我冲锋！”

在牛王庙一带的四山地方，清将吴宗禹带领着一队步兵在那里扼守，后面是一队炮队，清兵见到倪映典带着党人新军冲过来，当场就是一排枪弹射来，后面炮队也是炮声隆隆。在枪林弹雨之中，倪映典身中数枪，坠马而死。这时新军弟兄仍了无畏惧，继续勇往直前，只见前仆后继，许多党人同志倒卧在血泊之中，当场就死了百余人。倪映典手下的主要同志骨干黄洪昆等多人被捕，他们不是被当场打死，就是事后处决。广州东门外也捕获党人同志 14 人，全被抓捕到南海县审问，也都凶多吉少。一直到第二天，清军仍在牌东圃、白云山一带搜捕新军党人，又查获不少同志。

孙先生领导的第九次广州新军革命起义，便在乱军之中，悲壮收场。

此次起义失败之后10日，孙先生得到来自国内的详报，但孙先生自己的解读，这次革命的失败仍与没有筹足足够的经费，导致会党的队伍没有及时赶到省城，配合新军党人起事，所以才功败垂成。他在给党人赵公璧的信函里写道："公璧盟兄大鉴：今日得接来电，并未奉覆，因省城之新军又归失败。此次之事不成，不过差五千之款，致会党军不能如期到省城，新军不得已而发动，动后又无款，不能在外起援兵以救之，惜哉。所幸二、三标尚能保全无恙，仍可留作后图。弟今拟久留美国，到各埠联络同志，成大团体，以筹巨款。现下大埠加盟者甚盛，人心大有可为，良堪告慰。此致，即候各同志大安。弟孙文谨启。庚戌正月十三日。"

之后不久，在1910年3月1日，在给赵公璧的信上，依旧写到钱款不足而导致广州新军之役功亏一篑的憾事：

"公璧盟兄足下：元月十三日来函，已得收读。省城军事之大略，已经奉公函布告，想早达览。贵埠同志，如此关怀热心，真属难得。然此次之失败，实因于年底缺款五千，波士顿致公堂初许担任五千，所寄不过一千九百余元，因纽约致公堂许担任者一文未寄，遂致年初二党军亦以欠款而不能作应援之计，新军第一标遂不支退散，幸二、三标尚无恙，可留后图。弟今拟在美久留，遍到各埠，以联络同志，借集大款，然后迟谋再举。现下大埠人心极踊跃，经已成立同盟会，订妥章程，已抄一份至周超兄处，请他召集同志，宣布举行。弟拟在大埠立妥一完善机关，然后往他埠演说立会，但现在旅费告罄，此间新立团体，未便以此小故连累，未知贵埠同志尚能为力以筹小款为我行动之需否？西方一带立好团体，弟再来东方，推广本会于各处也。望足下并同志竭力推广已成之团体，务使汉人皆当负一份之责任，则事易为矣。此致，即候大安不一。弟孙文谨启。庚戌正月二十日。"

从这封给赵公璧的信上，我们似乎也还依稀看到章太炎、陶成章诬蔑事件，对孙先生的革命大计造成沉痛打击的后遗症。不然，孙先生也不必在字里行间强调，美国波士顿致公堂原本应允捐5000美元，最后却只寄给1900多美元；纽约致公堂的情况更糟糕，要求他们捐款，竟然一文钱也不捐。孙先生两封信再三强调，广州新军之役失败的关键原因，竟是因为差了5000美元。只为了短少了区区5000美元，让数百烈士仁人的鲜血白淌，让革命之血、主义之花不能灌溉成长为革命的果实，焉能不令孙先生为之气结？

章太炎、陶成章诬蔑事件，事实上凸显了孙先生在革命事业途程中，一个艰难但又不易向外人言说的症结点。而偏偏革命远比单纯打仗还要花钱耗神，打仗仅仅是武备，基本上它是花国家的钱，而革命则是文攻武吓什么事、什么钱都要花，而且革命总是从花私人的钱财开始，而不会有旁人肯为它埋单，除非是帝国主义搞侵略颠覆的第五纵队是例外。章陶事件的正面作用，却也为孙先生改变革命募款的途径与对象，起到了“暮鼓晨钟”的作用。

在谈孙先生改变募款途径与对象之前，我们可以列举一两宗孙先生革命过程里具体的事例人物，说明革命的确是一个花钱如流水的无底洞，更可印证革命不惟不足以令人致富，还足以令千万人家道中落、倾家荡产。但是，孙先生有爱国心、有革命志节的党人同志亲朋好友并不因此而有丝毫怨怼。

我们就以孙中山的兄长孙德彰举例，前边我们曾摘举孙先生在致党人信函中申诉，乃兄孙德彰的境况苦状，他说：“两年前家兄在檀已报穷破产，其原因皆以资助革命运动之用，浮钱已尽，借贷到期无偿，为债主拍卖其业，今迁居香港，寄人篱下，以耕种为活。而近因租价未完，又将为地主所逐。”

孙德彰何以至此惨况，孙先生内心当然也很自责，是他的革命志业拖累了兄长啊！

孙德彰早在孙中山童稚少年时代，即远赴夏威夷打工谋生，靠着自己省吃俭用，开山辟土，经营牧场而发迹致富，但是，孙德彰乃是凭着自己的苦干勤谨，一步一个脚印，聚沙成塔，集腋成裘，而非造次苟且，更不是鸡鸣狗盗。孙德彰刚开始是在夏威夷的茂宜岛，向人租赁了几百亩地开设农场。草创时期，与他同时一块去夏威夷打工的华工们，都打趣称孙德彰为“茂宜王”。孙德彰吃苦耐劳，努力打拼，原本打趣叫他“茂宜王”，竟然美梦成真，果真做出了点儿“茂宜王”的架势。经营情况最好的时候，农场里有一两千头牛羊牲口。

所谓衣锦荣归，孙德彰不但在夏威夷干得有声有色，农场事业蒸蒸日上，更寄了不少钱回乡，在翠亨村老家起了大楼，供祖居家乡老小改善住家条件，同时还多次迎接杨老夫人暨全家老小渡海到夏威夷团聚享福。

1894 年，孙先生到夏威夷宣传革命主张，联络华侨，孙德彰靠着他在夏威夷打拼多年的老关系，为他介绍了不少侨商、洪门兄弟，成为孙中山“兴中会”的骨干分子。稍后，孙中山和一帮好友谋划第一次广州起义，孙德彰基于爱护弟弟的心念，率先把自家豢养的家畜牛羊 1000 多头，以每头六七元钱的贱价出售，充作孙先生第一次举事的军饷费用。孙中山第一次筹募的款项为 6000 多美元，里头孙德彰捐的份额居绝大多数。

虽说孙中山对内对外都宣称，同志友好和爱国华侨捐献的钱财，均是以认购革命党发行的“债券”来抵换，这些“债券”有朝一日只要推翻了清朝，成立了共和政府，国家即将以数倍以上的金钱代价，或者国家重要的“利权”，偿还当初捐钱的人，把“债券”赎回。说是这样说，但从 1894 年到 1910 年，历经了 9 次革命，许多人已经宣告破产，共和的建立依旧是遥遥无期，无影无边。

孙德彰便是在 1907 年，在弟弟不断需索之下，农场不堪赔累，宣告破产。孙德彰因而跟母亲从夏威夷被迫搬到香港，凭着最后一点儿家底，住租来的小房子，过着清贫的小日子。正如孙中山说的“迁居香港，寄人篱下，以耕种为活”。而凄惨的是，孙德彰失去了维生工具，又年纪渐长，种一点儿小田地还因为缴不起地租，硬生生被地主逐赶。

除了至亲好友，帮助孙先生的革命事业最有力的莫过于分布全球各地的华侨，这当中尤以与故国地利之便最近的东南亚国家的华侨最热情。孙先生自己曾经计算过，从 1907 年 5 月到 1908 年 5 月，孙先生多次在南方省份发动起义，他为了举事，一共为革命党筹款 20 多万港元，而这些钱财大半是出自东南亚华侨之手。

所谓毁家纾难，为了孙先生的革命事业，不惜毁家捐输者众如辰星。例如浙江巨贾张静江一个人就捐银圆 5 万元。广东潮州有个萧竹漪，把家里的祖传田产全数抵押，得款数千元捐出给孙先生。南洋有位糖业商人蔡干初，孙先生向他募款 10 次以上，他回回捐出巨资，直至破产亦不遗憾。马来西亚槟榔屿华侨吴世荣手上有一笔祖产，平日出手阔绰，听闻孙先生讲述爱国革命理念，怦然心动。吴世荣对孙先生景仰有加，特地把他的“瑞福号”洋楼无条件送给革命党人，作为孙先生和同志们集会及下榻寓所。非但如此，吴世荣在 1910 年底孙先生再到南洋奔走时，慨然捐出 8000 余元叻币。孙先生 11 次革命行动，历时 17 年有奇，吴世荣在得识孙先生以后，为了革命志业出钱出力，从无怨言。他最后把所有产业，包括一处大庄园、农场，一处处出售变卖，最后连“瑞福号”洋楼也变卖，换成现金交给革命党。晚年吴世荣，生活潦倒，晚境凄凉。

面对艰巨而漫长的革命事业，孙中山深知如果今后继续采取过去一贯的手段，单靠他一人之力，纵使再怎么尽心努力，效果亦属有限。况且章太炎、陶成章诬蔑事件发生后，他更警觉到财务账目昭大信的必要性。如何能扩大募集革命资金的效果，兼以昭同志与支持者的公信，却是今后募款事务必须力求之目标。基于这样的思考，1910 年 2 月，孙中山在美国旧金山得识了一位美国财务专家名叫波司（Charles B.Boothe）（按：另有翻译名为“布思”，波司、布思均属同一人）。

这位波司，是孙中山的友人容闳介绍认识的。1910 年 2 月 24 日得识以后，几经思索，复于同年 3 月 14 日，以“中国同盟会”总理的身份，任命波司为革命党的国外财务代办人。孙先生聘请波司的原意，便是希望赋予波司全权，用“中国同盟会”的名义在美国或海外协商贷款事宜。

孙先生主观上的想法，他奔走革命，发动起义，也有十六七年以上的历程了，发动了近 10 次起义，他的名声早已远播，海内外谁人不晓他是中国革命领袖。既然已经闯出名号，亦自信中国革命事业终必成功。往日，革命党是向华侨、亲戚故旧、会党兄弟、市井小民，一分一毫，聚沙成塔、集腋成裘似的募来的款子。类似的零星式的募款方式，完全是靠孙先生的说服力与情面募得，数量既少，总是难以支应日渐庞大的起义开销。更何况，天底下最难办的是“过路财神”，事情没办成，还被人物议瓜田李下，实在划不来。孙中山琢磨着，革命事业靠过去那种一钱一两地零散募集手段，绝非长久之计，今后必须脱离这样的初级层次，必须仰仗一位干练的财政经纪人，公正超然地帮孙先生，帮革命党打理金钱方面的事务。而且，亦可同时提升层次，把募款的对象升格放大到外国政府、外国银行、外国资本家或者同情中国革命的外国富裕阶层人士。

按照孙中山的规划，聘请波司，第一目标是委托波司向美国银行贷款 150 万美元到 200 万美元，这个钱将用在成立推翻清朝之后，成立共和国临时政府、组织军队、编练海军之用。是以，就在 1910 年 3 月 14 日这天，孙中山和波司，在美国友人荷马李（Homer Lea）的寓所开会，并且做了以下重点结论：

一、中国革命党暂行中止长江流域及华南地区准备未周全的起义。改行厚蓄实力，充分准备，集中人力财力，发动大规模起义的策略。

二、由孙中山以中国同盟会总理名义委任波司为国外财务代办人，向纽约财团洽商贷款，以应大规模起义之需。

三、运送在美国训练之军官若干，以充实革命阵营。

四、计划所需经费预计为 350 万美元，分 4 次支付。

孙先生和波司、荷马李等人议定的这项计划，如果从当年革命团体的角度出发，确实颇有开创性的视野，唯一的疑问是这项计划虽有巧思，但缺乏落实的现实基础。须知大凡国际上任何银行家、银行金融机构主事者，均属社会上最务实的一群人。所谓杀头买卖有人做，赔本生意没人做。在当代的时空背景下，美国和各国的银行家不必拨算盘子，就会明白，孙中山和他领导的革命党岂是中国大清朝廷的敌手。在革命成功后享有在华开矿权，以及兴办实业诸权利，相较于必须高风险借给革命党 350 万美元，在中国各个通商口岸外国租界为革命党训练军官等，获利与付出根本不成比例。因之，这块在空气中画下的虚幻大饼，最终难逃流产的宿命。

于是，孙先生在 1910 年 9 月 5 日给荷马李发出的信函中，由于时限上预计广州起义愈来愈逼近，难免不在信函的字里行间，表达出难以言宣的焦虑感了。孙先生给荷马李的信是这么写的：

亲爱的将军：

B 先生（按：孙先生以“B 先生”作为波司的信中化名，以便保密）六月二十五日自纽约来函，刚刚收到了，信中传来令人相当鼓舞的消息。但是而后你与 B 先生均未按我在日本时写信给你们安排好的时间回复我的来信。所以，我始终忧心 B 先生筹款的计划已告搁浅或者延迟。我曾经回信给 B 先生，告诉他假如筹款事宜有成功把握，请他先垫付五万美元给我，事成之后我愿意加倍奉还，以补偿他的风险。因为此刻我急需此款用于筹备，如果我能于眼下得到这笔钱，可以达成十倍于数月后同数款项达到的目标。

我在前面一封信里已经告诉你，来自中国各地令人振奋的消息。在广东沿海许多县份，革命党人将可获得响应。我们可以较最初我们在长堤旅馆所拟定的办法，更为便捷地发起一次革命起义，而且费用可以大为节省。我有信心，起义之初即可先攻取广州。从城内发起突袭可以随时占领该城，如此亦能避免为准备起事必须从城外进攻所引起的诸多麻烦。

广州拿下来以后，我们至少可以从清军的军火库里取得十万支新式步枪、充足的弹药、数百门新式大炮，甚至整座兵工厂。我们也因而可以获得大量现款和物资补给。革命党多数干部都主张开始时即攻取广州，而较不主张采取其他行动。……不知道你能否在最短期内筹得此数？若无法筹到五十万元，则请尽力筹募，无论如何即汇来五万元……自从我遵照我等最初协议停止今夏在长江流域和华南的起事以后，我几乎把全部希望寄托于在美国的筹款计划。如你与 B 先生的计划均告失败，亟盼即刻告知，以便我尽早采取补救措施。

请向你和鲍尔（Power）小姐致以最高的敬意。

你诚挚的朋友孙逸仙

一九一〇年九月五日于槟城

一个多月以后，孙先生在给波司的信上，更展露出他对波司与荷马李的热切期待。

亲爱的波司先生：

九月二十六日来函收悉，但你所提及之电报尚未收到，未知你按何地址拍发该电报？

现十月已过，未悉财团商议结果如何？至今犹未收到你的确讯，我担心，你虽曾大力协助我党，然而纽约筹款计划可能完全落空。我认为只需原来所拟数额的十分之一至五分之一，即足以胜利完成整个任务，五十万元当可供我们目前所需。筹募小额款项，自较筹措巨款更为便捷。尊意以为然否？如在今后三个月内能筹得此数，便可及时满足我们所需。若逾此时限，我们则不再等待，而将自行采取措施。若在你得到贷款之前我们能占领一永久性据点，则贷款条件必须完全修改。但如果我们不能有所作为或是行动失败，则贷款条件可照我们在洛杉矶所拟不变。

中国境内形势如前，无可奉告。对时机的看法，我完全赞同你的意见。盼能早日聆听佳音。谨致以最良好的祝愿！

非常忠实于你的孙逸仙

一九一〇年十一月八日于槟榔屿

事实上，到了1910年11月8日这封信寄发之后，波司等美国友人的筹款计划依旧犹如石沉大海之后，孙先生又把筹款的寄望转回原有的老路子了。这也可证革命经费始终是孙先生心头挥之不去的一抹阴影。孙先生焦急的心境，愧怍的情绪，亦可以1910年11月中旬，他在马来西亚槟榔屿发表的一场演说中，看出梗概。他说：

余每次会晤同志诸君，别无他故，辄以劝诸同志捐钱为事。诸同志虽始终热心党务，竭力勷助，或不以余为多事。第余以吾党屡起屡蹶，深不自安。故对诸同志甚觉抱歉。惟念际此列强环伺、满廷昏庸之秋，苟不及早图之，将恐国亡无日。时机之急迫，大有朝不保夕之概。且吾党春初广州新军之失败，虽属不幸之事，然革命种子早已借此而布满于南北军界。因新军中不乏深明世界潮流之同志，并极端赞成吾党之主义。在今日表面上视之，固为满廷之军队；若于实际察之，诚无异吾党之劲旅。一待时机成熟，当然倒戈相向，而为吾党效力。是以诸同志咸认为绝好良机，光复大业在此一举，固将尽倾吾党人才物力以赴之也。

吾适间所云，每语同志诸君辄以劝捐为事，虽予亦极不愿对同志诸君每有斯求，但念此等责任，除我明达之同志外，又将向谁人求之？是以虽欲避免，实不可得。盖海外同志捐钱，国内同志捐命。共肩救国之责任是也。总而言之，捐款之义务，诸同志责无旁贷。此应请同志诸君原谅予劝勉之苦衷，仍当踊跃输将，以助成此最后之一着者也。设天不祚汉，吾党此举复遭失败，则予当无下次再扰诸同志，再向诸同志捐钱矣；倘或仍能生存，亦无面目见江东父老矣！是则此后之未竟革命事业，亦惟有赖之同志诸君一肩担起矣！总之，吾党无论如何险阻，破釜沉舟，成败利钝，实在此一举。而予言亦尽于此。

1909年以迄1910年之交，实在是孙先生个人与革命事业荣辱成败、得失利钝交相侵逼的一段时机。继被章太炎、陶成章等人无端诬蔑，数度起义迭遭挫折，继之家庭也进入多事之秋。1910年，在檀香山刚与长子孙科叙过天伦，却在四月初八，接捧兄长孙德彰的急电，告知孙先生母亲杨老夫人在香港病重，因孙德彰近年经济景况于破产后，困厄潦倒，要求孙先生速寄1000港元，以解其燃眉之急。孙先生既忧母亲年迈身体欠安，五内如焚，又愁烦兄长经济景况不佳，何以奉养母亲，安身立命？孙先生本应回去探母病，偏偏革命志业缠身，加之港英当局不让孙先生上岸，实乃归不得也。无奈之下，孙先生只好写了一封快信，给侄子孙昌，要求孙昌代替他回国侍奉杨老夫人。孙先生在给孙昌的信上说：“兹附来五百元汇票一纸，借作汝全家渡海回国之用，此际叔已尽其全力所能及。汝接此信后，应即动身无延，因祖母病危，日夕盼汝等返国，俾得在死前一晤也。事应赶紧，无使祖母、汝父及叔失望为要。”同年7月19日，孙先生人从新加坡到了马来西亚的槟榔屿。这时他住在槟城四间店街的“得昌号”，此刻的孙先生不但无法回家探视母亲，而且仍然继续为了同盟会在新加坡的会务事宜，席不暇暖。同日，他的母亲杨老夫人逝于香港九龙城东头村二十四号，孙德彰家里。孙先生闻讯之后，痛哭失声，人生之至痛者，是母亲亡故，却不能归里奔丧。孙先生委托同盟会会员罗延年前往香港，经办杨老夫人的丧葬事宜。

在杨老夫人病笃之际，孙先生平日非常欣赏的一位年轻同志汪兆铭（汪精卫）突然出事了，此事也一度让孙先生费神营救。这亦印证孙中山当年对身边同志的体恤关爱。据说汪氏之所以会出事，也与章太炎、陶成章诬蔑孙先生，致使筹款受阻有关。1908年河口起义，孙先生派汪兆铭、邓子瑜等人，到荷兰殖民地印度尼西亚等地，向各处华侨募款，但毫无所获。后来，孙中山又派汪兆铭到仰光设立同盟会分会，汪兆铭从仰光返回新加坡之后就不告而别。有人追查到汪氏的行踪，问他去哪里，汪兆铭透露他正秘密前往香港，计议找一名清廷的大官暗杀之。孙先生与黄兴得知消息，连忙去电阻止，但劝不回汪兆铭。汪氏走后，其实不是去香港，而是去了日本，并与黄复生、黎仲实、喻培伦、曾醒、方君英、陈璧君等7人筹组了一个暗杀团，准备干一件轰轰烈烈的大案。

胡汉民知道了这件事，他很了解汪兆铭多变的性格，便写了一封快信劝阻汪兆铭，胡汉民信上的意思，你不过是一介文人，应该做你擅长的事，暗杀是武人的专长，你不适宜抛弃自己的长处，暴露自己的短处。殊不料，汪兆铭不听劝，回复了胡汉民一封信，内文坚持主张自己的想法，他说：

“生平察事，自信不如兄，惟此事则如螺旋，弟已计划最后之点，更无疑义。兄主张军事行动，无大款何以能举？海外奔走，为效甚微。不有剧烈举动，何以振起人心？弟又不长于军事，既决志牺牲，只得惟所自择。”

汪兆铭还找了地方试验炸药，逐一过滤可以刺杀的对象。起先想到广州杀广东水师提督李準，但想到胡汉民可能计划在广州起义，为了不影响党人的起义行动，便避开广州，预备去杀两湖总督端方。最后乃决定上北京找一个清朝亲王下手，最后便锁定摄政王载沣。临行之前，以血书写了八个字：“我今为薪，兄当为釜。”意思是想自我牺牲，成全胡汉民。1910 年 1 月，汪兆铭等人在北京琉璃厂，以开设照相馆为掩护，实际上是在一家打铁铺制造炸弹，不巧事情败露，汪兆铭与黄复生在 4 月 5 日被捕。清廷在捉拿到汪兆铭等人之后，摄政王载沣本来想杀汪、黄二人，刚好那段时期清廷当局正准备立宪，怕处死汪兆铭等革命党人，反倒影响人心，这才故示宽容，改判汪兆铭终身监禁。汪兆铭在狱中原本自忖难逃一死，曾经作诗自况，所谓“慷慨歌燕市，从容作楚囚，引刀成一快，不负少年头”。

孙先生基于爱才之心，曾经多次打听汪兆铭下落，并积极设法营救。1910 年 5 月 4 日，致书芝加哥华侨党人梅培，信中写道：

“近日吾党精卫君，身入虎口，到北京欲行大事，不幸事败被拿。昨日接到胡汉民君由港来电云：‘精永禁’，盖定为永远监禁也。虏不杀之，想有所顾忌而不敢也。然吾党失一文武全才之能员，殊深痛惜也。”

同年 7 月 20 日，孙中山在致书吴稚晖的信上，命令吴稚晖想出营救汪兆铭的方法。孙先生在信上说：“吾党今日有一急要问题，必须设法解决者，为谋救汪精卫之事。今外间已有担任之人，惟苦不详悉北京近情及精卫所囚之地，故先当调查确实，乃可行事，此必靠北京官场同志乃能为之。此间同志已各就所识，请为尽力，然犹恐耳目未周。今再请先生就欧洲同志密商。如各有所识可靠之人在北京者，皆望托之查探现在精卫被囚之法部衙门地方及看管之人。详细情形如何并请他等代为筹思，有何妥法，可以救出。”

尽管遭逢这样与那样的艰难险阻，孙先生仍然将全部心力投注在即将举事的革命大业上。1910 年 11 月 13 日，他到了槟榔屿之后，在槟城的柑仔园四百号，召开了第一次的核心骨干会议，与会者有黄兴、赵声、胡汉民、邓泽如、孙德彰、黄金庆、吴世荣等人。在主持革命党人的会议上，孙先生做了一番语重心长的谈话。据党人事后回忆，孙先生当天讲话讲得很动情，声泪俱下，让在场的同志人人为之动容与共鸣。那时节，党人的经济情况都不好，但竟即席募得款项 8000 元，亦属难得。当然，当天会议的主轴并不仅止于募款，最大的议题，便是决定在最短期间内，再次起义，以期尽速倾覆清朝。

孙中山在会议上讲话：

现在因新军之失败，一般清吏自以为吾党必不敢轻于再试，可以高枕无忧，防御必疏。至新军之失败虽属不幸，然因此影响于军界最巨。吾党同志果能鼓其勇气，乘此良机重谋大举，则克复广州易于反掌。如广州已得，吾党既有此绝好之根据地，以后发展更不难着着进行矣。且此次再举亦远非前此历次之失败可比，因曩者多未有充分之筹备，每于仓卒（促）起事所致；今既有先事之计划，当然较有把握，可操胜算。但诸同志疑虑莫决者，乃在于饷械之无着。不知现在因吾党历次之举义，与海外各埠同志竭力之宣传，革命精神早已弥漫南洋群岛中。只怕吾人无勇气，无方法以避免居留政府之干涉，以致延误时机。今吾人则以“教育义捐”之名目出之，可保无虞也。

孙先生讲这番话的主要目的，无非仍是集中同志之意志，鼓动同志多为革命出一份心力。在这次的会议里，孙先生和党人同志决定这次的革命地点是广州，先决定筹款的目标是 10 万元，英属和荷属殖民地华侨各筹 5 万元，暹罗和安南 3 万元，美洲先不计算在内。当天他发表完那篇动情的演讲以后，就当场募着了 8000 元。党人同志再在外地分头募集，几天募集了五六万元，便开始着手进行计议中的广州起义。

无奈的是，自从孙先生在槟城对党人同志发表演讲之后，殊不料由于他在演讲中的内容，事涉中国革命，被英国殖民当局紧密跟监，他的讲稿被新加坡的保皇党分子丘哲卿，全文翻译成英文，刊载在槟城的英文报纸上。还有一林姓人士向英属殖民当局密告，指称孙中山演说革命，鼓动华侨捐款，助其在中国境内发动革命，可能影响槟城当地的社会治安。英国殖民政府在接到检举之后，槟城当地政府勒令孙先生限期出境。

孙先生从这一天起，被马来西亚英国殖民当局勒令驱逐出境，自此整个南洋地区再没有先生容身之处了。孙先生固然在情绪上十分沉重，但他对前程却是依旧乐观以对。在一封写给党人邓泽如等人的信上，孙先生说：

> 弟以十二月六号发槟城，十号晚行抵高浪堡埠，寄泊数时，既又动程西向。此后与南洋相隔以日而远，中途或未便致书，必俟抵美或回华后，方能再通音问也。弟之此行，以有特别之外交问题，须往英京。及预计南洋之款恐难足十万，有误大举之期，故顺此赶速赴美，向华侨筹足此数，以应要需。此行想可达目的，因近半年来美之华侨开通颇众，而所筹之款为数不多，当易集事也。……

就在孙先生间道远赴法国巴黎，以及比利时等国之时，黄兴等党人已经正奉孙先生之命，积极筹措明年广州起义的一切筹备工作。1911 年 1 月 18 日，黄兴、赵声等人，在香港成立了新的革命行动机关——统筹部。黄兴除了做好分工任务分配，还在香港摆花街密设专制炸弹之处所。黄兴还与同志商议落实关于选取敢死队同志的“选锋”工作。在黄兴、陈其美、宋教仁、谭人凤、居正等人参与下，党人做成结论，这次的广州起义将分成两种任务，其一是统筹部指挥的广州起义的工作；其二是发动长江中下游地区的党人响应广州起义的工作。

就在香港的党人如火如荼议决广州起义的施行事宜的同时，孙先生在受严重晕船之苦的旅途风波后，于 1911 年 1 月 19 日抵达美国纽约，随后又横跨美洲大陆，来到美国西部的旧金山，以及加拿大的温哥华等地。此行，孙先生除了宣传主义，无疑，募款筹措革命起义购械经费，仍是他不变的工作任务。只是，孙先生此行募款的预算数更大了，因为，他非常清楚，中国民主革命的途程已经走到了一个重大的关键拐点，如果在这个途程的转折点上，不能铆全力，以更大的资金投入，以更大的革命力量贯注，推翻清朝的民主革命很有可能就此功亏一篑。2 月 5 日，孙先生抵达温哥华，洪门会人士一千数百人在车站欢迎孙先生。洪门致公堂借用华人大戏院，一连 4 天为孙先生举办演讲大会，每天都有千余名华侨来此听讲。党人冯自由当时也来到温哥华，他在与洪门兄弟讨论当前革命形势，建议为了方便募款，应该设立洪门筹饷局，来为祖国即将发生的大规模起义行动预作准备，他的提议获得洪门会员无异议通过。温哥华致公堂首先捐款 1 万港元。

孙先生在温哥华的那段时日，国内黄兴等党人为了筹备广州起义的经费问题，三天两头就来电报催款，冯自由也得知香港统筹部经费青黄不接，这样下去不利于举义行动，冯自由也晓得孙先生筹款十分吃力，便劝孙先生说，洪门致公堂在各个城市都有产业，如果他们肯变卖这些产业，能为革命党解燃眉之急，对我们来说是事半功倍啊！孙先生你为什么不主动向他们提一提？孙中山很为难地答复：这些产业房地，其实都是致公堂的公产，我怎么好意思伸手要他们变卖房产助我革命呢？这话我实在说不出口啊！

但是，如果我们可以暗示致公堂里面热情的青年，由他们提出倡议，由他们去商量，如此我们才站得住脚。

一天，域多利埠（按：加拿大维多利亚市）致公堂请孙中山吃饭，大家把酒言欢，畅论革命大业。这时，有会员提出，当前正是新一波的起义即将再举之日，孙先生接到党人好多的电报，广东起义即将举行，军饷到现在都还没凑足，我们市里的致公堂不是有楼盘吗，为了革命大业，似乎可以考虑抵押给银行，为孙先生凑一笔钱，尽点心力。在饭桌上，大家没有定论。第二天，维多利亚市的致公堂召开大会讨论，孙中山和冯自由出席了会议，孙先生起来报告了起义筹募款项的经过，讲完话，就和冯自由两人暂时退出会场，留下致公堂的兄弟们商议是否同意押楼捐钱。出乎大家的意料，致公堂全体会员代表一致同意，抵押公产楼房为革命党筹款。结果，银行贷得了款项 3 万港元，全数交给孙先生电汇香港。

孙先生历经半个月时间，在温哥华、维多利亚等地及附近几个邻近城镇，向华侨及会党朋友募款，所得款项已经有预计所需金额的一半。孙先生在加拿大东岸停留了半个月，收获丰盛。孙中山筹款顺利，香港统筹部的党人同志为之振奋不已。

正值孙中山再从加拿大转回头再到美国，继续他的筹款与奔走革命之旅，黄兴从香港悄悄来到广州。黄兴离开香港前，写了一封绝笔书给他的南洋革命伙伴们，黄兴说："本日驰赴阵地，誓身先士卒，努力杀贼，书此以当绝笔，即颂筹安！"

实际上，耳目众多的清政府当局，早就得报革命党人有在广州再举事的消息。清廷的水师提督李準，居心叵测地在革命党内部安插了一个奸细，叫陈镜波。他向李準举报，革命党人用小船偷运到广州枪支百余支，子弹一批。但陈镜波未得知另有一批枪械已先期运抵广州城内。清廷事前有了情报，自然作了兵力部署，清吏张鸣岐派了巡防营的清兵，进驻广州观音山，居高临下，控制整个广州城。

革命党人也有消息，得知清兵已经调防，似乎有人通风报信，有了防备。党人同志中有人主张应当改期再举事，但是，枪械、人员都动员了一大半，改期无疑是前功尽弃。党人正为了到底要不要改期两派人马争辩不休的时刻，胡汉民在香港得到黄兴的一通密电：“省城疫发，儿女勿回家。”看到这通电报，大家都脸色大变，不知道广州是出了什么事。香港统筹部人员连夜开会，大家最后的结论是：孤注一掷，跟清政府拼了！

黄兴之所以发那封电报，原因出在人员和装备都没有到齐，而清廷竟已摆好瓮中捉鳖的阵势的缘故。张鸣岐、李準等清吏下令调巡防两营回防广州，派了三哨兵力驻守龙王庙高地。黄兴周遭的同志里边，胡毅生和陈炯明主张暂缓起义。党人赵声原本派了一批人要进广州，因为这批人都是外乡人，怕讲话口音被听出来遭查扣逮捕，人又退回香港，赵声的代表也向黄兴表达了延期的建议。唯一支持如期起义的只有姚雨平一人，但姚雨平认为，当前广州城内党人手上的枪支只有 70 杆，至少要有 500 杆枪才有把握成功。

黄兴看这个情况，论人员，零零落落，论枪械，缺枪少弹，面对做好万全准备的清军，心里也直打鼓。临场应变，黄兴下定决心，他告诉在广州的同志们：此时此刻，我们是退无退路，必须做好硬拼的打算，只有拼死一战，才对得起热心捐款给我们的海外华侨，兑现我们革命的承诺。但是，黄兴当机立断，既然进广州城的枪支不足，所以也不需要太多人白白去送死，凭着赤手空拳，怎么和拥有各式长枪的清军拼命，各部党人选拔出来的敢死队，凡是没有枪支的赶紧先退，保存他们的枪支，作为下一步行动的打算。各部党人前前后后有 300 多名敢死队员中途折返，没进广州城。敢死队只剩下少数人继续留在城内。党人喻培伦、林文两人向黄兴力争：“革命军只知道前进的道理，不知道什么是后退，情况已经十分危急，我们不是去杀敌人，就是被敌人消灭，为今之计只有同心协力，齐心杀敌，为革命流血！”黄兴深表赞同。

没过多久，陈炯明、姚雨平联袂来找黄兴。他们二人说，李凖调来了三营部队，这批清军他们都是从顺德方面过来的，这里面有不少我们的党人同志，现在他们人马都在广州天字码头待命，我们大可以趁这个时机起义。陈炯明、姚雨平表示，他们准备马上去和这三营清军的代表联络。隔不久，陈炯明、姚雨平回来报告，三营清军里的党人同志也做好了起义的配合工作。黄兴听了之后大为兴奋，如果这三营清军能够反正，我们就不必担心其他的清军不起而响应了。

1911 年 4 月 26 日这天下午 3 点半，黄兴发了一通电报给党人赵声的手下，叫他们赶紧进广州城。赵声收到电报之后，即刻率领手下人马进城。当天晚上，党人领袖和黄兴一块儿商议明天进攻的整个安排与计划。决定分成几路人马，分头进袭，黄兴率领一批人从小东营方向攻打督署；陈炯明率领一批人攻打巡警教练所；姚雨平负责带人收复小北门的枪炮局，并且迎接新军及防营的清军党人同志进城；胡毅生率领党人攻打大南门。黄兴与大家约定的攻击发起时间是第二天下午 5 点半。

虽然黄兴与党人同志代表开行动会议时，都已经分配好任务，定好了第二天的行动计划，但是，这批党人当中就是有些人的意志不够集中，会议中明明讲好的事，就是有人不上心。例如，陈炯明在会议之后，通知党人胡毅生时，告诉胡氏的攻击发起时间竟然讲成是 4 月 28 日，比原定的时间晚了一天，导致胡毅生没办法如期赶到参加行动，更离谱的是，陈炯明自己信誓旦旦的，却也缺席，没参与战斗。姚雨平也不知何故没参与行动。这么一来，巡警教练所、枪炮局这两个据点都没人负责攻占。原本约定讲好的四路大军，结果竟然只剩下黄兴这么一路人马。尤其离谱的是，广州城的清军得到情报，知道革命党人 4 月 27 日当天要展开行动，当天早上索性不开城门，所以，赵声带领的党人根本进不了城。所以到最后，就只有黄兴这一路党人举事，黄兴成为这次广州起义的总指挥官。

党人在最后准备起义前，大家群集到广州小东营黄兴的住处，在起义的最后关头，又有几批人马分别赶到了广州。他们是搭早班轮船赶来的福建同志及海防同志，他们分别来到小东营找黄兴。一群广东花县的党人，由徐维扬统率，他们带着武器从花县赶车出发前往广州。9 点多钟，花县的这批党人得到情报，说清军防备甚严，带着武器恐怕进不了城，大家只好丢掉武器，徒手进城，再匆匆赶到黄兴和党人聚集的小东营。

各路党人同志在极其艰困又极其隐秘的情况下，陆续抵达黄兴指挥调度的预定地点。加总起来，全部参与起义的同志一共有 170 人。

黄兴率领党人同志，做最后攻击发起的部署。他发给冲锋敢死队象牙印章和黑钢时表，作为标志和遵守时间的依据。并命令所有参与行动的党人同志，每人臂膀上缠上白布，鞋子一律穿黑布胶鞋，以兹鉴别。告诉党人同志，听吹螺号声作为进攻信号。

行动前一个小时，黄兴聚集同志发表情绪高亢的演讲，鼓舞党人斗志。讲演到一半，又有新的党人陆续赶到，加入起义的行列。党人朱执信赶到时，穿着一身长衫，听见黄兴意气激昂的讲话，拿起一把剪刀剪掉了长衫的下半截，加入起义行动。但刚赶到的谭人凤进到大屋内，他却有不同的意见，他说，我刚从香港过来，香港统筹部希望你们延后一天再举义。黄兴听了谭人凤这番话，非常生气，当场顿足大骂：你不要来这里扰乱我们的军心！谭人凤一听，也觉得自己不该泼同志的冷水，当下静默，并且换好短衫，向黄兴要枪，决心参加起义。黄兴委婉地对谭人凤说，你年纪比较大，有个万一，还要人家为你办后事，这是敢死队，你还是不要参加为好。谭人凤听黄兴这么说，一时上了火：你们敢死，我谭某就怕死吗？黄兴拿他没办法，只好给了谭人凤两支枪。

谁晓得谭人凤拿起枪试扣扳机时，却误触了枪机，引发枪支走火，轰然一声，吓坏了在场党人同志，唯恐被外面的人发觉。黄兴非常生气，一个箭步冲上来，收回了谭人凤的两支枪。眼看着到了4点50分了，越来越接近起义发起时间了。这时陈炯明派了一个人匆匆赶来，劈头就问：今天我们到底发不发动？这人见黄兴等一百来号人，每人全副武装，发觉是白问了，面有愧色地掉头而去。黄兴直到这时还不知道陈炯明爽约不来。但既然决心已下，同志们都做好了抵死一拼的心理准备，纵使陈炯明或者什么人临阵脱逃，自然也是义无反顾了。

5点30分，黄兴带领了林文、李文甫、喻培伦等100多名敢死队“选锋”队员出发，林文、何克夫、刘梅卿沿路不断吹着海螺角，向所有党人宣告正式对清廷广州官署发动总攻击。全队人马以快步疾行，各个执枪拿弹，朝广州督署奋力前进。“选锋”队员沿路打死不少巡警，攻近督署附近，督署门口驻守的清军卫兵数十人立刻朝革命党人开枪射击，林文、何克夫带着两三个党人走在队伍最前头，手拿着炸弹朝守军用力掷去，几个卫兵和带头的管带金振邦当场被打死。

两广总督张鸣岐正和部下商议如何捉拿革命党人，他做梦也没有想到眼下革命党人竟然打到大门口了，当即命令属下应变迎战。革命党的“选锋”队员已经攻进二门。黄兴带着众党人冲进督署衙门的大堂之上，这时，大堂两厢有好多清兵躲在栏杆和柱子后面，朝革命党人开枪射击。党人杜凤书、黄鹤鸣当场被打死，黄兴见情况危急，冲到柱子后方还击，打伤清兵一名之后，其余清兵见状，发现退路被党人堵住，只好弃械投降，在这些清兵的导引之下，党人蜂拥冲往后进的屋子里，黄兴、林文、朱执信、李文甫、严骥等人分头搜索，不见张鸣岐的人影，却见到衣架上挂着一套官袍，桌上还有几个茶碗，水烟筒也还冒着烟，大家知道张鸣岐已经趁乱换穿百姓便服逃跑了。

党人见张鸣岐逃逸无踪，便在他睡的床上点了一把火，大家退出房间，熊熊烈火，张鸣岐的官邸付之一炬。

黄兴这时愈战愈勇，他双手擎枪，退出督署之外，他带领着党人与一队清兵遭遇。原来这队清兵竟是水师提督李準的手下，卫护李準的亲兵大队，两军相距约50米，林文过去听说李準手下有不少革命党人，林文冲到队伍的前方高声喊道："我们都是汉人，不要自相残杀，应当同心协力，一起扫除异族，恢复汉人的国家。不要开枪！不要开枪！"可是，林文话音刚落，一颗子弹已击中他的脑门，当场倒卧在血泊之中牺牲。在他身后的林尹民也被枪弹击中胸部，刘元栋被打中太阳穴，两人都惨死枪下。又是一排子弹打过来，连伤了好几个党人。在众党人之中的黄兴他的右手也被枪弹打断，脚部也受了枪伤。他忍痛指挥若定，调动剩下的党人兵分三路，准备退出广州督署的清军重兵之地，转攻别的据点。

黄兴率领着一路党人方声洞、罗仲霍、朱执信、何克夫、李炳辉、罗坤等10人冲出大南门，黄兴想在这附近和防营内的党人相会于此。黄兴等人快步走到双门底，遭遇到防营的一个大队清兵，彼此之间相距一丈余，方声洞朝清兵开枪，击中了打前锋的哨官和巡逻清兵数名，双方展开近距离的枪战。这时，巡防营的哨官温带雄、哨长陈辅臣两人刚好在这附近，他二人是潜伏的党人同志，见广州城内枪声大作，知道党人已经起事，机不可失，但他二人并未像一般起义党人臂系白布巾，眼见十几名臂上系有白布巾的党人朝他们奔来，温带雄高声呼喊："兄弟，我们来了。"在硝烟弥漫的朦胧夜色下，党人方声洞见温带雄两人臂膀未佩戴白布巾，误以为是清军的诱饵之计，不多言语，当场就发射两枪，温带雄被击中，立即殒命，温带雄身后的十几名防营清军，也在混乱中朝方声洞开枪，方声洞亦应声倒卧血泊之中。陈辅臣反应快，枪声大作时随即卧倒，并奔逃往方言学馆，大难不死。但防营的这批潜伏党人竟与方声洞等自相残杀，两败俱伤。

枪战激烈，党人死伤甚众，黄兴眼看周边的同志们一个个倒下，自己也身负轻伤，清兵不断朝他逼近，不得已退到街边一家小洋货店内，仍然不断开枪还击，击中七八名清军，他见到没有清军追来，便在这家小洋货店内，换穿店家百姓的衣服，往护城河的南边逃去。半路上遇到一名党人女同志徐宗汉，她为黄兴裹好伤，两人再分头从容逃脱。

香港统筹部的同志，也不甘心只留在后方筹战报，不少人跟随赵声、胡汉民等人，在事发当天的深夜得知省城同志已经发难，便带领了香港的李恢、郑烈等 200 多党人，赶往广州。于 4 月 28 日一早赶到，但上岸之后得知消息，革命党人失败了。胡汉民折返香港，赵声因为走迷了路，却恰巧在广州城河南遇到了逃出城的黄兴，两人相拥而泣。黄兴因为受伤晕倒，醒后情绪激动，想再回省城与清军拼命，被徐宗汉等党人劝阻。当天晚上，由 6 名同志护送黄兴回香港，到香港雅丽氏医院治伤，医师诊治需要割指开刀，但治伤开刀必须有亲属签字，徐宗汉便冒称是黄兴的妻子。日后，黄兴与徐宗汉即因此结下良缘，传为革命夫妻之美谈。

事件发生后，广州市面上没人敢替革命党人烈士收拾尸首，清廷官吏任遗骸在街上暴尸 3 日，直到 4 天后的 5 月 1 日，才通知广州城内各善堂，收拾党人遗骸。原本清廷方面准备把尸首草草掩埋在狗头山、东门外臭冈等乱葬岗，党人潘达微自告奋勇，出面与各善堂商量，将党人的尸首集中安葬在一块，“广仁善堂”发挥慈悲心，捐赠坟地一处位于广州红花岗，共收得烈士遗骸 72 具，遂成为历史上著名之红花岗七十二烈士，后红花岗改名为黄花岗。日后，党人陆续查证，得知广州一役，实际就义人数为 86 人，另外 14 位党人的遗骸不知去向。

广州三二九之役，八十六烈士惊天地、泣鬼神的起义行动，尽管功败垂成，党人前仆后继、不畏牺牲、视死如归的革命精神，却已震动寰宇。

4 月 28 日，孙先生已在海外闻知起义失败的消息，他发了一通电报给香港的胡汉民，电文只有短短的12个字，但已尽窥他的悲痛之情："闻事败，各同志如何？何以善后？"

广州起义之后一周，孙中山先生在致同盟会会员谢秋的信函中，如是道出他的心境，以及而后的革命行动计划，鼓动华侨与会党热烈捐输，并且以革命成功后之重利相约定：

谢秋兄大鉴：来信读悉。近日省城之事失败，其原因皆金钱不足，故不能于杀将军之日起事，□□□严防，三月二十九日谋泄，迫动黄兴君亲率□千人，力破督署，转而攻军器局，势孤不克，力战出城，黄君受伤，幸安全出险；其他之将领，如胡君汉民、赵君声皆无恙，但伤亡士卒数十人，然敌之伤亡，十倍于此，闻李準亦死。此役□□□革军之勇敢英烈，为全球各国所□□□叹未曾有，革命之声威从此愈振，而人心更奋发矣。今日急务，必当筹足大款，乃能速收成效也。兄可不必急于回港，望到各处鼓励人心，使之同心协力，则大事易为也。此次以限于资财，不能经营北方，只能就广州下手。但广州自去年新军事变之后，满政府加倍严防，收去新军之子弹枪器，并调李準之巡防营防守之。吾党计划，欲选敢死之士八百人入城，劫督署，占军器，为打开城门，俾新军入城，取回子弹枪械，则必能制巡防营及旗满兵之死命矣。乃此八百人选定之后，以费用不足，不能早集，此弟与兄到卡加利之时，得接港电云："请于五日内筹电三万元，否则危。"则指此事也。弟当时接电，如何焦急，亦兄所知也，故舍各处小埠不到，而直往云尼辟，冀有所得，岂料不过数百。及至杜郎度，则刺将军之事发矣，若此时有款，乘机而起，当可成事也。此事发现之后，始得杜郎度变卖公堂之万元，然后党军乃能陆续进城；然款犹未足，人犹未集，而被敌之严防，三月二十九日事泄人拿，不得不动，故此失败。自省城失败后，四处亦继起，此足见人心之可用。惟省城为主动军，已遭失败，各处偏师，虽或得移，恐难持久矣。此埠发起一中华实业公司，欲筹资本百万元，专以供充革命军费，而收成功后之利权。刻已订立章程，不日可以印就发布，望兄回经各埠，顺以此事通告同志。此公司每股百元，以一万股为限，将来革命成功后，专承办开矿，专利十年，此一为侨民求利之一大法门也，望兄鼓吹之。第一二日内，当再回纽约，事妥之后，乃顺路过各埠而回金山大埠，拟在彼地立一总机关，以联络美洲各埠华侨，实行担任革命之义务。此致。请代问各埠同志义安。弟孙文谨启。西五月七号。（按：信函中之空格原文如此，应为孙先生刻意隐讳者）

对于广州起义死难的烈士，孙先生在日后撰写的《黄花岗七十二烈士事略》中，有十分至情的描述：

满清末造，革命党人，历艰难险巇，以坚毅不挠之精神，与民贼相搏，踬踣者屡，死事之惨，以辛亥三月二十九日围攻两广督署之役为最。吾党菁华，付之一炬，其损失可谓大矣！然是役也，碧血横飞，浩气四塞，草木为之含悲，风云因而变色，全国久蛰之人心，乃大兴奋。怨愤所积，如怒涛排壑，不可遏抑，不半载而武昌之大革命以成！则斯役之价值，直可惊天地，泣鬼神，与武昌革命之役并寿。

顾自民国肇造，变乱纷乘，黄花岗上一抔土，犹湮没于荒烟蔓草间。延至七年，始有墓碣之建修；十年，始有事略之编纂。而七十二烈士者，又或有纪载而语焉不详，或仅存姓名而无事迹，甚者且姓名不可考，如史载田横事，虽以史迁之善传游侠，亦不能为五百人立传，滋可痛已。

邹君海滨，以所辑黄花岗烈士事略丐序于予。时予方以讨贼督师桂林。环顾国内，贼氛方炽，杌陧之像，视清季有加，而予三十年前所主倡之三民主义、五权宪法，为诸先烈所不惜牺牲生命以争之者，其不获实行也如故。则予此行所负之责任，尤倍重于三十年前。倘国人皆以诸先烈之牺牲精神为国奋斗，助予完成此重大之责任，实现吾人理想之真正中华民国，则此一部开国血史，可传世而不朽！否则不能继述先烈遗志且光大之，而徒感慨于其遗事，斯诚后死者之羞也！予为斯序，既痛逝者，并以为国人之读兹编者勖。

广州起义失败，孙先生依旧秉其愈挫愈勇之心，继续在革命大业的途程上奋励不懈。同年6月18日，他从美国东部抵达旧金山，我国侨民最集中的美国商埠，他这趟美国西部之行的主要目标，是要把同盟会和洪门融为一体，并且持续在侨民之间筹募款项。

其实，孙先生这趟旧金山之行，还有一段缘由。

广州革命前后，孙先生的募款活动在世界各地面临新的低潮期，也因而发生一桩致公堂与同盟会之间的矛盾冲突。主要的导火线是同盟会员朱卓文、崔通约两人，因在美国加利福尼亚州募款，但始终得不到侨社的正面回应，收获极少。因两人募款迭受打击，心灰意冷之余，颇有怨天尤人之慨。崔通约就投书美国各个城市的致公堂，抱怨致公总堂不够配合，微词连篇。各城市当然就有人把这封信转给总堂看，引起总堂的一些大佬的愤怒。《少年中国晨报》的主笔伍平一，和致公堂的关系不错，与洪门机关报《大同日报》经理唐琼昌、致公堂大佬黄三德都很熟识，伍平一非常清楚，同盟会和洪门致公堂的关系千万不能搞坏，否则不但孙先生筹款维艰，更影响日后革命大计。为了化解这场矛盾，伍平一就发了一通电报给在美国东部的孙中山，孙先生接到电报，鞭长莫及，不能及时赶赴美国西部了解内情，只有发了一通电报给旧金山致公堂，吁请致公堂大佬等他亲来处理，此前请千万不要登报，引起外界腾笑物议。

约莫20天之后，孙先生在致旧金山致公堂职员的信上说：“近闻列位已有意实行赞助中华革命事业，殊深钦慰。弟昨日由纽约抵罗省埠，礼拜或礼拜一当起启来大埠，到时再电车期，诸事容俟面商。”写这封信的同时，孙先生还给致公堂大佬黄三德写了一封信，告诉黄氏，他已经到了洛杉矶，不日可抵旧金山，见面交涉一切。

6月18日，孙先生一到旧金山就与伍平一碰面，联袂找到黄三德、唐琼昌，非但设法弥平彼此之间的误解，更极力游说应将同盟会、致公堂两者结合成为一个大团体，以匡扶革命大业。孙先生这时的想法，可从一个月后，他写给党人邓泽如等人的信中可见一斑，他说：

> 金山致公堂，虽系洪门，以反清复明为宗旨，然向多老朽顽锢（固），向无进取之气，故尝与吾党之少年勇进之辈积不相宁，数月之前犹大反对同盟会之筹饷。美国华侨十居八九为洪门之徒，致公总堂一反对筹饷，则虽热心革命者亦不敢前；故以美国华侨之数，所集不过万余港银，远不及加拿大少数华侨之捐款。乃至羊城一役之后，见吾党志士舍生赴义，英勇绝伦，则顽锢（固）老朽之辈亦因而奋感。今致公堂已发起筹饷，现已设立筹饷局以专责成，想不日必能大收效果也。……

孙先生在与黄三德等旧金山致公总堂的洪门大佬会商时，特以救国不分彼此相期勉，用以力促将同盟会与致公堂合而为一。孙先生说服黄三德等人的理由非常浅显易懂，颇得致公堂总堂大佬的支持。而在与党人交谈，言及同盟会与致公堂互动关系之原则时，他也有原则性的交代。孙先生这方面的理念，可以从他《在中国同盟会葛仑分会成立大会的演说》稿中，得一清晰之轮廓：“金山堂号林立，皆以保护本堂手足为宗旨，然同盟之设，非与堂号比，非与同胞作敌，实与满洲作敌，愿同胞勿误会之。同盟会组织一大团体与满洲对敌，非与同胞争意气也。”在同一场演讲中，孙先生也劝同盟会的党人同志，救国不能自私。他说：“须知救国即是救破舟一样，当舟沉之时，不图共力而补救，徒顾个人铺盖行李，俄而舟已沉矣，生命亦俱亡，又何有铺盖行李？吾国人之思想何莫不然。各自营其私，无顾大局之观念，卒之自身亦不能保。”

在孙中山的温语协商、大义相勉之下，早前同盟会年轻盟员与致公堂之间的言辞龃龉与钩心斗角，总算平和落幕。双方达成的共议与做法，致公堂决心为同盟会成员敞开大门，致公堂此后欢迎尚未进入洪门的同盟会员“一律入闱，连成一气”“开特别招贤之礼，以示优遇，尽释从前门户之分别”。旧金山的中国同盟会更特意布告同志，声明：“洪门为中国提倡排满革命之先祖，而人称致公总堂之改革新章，更与本会三民主义相合，原可互助提携，共图进取。……今得孙总理驾抵金山，主张联合；而致公总堂开特别会，以招纳本会会员之未加入洪门者。本会集议，全体赞成，特此布告各埠会员一体遵照，以成大群，合大力，而共图光复之大业。”

第七章

武昌起义　孙大总统

就在孙先生忙着募款，忙着调和美国当地同盟会与致公堂的矛盾，务期兄弟合作、其利断金的同时，国内的革命形势发生了令人意想不到的质变与量变。

打从同年 5 月以来，邮传部大臣盛宣怀向清廷提议，把川汉、粤汉两条铁路的路权收归国有，并任命端方为铁路督办，向英、美、德、法等国银行借款修路，而且不退还四川人民的民间股本，清廷同意了盛宣怀的这项奏请。四川的乡绅耆老伍肇庆及谘议局议长蒲殿俊、罗纶、川路股东会董事长颜楷等人，集体请求清廷能够收回这项决定，但都被清廷驳回，还遭到清廷严厉指责。四川的百姓和士绅都对清廷的这项做法感到愤愤不平。四川铁路公司召集股东大会，群起抗争。四川地方上纷纷成立保路同志会，连各个州县地方也成立了保路协会，准备和清政府对抗。

事件发展的结果，让革命党人觉得有可乘之机，四川革命党人朱之洪是重庆的铁路股东代表，他到省城和新军友人及革命党人召开秘密会议，结论是与其和清廷争取路权，就法言法，不如干脆运用四川反对铁路收归国有的民气，起来革命。但当时广州起义刚被清廷镇压下去，各地的清廷官署防范非常严密，新军在内的党人同志一致认为，必须联合其他地方的力量，同时发动，才有成功的把握。

到了同年 9 月，就在孙先生从美国西部辗转到美国北部各州筹款那段时间，国内因四川铁路风潮激起的民怨益发不可收拾。9 月 7 日，四川发生了因铁路风潮引爆的第一场民变。当天，在四川成都，有革命党人四川森县人朱国琛，撰写“自保商榷书”散布在铁路公司的股东会场内。这份宣传单被清吏交给了四川总督赵尔巽，赵氏看过之后，认为是谘议局议长蒲殿俊、副议长罗纶等人在底下煽动群众造成的局面，于是在当天逮捕了蒲、罗等 9 人。

这件事让成都商人颇为不满，他们用木板制成光绪皇帝的牌位，焚香膜拜，集体跪在总督衙门前面痛哭，要求释放蒲、罗等9人。但是，清廷四川总督衙门的官员不设法疏导，反而在营务处田征葵的命令下，叫清军对着跪地请愿的民众开枪射击，当场打死了32人。民不畏死，奈何以死惧之？群众竟然连死都不怕，硬是不退。可恨的是，那个田征葵明明已经残杀了士绅民众代表，却一不做二不休，索性下令清军对着民众发射大炮，这时，有一位清吏，成都知府于宗潼站到了民众这边，于知府勇敢地走到大炮的炮口前，企图以身挡炮，清军才不敢真的对民众开炮。

不过，事情仍未了结，请愿的民众依然络绎于途，都聚集到了成都城下请命，田征葵再命清军开枪，又打死了数十人。闹出了上百条人命的大祸，清廷仍不知适可而止，继续暴力弹压。成都附近州县百姓莫不义愤填膺。许多人陆续赶到省城营救，革命党人趁势呼唤同志齐聚省城，成都附近10多个县的革命党人结合会党，少则数百人，多则数千人，全部往成都集中。

四川形势一片混乱，党人同志组成的部队和清军相持在成都红牌楼。清军的新军将校姜登选、方声涛、程潜、张次方、陈锦江都是同情革命与百姓的，他们带领的防军都得到命令，不得对党人和百姓开枪。姜登选虽然奉命对新津开炮，但他阳奉阴违，命士兵取掉了炮弹里的信管，打了好几百发炮弹，无疑全部打的是空包弹。方声涛奉命进攻，但他的部队前进到秦皇寺他却下令就地休息，对上面交代称，敌人比我军多，所以先看看形势再说。

四川眼看着已呈混沌状态，但清廷可能做梦都没有想到，压倒骆驼的最后一根稻草是武汉三镇。

同盟会革命党人着力最深者莫过于清廷的新军。党人在长江中游的布置工作重心，也是放在新军，除了新军，便是党人传统的群众基础会党势力。1911年9月，武汉有两个主要的革命团体：一是共进会，主要的领导干部有：居正、刘公、孙武、张振武、蔡济民、邓玉麟、张知本、杨时杰等人；

另一个是文学社，主要干部有蒋翊武、詹大悲、刘复基、王宪章、蔡大辅、潘康时等人。这两个革命团体都和同盟会有密切的关系。

就以共进会来说，1911 年春天，居正和同盟会香港统筹部密切联系，计划如何在武汉与广州一北一南，共同响应起义。为了共襄盛举，居正和孙武、刘公、杨时杰等人一起会商了在汉口法租界长清里 88 号设革命总机关部的相关事宜。总机关部的负责人是居正本人，此外，又在武昌胭脂巷 11 号设置了一个分机关，主持人是胡舜。在武昌粮道街 9 号设同兴学社，作为同志聚集秘密会议所在地。

革命党人为了联络方便，还开了一家“同兴酒楼”酒楼，地点在左旗右旗工程营附近的黄土坡，作为党人与清军内部同志的联络场所。

1911 年 5 月初，同盟会党谭玉凤路过汉口，借此机会，和湖北共进会和文学社的干部成员秘密会议。在谭玉凤主持下，湖北的共进会和文学社这两个革命组织团结起来，重新加以组织，组成了湖北中部同盟会分会。换言之，同盟会统领了湖北的革命组织。紧接着，两个革命团体召开秘密会议，协商工作责任划分，由文学社负责军事指挥，其他的任务则由共进会来处理。

9 月 24 日，党人孙武、刘复基等人在武昌胭脂巷机关部召开秘密会议，这天大家谈论的焦点，就是要决定在武昌起义的具体计划，这也是革命党人第一次具体商议武昌起义的重要会议。那天参加会议的人，有许多是新军里潜伏的党人同志，包括徐万年、蔡汉卿、熊秉坤、陈孝芬、蔡济民、杜武库、方维、胡玉珍、彭楚藩、席正铭等人，其他的代表是共进会的党人代表邓玉麟、胡祖舜、杨宏胜等人，还有文学社的蔡大辅等人。孙武是那天会议的代理主席，重要议程首先是报告两个组织合并的经过情况；第二个议题便是商量武昌起义的发起时间，与会同志一致商定农历八月十五日（公历 10 月 6 日）为起义的日子。

会议最后便是分派起义时各个任务的负责同志。会议做成的初步计划是，以新军混成协、辎重工程两个队的总代表李鹏升担任攻击发起时的号令宣布者，并约好起义时将采取纵火的方式为信号。混成协的炮总队的总代表蔡鹏来在看到举火为号之后，立即起而响应。第八镇工程第八营总代表熊秉坤的任务，是带领占领中和门内的楚望台军械所；在熊秉坤之下必须率队响应的是第二十九、第三十两标的人马，由该两标总代表蔡济民、方维带队，负责在楚望台里应外合，再攻占总督署。之后，再由南湖八镇炮兵队第八标徐万年、蔡汉卿等人，率领炮兵队从中和门进城，一起攻打督署。第八镇部队三十一标及混成协部队第四十一标的留守部队，由赵士龙带队，占领龟山炮台，驻守汉口的第四十二标一部进占武胜关。

当然，以上这项安排，只是革命党人在起义前预想的如意算盘，根据过去 10 次革命的经验，哪一次不是计划赶不上变化？尤其令人错愕的是，农历八月十五举义的秘密计划，竟然在这次秘密会议结束后不久，就成为汉口各报竞相报道的内幕消息，这不能不说是革命党人组织不够严密，处事不够严谨的后遗症。但是，革命党人依旧枕戈待旦，静待攻击发起的号令。

汉口机关部的同盟会指挥部门在得知消息外泄之后，当机立断，要各个单位的党人继续待命，分头准备，暂把起事的时间往后延迟，打算临机应变，随时看情况演变而下达指令。没想到 10 月 9 日这天却发生了一桩意外事件，迫使党人必须即刻举事。

党人孙武在 10 月 9 日那天，于汉口俄租界宝善里 14 号配制炸弹，意外引发火药爆炸，轰然一声，孙武当场脸部受重创，炸弹破坏规模虽然不大，但巨响惊动四邻。在场的党人同志李作栋见状赶紧脱掉自己的外衣，盖住孙武受伤的脸孔，由党人汪性唐、陈光楚扶着孙武，紧急送到日租界的同仁医院救治。另外两位党人同志潘公复和邓玉麟，把孙武爆炸现场遗留的炸药和弹壳转移到武昌胭脂巷的机关部，其他的党人同志则尽速撤离宝善里 14 号。

事件发生不一会儿，俄租界的俄国巡捕很快赶到现场查看，有党人刚要冲出门，遇到俄国巡捕，辩称是照明用的煤油不慎引燃引发的爆炸，党人趁乱逃走，俄国警察冲到楼上查看，查获同盟会的旗帜和手枪、名册等物件。紧接着汉口的革命党人总机关也被查抄破坏，清军还查到了一本名册。这时，清廷知道事态严重，开始关闭城门严密搜索，通令军士待命停止休假。

因为党人名册被清廷搜走，清廷新军之中的革命党人人人自危。此时，刚从岳州回武昌的革命党人蒋翊武，知道情势危急，特地与在武昌小庙街机关部会商的党人刘复基、陈磊、杨宏胜、彭楚藩等人讨论，大家一致的看法是，此时已经到了生死存亡关头，如果不赶快采取主动，迅速起义，终将招致清廷一网打尽的命运。众人决议就在当天晚上举义。蒋翊武便权充起临时总司令，发布命令，并且迅速指派专人，把这项行动指令传递给各地的党人同志。

命令下达，起义行动正式发起之前，又发生了两宗意外。党人潘公复在胭脂巷机关部赶制起义要用的炸弹，党人赵士龙、李济臣、胡祖舜等人也在场帮忙，当天晚上，党人杨宏胜把制作好的炸弹运到新军工程八营，欲分发给当地的党人，竟被值日官察觉，杨宏胜逃往自宅走避，手上拿的炸弹忽然爆炸，脸部受伤，在外面搜索的清军破门而入，将杨宏胜抓走。10 月 9 日深夜 12 点，大队清廷军警得报冲到小朝街机关部楼下，破门而入，当时楼下开着留声机，党人蒋翊武、刘复基、彭楚潘、牟鸿勋、陈磊、方兴等人聚在二楼，刘复基看见清廷军警已冲进来，就拿炸弹朝军警投掷，不料手肘竟撞及楼梯，炸弹反弹回来，反而炸及自己，刘复基当场被清军逮去。二楼的党人趁乱一哄而散。先后被清军逮捕之彭楚藩、刘复基、杨宏胜等人遭处决于督署门外。10 月 9 日当天晚上，革命党在武昌的各个机关，几乎都已被破获，武昌与汉口之间的党人联系中断。情况可谓到了最危急的关头。

到了10月10日这天，武昌城内的情况更加严峻。清廷当局下令关闭城门，不准士兵请假。新军中的党人尤其紧张难安，大家知道有数十名党人已被逮捕，情绪均十分焦急，深恐下一个被捕的人是自己。新军工程第八营的军官（后队正目）熊秉坤，警觉到该营已经被清巡防营派人监视，便派了部属党人李泽干前往第三十标通报消息，发现营区已经戒严，熊秉坤告诉手下的党人同志：如果我们再不发难，迟早要被抓走，与其如此坐以待毙，不如置之死地而后生，我们干脆现在就展开行动。

但是，当下的问题不在是否坐以待毙，而是他们手上有枪却没有子弹，因为清廷在获知潜伏在新军中的革命党将起义造反的情报后，随即命令所有新军暂时交出所有的子弹，以防新军造反。新军党人有枪无弹，英雄无用武之地，这该如何是好？党人到处找办法寻觅子弹，正一筹莫展之际，有一位党人吕功超，忽然想起他的兄长过去因服役恺字营，曾经在家里存有数盒子弹，党人便去吕家取了这数盒子弹，发给几位党人使用。同时，党人章盛恺、于郁文又从他们的排长处偷得排长方定国的子弹5排，武昌起义就只靠着这么一点儿子弹，放了第一枪。

10月10日下午，武昌下了一场大雨，党人于郁文趁人不备偷了一块腰牌、号码簿各两份，跟熊秉坤两人到新军第二十九及第三十标，向这两个单位的新军党人通知，约定好大家当天起义。刚通知完这两标的新军同志，熊秉坤和于郁文的排长陶启胜察觉出新军属下行动诡秘，便上楼查看，见到金兆龙、程定国两人在擦枪装弹，陶启胜大喊了一声：“你们这是干什么，难道要造反吗？”金兆龙回答：“造反就造反，又怎么样呢？”陶启胜一个箭步上前就抓住金兆龙的双手，准备当场逮捕金兆龙，陶启胜孔武有力，金兆龙挣扎了老半天不是他的对手，便大声叫喊：“同志们你们再不动手，还等到什么时候？”由于两人扭打成一团，难分难解，程定国这时不敢率先开枪，以免误伤金兆龙，只好端起枪托，朝陶启胜的头部用力撞击。陶启胜头部受创流血，便松开手预备往楼下逃走，刹那间，程定国朝陶启胜身后开了一枪，正中陶启胜的腰部。

程定国这一枪，便成为武昌首义的第一枪了。

陶启胜负伤之后，往外拼命逃跑，冲到楼门口，党人熊秉坤又从后面补了一枪，未击中。这两枪枪响之后，新军全营的党人同志群起哗变，营中响起噼里啪啦一阵阵枪声，党人同志群起抢夺营中军火库里的子弹，并且捣毁军用电话。营中的清军军官代理管带阮荣发、右队队官黄坤荣、司务长张文涛三人预备拿枪镇压，结果寡不敌众，当场被党人同志枪毙。混乱中有两名党人受伤。熊秉坤这时一不做，二不休，吹起警笛集合部队中的党人，整理队伍，跑步走出军营，这时党人韩似信将营门口的一盏油灯推翻，熊熊烈火一发不可收拾。

起义的党人队伍经过十五协驻守的西门，朝空中放了3枪，这也是党人彼此通声气的信号，大家依照先前的约定，前往楚望台军械库集结。先后抵达楚望台的革命党军人有步队第二十九标蔡济民带领的同志，有楚望台守台工程营的哨官吴兆麟，第三十标同志吴汉醒、胡效骞等人，第四十一标留鄂部队一部分新军亦由党人胡廷佐带领，各路人马在往楚望台会合之后，革命军声势益发壮大。

这时，各方来到楚望台的革命党人又继续前往南湖炮队。事实上南湖炮队已有党人邓玉麟传达起义的命令，炮队同志在听闻了城内枪声四起之后，大家群起把炮拖出部队，向附近一处清军的马队轰击，不久，马队的革命党人也起义响应，也纷纷朝天开枪示意。

辛亥革命的火苗，就这样像星火燎原一般，从星星点点，盘聚成熊熊火势。

南湖炮队举义了，党人又继续鼓动蛇山上及楚望台的两处清军炮队，希望他们也起而响应。党人到达这两处炮兵据点以后，这两个炮阵地上的炮兵也掉转炮口，朝尚未被攻克的督署发炮攻击。与此同时，步兵部队的党人也在炮火掩护之下，猛攻位于武昌文昌门附近的督署。可这督署所在的位置，前后有城池当要塞，易守难攻。湖广总督瑞澂、统制张彪两人，在清军辎重第八营及宪兵队巡警重兵把守之下，又在王府口、望山门等处要地架上机关枪，朝向督署进逼的革命党人扫射制压，使得革命党人虽然从各地会聚了兵力，也不敢越雷池一步。

攻打督署的势头受挫，但是不多时，拉着炮队进城的革命党人从蛇山传来消息，要攻打督署的革命党人在督署附近高举火炬，他们就可更精准发炮制压督署。党人赶紧举火为号，片刻工夫，蛇山方向即传来隆隆巨炮声，炮弹一颗颗落在督署，围攻督署的革命党人见机不可失，纷纷朝督署内实施冲锋。躲在督署内的湖广总督瑞澂见枪炮如雨下，好几颗炮弹就落在督署之内，知道大事不妙，情急之下，竟然命令兵丁将督署后方围墙打穿，于慌乱之间，带着一排卫兵，钻墙而逃，顺着武昌吴家巷、平湖门，登上长江边上的楚豫兵舰，灰溜溜地跑走了。

原本镇守督署的清军，看到连总督瑞澂都逃走了，心生恐惧，枪林弹雨之下，督署的后方已经被炮弹击中，即将被熊熊烈火吞噬。党人吴兆麟带领着革命军不断朝前进逼，东方天际已露出微微曙光，革命党人攻进了督署，统制张彪见大势已去，带领着清军辎重营的若干残兵败将，渡过长江，逃往汉口刘家庙一带建立据点，和革命党人隔江遥相颉颃。革命党人因此控制了武昌。这是孙先生历经了10次起义失败之后，头一回在起义行动中，站稳了脚跟。革命党人在华中地区有了第一个根据地。

武昌起义的熊熊之火，照亮了神州天际，而总缩兵符，幕后策动整个革命大业的孙先生，此刻又行方何在呢？据洪门筹饷局的会计李是男一封信上的说法，称孙先生这段时日从美国西部往美国东部，周游演说一个多月，募集款项40余万元。洪门筹饷局在1911年短短数月之内，也已筹得款项40余万美元，可见当时民气之可用，更印证孙先生统合协调之功效，原本矛盾丛生的致公堂与同盟会之间，为了革命大局设想，终于和衷共济，通力合作，有了初步的绩效。

孙中山在1911年10月9日，武昌起义的前一天，还在写给李是男的信上说：

是男我兄大鉴：别来所经各埠，见得人心渐有可为；筹饷一事之成就与否，多在局中之办理如何耳！此时想各埠已陆续有款付到，但未知除汇港急款之外，能收足万元否（连日前所支一切经费在内）？如过万元，则务当照原议办理，将款用弟名付入银行。此事如须弟亲在大埠乃能办到，望兄从速示知，弟到纽约后当复回；如不须弟在亦可办到，则不必费此一行。又如各人或有异议，变更初时办法，更望兄速行示知。无论如何，总望兄坚持初议，庶免流弊。此事弟重托于兄，务期维持妥善，幸甚。如此间事顺，不必弟再回金埠，则近日弟当往欧洲一行，以办重要之外交事件。……

而孙中山又是从何得知武昌起义成功的消息的呢？1911年10月11日这天下午，孙先生抵达美国丹佛市，他其实10多天前在半路上就得到黄兴的一封电报，这是一封密电，孙先生当时手上的密电码本子放在行李之中，半路无法去货车舱中取行李，所以这封电报始终无法破译成明码。直到抵达丹佛市，才由行李里取得密电码本子，将黄兴的密电翻译出来之后，孙先生才得知黄兴的意思是说“居正从武昌到港，报告新军必动，请速汇款应急”。孙先生原本打算回一电报，告诉黄兴，款项尚未筹足，应该少安毋躁，可是，孙先生整天坐在车子里，历经数日舟车劳顿，身体实在太疲乏了，心想还是等明天再回复黄兴的电报吧。

孙先生这一睡就睡到了第二天（10 月 12 日）的上午 11 点，起床之后，他走到饭堂用饭，走过一道回廊的时候，路过一爿书报摊，他瞥了一眼报纸的头条新闻，忽见报纸上有一行标题大字：“革命党人占领武昌。”孙先生惊喜过望，也顾不得吃饭了，立刻到电报局发了一封电报给黄兴，说明他发电延迟的原因，并且告诉黄兴他未来这段时日可能的行程安排。

孙先生原本脑中闪过一个念头，此时此刻，我是不是该从太平洋返国，亲自指挥这场革命的圣战呢？这样就算死也无愧此生了。但转瞬之后，孙先生又想到一个更紧要的事情，如果要使这场革命终底于成，疆场上打仗的事，不是他的重头戏，他应当尽力于折冲樽俎的革命大业，致力于外交方面，为新的共和政府预作铺排。

武昌起义后两周，孙先生在纽约与日本友人鹤冈永太郎的谈话记录中，谈到武昌起义的相关问题时，做了如下的表示：

（一）目前华中起义，系由本人所指挥。

（二）当此之际，本人无论如何亦愿前往日本一行，为此曾致电宫崎探询日本政府意向。本月二十四日接到萱野复电，略谓：如肯更名，则登陆或停留均无妨碍。但本人则不论时间如何短促，总愿以公开身份停留。如是，则日本方面所寄予之同情态度，既可鼓舞革命军之士气，又可消除外界认为日本国政府暗中庇护北京政府之疑虑，对双方均为有利。

（三）本人将于最近期内经由伦敦转赴欧洲，此行之目的地是德国。因德国留学生中有不少革命同志，尤以日前德皇曾通过留学生暗示对我国革命运动怀有好意。此次前往，意在取得协助。

（四）预定自欧洲经印度洋返归亚洲。日本国政府如能同意本人不更姓名而登陆，则将再度取道美国，经西雅图前往日本。

（五）俄国官员表示意外宽宏，故曾计划在哈尔滨建立据点指挥同志，但不便之处殊多，终恐难于实现。

（六）日前曾赴华盛顿，意在探索美国政府之底意，并借以疏通感情。美国政府曾向德国政府征询意见，故决定此次之行。

与此同时，孙先生致书各国政府，通知我国民主共和革命之第一役已经成功，清政府即将被共和政体所取代。孙先生在这份《通告各国书》中指出：

我辈中华之国民也，愤懑政府之残戾，用是特起雄师，与孽种战，务祈推翻恶劣之政府，驱除暴戾，而建立共和国，与各友邦共结厚谊，使世界享和平之幸福，而人类跻于太平之境域，此余终日孜孜以求之者。今仅宣告微意如下：（一）满政府于我军起事以前，与各国所有之条约，皆作为有效，至该政府倾覆之时为止。（二）于我军未起事以前，满政府所借之外债，一概承认偿还，决无改议，将来以海关税款抵赔。（三）满政府于我军未起事以前，关于各国之租界，一律保全。（四）居留中国之外人及其财产，担任切实保护。（五）满政府于我军起事以后与各国所订开之条约、租界及借款，一概永不承认。（六）各国如有助满政府以攻我军者，即视同敌人。（七）各国如有以军械供给满政府，一经查获，即行充公。

孙先生既有心致力于欧美各国之外交折冲，以争取民主政权建立之后之邦交基础，首先必须对欧美各国的政治态度有务实之理解。就武昌起义前后欧美各主要国家的态度而言，美国与法国堪称是欧美国家中对待革命党人与孙先生最友善者；德国与俄国持反对革命党人心态；日本则是民间有许多支持中国革命者，而政府则是支持清政府；英国民间支持革命党人的声浪很大，但是政府的态度依旧行止未定。孙先生认为东西方列强当中，居于关键位置的首推英国，如果英国政府能表态支持革命，那么日本政府的立场也就不足为惧了。孙先生因而将赴欧洲与英国之行，尤其是英国之行，作为他这趟革命之旅的任务重心。

在继续完成美国之行未完成的旅途过程中，孙先生的情绪始终处于内心亢奋而外表行动极其谨慎的状态之下。10月15日，他在美国芝加哥，命令芝加哥的党人同志召开一个“预祝中华民国成立大会”。在前往纽约的路上，路过圣路易城，孙先生买了一份报纸，新闻报道指出“武昌革命军系奉孙逸仙命令起义，拟建共和国体，其首任总统，当属之孙逸仙”。孙先生看到这则报道，内心不无悸动之感，但是，基于成就大事业的思考，他必须格外慎重机密，不露出半点骄矜的意态。在半路上，他亲手草拟了一份准备给芝加哥“预祝中华民国成立大会”的书面布告，这份布告这么写着：“公启者：武昌已于本月十九日光复，义声所播，国人莫不额手相庆，而虏运行将告终。本会谨择于24日开预祝中华民国成立大会，仰各界侨胞届期踊跃齐临庆祝，以壮声威，有厚望焉！此布天运辛亥八月二十二日芝加古同盟会启。”

在芝加哥参加这项盛会的侨胞极为踊跃，而孙先生一直非常低调，十几位欧美新闻记者亟欲访问孙先生，都被他一一婉拒了。

从芝加哥抵达纽约之后，他从广东同盟会同志的来电得悉，广州城将可能攻下，为了降低国人流血牺牲的程度，他特地致电清廷两广总督张鸣岐，劝他反正投降，电文内容说：“张督鉴：民国已成，列强公认，请速率所部反正，免祸生灵，两粤幸甚。裁复。孙文”

1911年10月下旬，孙中山从美国搭轮船抵达英国伦敦，他第一个想访晤的党人同志，便是吴稚晖，但是恰巧吴稚晖外出未遇，孙先生留下一封信给吴氏：“稚晖先生大鉴：弟今午从美抵英，行动主极端机密。今晚八点到访，闻先生与张君（按：指张继）外出，不遇为怅。明晚此时（八点）再来访，请留寓一候为幸。近日中国之事，真是泱泱大国民之风，从此列强必当刮目相看，凡我同胞，自当喜而不寐也。今后之策，只有各省同德同心，协力于建设，则吾党所持民权、民生之目的，指日可达矣。弟文谨启”。

于伦敦，孙先生的首要任务，一是制止英国政府与金融机构再给予清廷贷款；二则是为革命政府筹款。为了让此两项工作推动顺利，孙先生早已与咸马里①将军约好，在英伦联袂游说。早在孙先生从美国出发赴英国之前，他已去信给在英伦静待孙中山抵达的咸马里，大意是说：“伦敦萨福伊饭店咸马里：黄将军已安抵汉口。形势大有改善。明日可能乘‘毛里塔尼亚’号。中山。一九一一年十一月一日”。

到了伦敦，孙先生也随之下榻咸马里先已入住的萨福伊饭店。有伦敦唐人街的华侨知道孙先生来英国了，特地请孙先生画一幅未来共和国的国旗，孙先生拿笔草绘了一幅青天白日旗图样，并且写下旗子设计图案的尺寸于图纸的背面，特地差人制作了50幅，送给伦敦的唐人街供其悬挂之用。

赴伦敦之首要任务，便是在咸马里陪同之下，和英国、法国、德国、美国四国的银行团职司干部，会谈停止给予清廷借款之事。清廷的两笔大借款，其一是川汉铁路借款1万万元，及币制改革的借款1万万元。孙中山建议四国银行团，凡已备妥之现金应该止付，尚未备妥之资金亦应停止发行债票。然而，相关外国银行司职者的答复显然有些避重就轻之嫌：“对于中国借款的进行或者停止，这完全是由外务大臣主持事务，所以完全听由外务大臣的命令行事，我们是不能自作主张的。”

孙先生因而又通过英国维加炮厂的总经理和英国外务大臣商议此事，关于停止借款给清廷的请求，孙先生提出的请求有三大项：一是停止给清廷一切借款；二是请英国制止日本援助清廷；三是取消各处英国属地对孙

① 海内外现今一般均译为荷马李，本书两者通用。

中山的放逐令，便于孙中山取道各该地点返回中国。当孙先生请咸马里针对此三项请求与英国方面磋商时，银行团方面的答复重点称，我政府（指英国政府）既然应允孙先生的请求，停止对清政府的借款，则此后银行团借款给中国的事务，只有和中国的新政府商议了。但是，前提是必须孙先生您回中国成立正式的中国政府之后，我们才可以商议这事。英国银行团现在准备派某银行的行长和您一块儿回国，如果你们成立了正式政府我们也好就近一起磋商。

1911 年 12 月，孙先生终结了欧洲的游说之旅，预备结束多年形同放逐之流亡岁月，整装归国。12 月 14 日过境马来西亚的槟榔屿，16 日又过境新加坡。在新加坡，孙先生与党人邓泽如说：之所以迟迟不回国的主要原因，是要在欧洲破坏满清借外款之事，而且谋求外国借款给新政府。建设中国非要有 5 万万元不可。

1911 年 12 月 25 日，历经近月的海上航行，孙先生偕同胡汉民回到了上海。他们在吴淞码头上岸，在码头上迎接的有党人黄兴、陈其美、汪兆铭等人。党人黄宗仰把孙先生接到犹太裔房地产大亨哈同的“爱俪园”，并且与哈同夫妇会晤。由于国内消息辗转流传，盛传孙中山在辛亥革命爆发后，间道赴欧洲，游说四国银行团，过程中必定向列强银行团贷得巨额资金，所以，孙先生抵沪当天，沪上报界均猜测孙先生此行必定携有巨资返国，以资助革命军统一全国。沪上新闻记者以此询问孙先生，他慨然回答：“我现在是一文不名，从欧美带回国内的，只是革命的精神而已。今后不达革命的目的，则无和议之可言也！”

回到上海后的日子，党人黄兴、陈其美几乎与孙先生形影不离，支持孙先生最得力。12 月 26 日，党人在上海爱俪园孙先生下榻处为他洗尘，黄兴、陈其美的意思，应当推举孙先生为首任大总统。当天晚上，党人又在孙先生房间商议此事，但是，党人宋教仁反对中国实行总统制，主张应该采行内阁制。孙先生则力言内阁制不适合中国，他告诉与会的党人说：“内阁制乃是平时不让元首当政治之冲，所以才由总理对国会负责，但如今中国处于非常时期，我们如果不能信任唯一推举之人，还要设置防范他的制度，那么我也不乐意做一个多余无用之人来耽误革命大计。”在场的党人包括黄兴、陈其美、胡汉民、汪兆铭、张静江、马君武、居正等人。张静江当众指出：“我认同孙先生的看法，现今除了孙先生之外，没有第二个人有资格讲这个话，我们唯有遵从孙先生的意思行事。”在场的党人同志都认同张静江的看法，认同施行总统制，而宋教仁仍然坚持己见，即使众多党人劝解，亦不答应。

第二天，12 月 27 日晚上，黄兴再到江苏谘议局和各省代表商议时，宋教仁仍旧坚持中国应该采取内阁制，结果是与会代表多数主张总统制，最后才通过采取总统制。

12 月 29 日，南京，来自 17 省的各省代表召开临时大总统选举会议，17 省各省有一票投票权，孙先生在选举程序中得到 16 票，当选为中华民国临时政府第一任大总统，各省代表推派汤尔和、王宠惠、陈陶怡等人，到上海迎接孙先生到南京。孙中山在这天致电各省代表，电文中写道：“南京各省代表诸公鉴：电悉。光复中华，皆我军民之力，文孑身归国，毫发无功，竟承选举，何以克当。惟念北方未靖，民国初基，宏济艰难，凡我国民，具有责任。诸公不计功能，加文重大之服务，文敢不黾勉从国民之后，当刻日赴宁就职。先此敬覆。孙文叩。”

3 天后，1912 年 1 月 1 日，孙中山在汤尔和、王宠惠、美国顾问咸马里及诸党人同志陪同之下，从上海乘专列火车赶赴南京，于当天晚间 10 点钟就任临时大总统职位。在江苏谘议局行宣誓典礼，并以谘议局为临时总统府，各省代表与陆海军代表全部围绕在孙中山的四周，典礼在演奏军乐声中，与会高呼“共和万岁”声中开场。孙先生在接受大总统官印之后，发表了一篇历史性的宣言：

中华民国缔造之始，而文以不德，膺临时大总统之任，夙夜戒惧，虑无以副国民之望。夫中国专制政治之毒，至二百余年来而滋甚，一旦以国民之力踣而去之，起事不过数旬，光复已十余行省，自有历史以来成功未有如是之速也。国民以为于内无统一之机关，于外无对待之主体，建设之事更不容缓，于是以组织临时政府之责相属。自推功让能之观念以言，文所不敢任也；自服务尽责之观念以言，则文所不敢辞也。是用黾勉从国民之后，能尽扫专制之流毒，确定共和，以达革命之宗旨，完国民之志愿，端在今日。敢披沥肝胆，为国民告。国家之本，在于人民。合汉、满、蒙、回、藏诸地为一国，即合汉、满、蒙、回、藏诸族为一人。——是曰民族之统一。

武汉首义，十数行省先后独立。所谓独立，对于清廷为脱离，对于各省为联合。蒙古、西藏，意亦同此。行动既一，决无歧趋，枢机成于中央，斯经纬周于四至。——是曰领土之统一。

血钟一鸣，义旗四起，拥甲带戈之士遍于十余行省。虽编制或不一，号令或不齐，而目的所在则无不同。由共同之目的，以为共同之行动，整齐划一，夫岂其难？——是曰军政之统一。

国家幅员辽阔，各省自有其风气所宜。前此清廷强以中央集权之法行之，遂其伪立宪之术；今者各省联合，互谋自治，此后行政，期于中央政府与各省之关系调剂得宜。大纲既挈，条目自举。——是曰内治之统一。

满清时代，借立宪之名，行敛财之实，杂捐苛细，民不聊生。此后国家经费，取给于民，必期合于理财学理，而尤在改良社会经济组织，使人民知有生之乐。——是曰财政之统一。

以上数者，为政务之方针，持此进行，庶无大过。

若夫革命主义，为吾侪所昌言，万国所同喻，前此虽屡起屡踬，外人无不鉴其用心。八月以来，义旗飙发，诸友邦对之抱和平之望、持中立之态，而报纸及舆论尤每表其同情。邻谊之笃，良足深谢。临时政府成立以后，当尽文明国应尽之义务，以期享文明国应享之权利。满清时代辱国之举措与排外之心理，务一洗而去之。与我友邦益增睦谊，持和平主义，将使中国见重于国际社会，且将使世界渐趋于大同。循序以进，不为幸获。对外方针，实在于是。

夫民国新建，外交内政百绪繁生，文自顾何人，而克胜此？然而临时之政府，革命时代之政府也。十余年来从事于革命者，皆以诚挚纯洁之精神战胜所遇之艰难。即使后此之艰难远逾于前日，而吾人惟保此革命之精神，一往而莫之能阻，必使中华民国之基础确定于大地，然后临时政府之职务始尽，而吾人始可告无罪于国民也。今以与我国民初相见之日，披布腹心，惟我四万万之同胞共鉴之。

大中华民国元年元旦

回顾孙先生矢志革命迄至民国肇建，长达26年之苦心孤诣，颠沛流离，奔走驱驰，共和于今终有所成。

第八章

实业计划　圆中国梦

南京的民国临时政府草创不及5日，由于北京的清帝仍未退位，清廷仍未被完全瓦解，南北之间争战仍在进行，胜负犹在未定之天，国内矛盾裂痕日趋明显，民族危机仍极深重。

袁世凯以清廷内阁总理的身份，于1912年1月6日，拍电报给民军议和代表伍廷芳，袁世凯于电文中说："伍秩庸代表鉴：国体问题由国会解决，业经贵代表承认；现正商议正当办法，自应以全国人民公决之政体为断。乃闻南京忽已组织政府，并孙文受任总统之日，宣示驱逐满清政府，是显与前议国会解决问题相背。特诘问贵代表，此次选举总统是何用意？设国会议决为君主立宪，该政府及总统是否立即取消？希速电复。内阁总理袁世凯，铣二"。

伍廷芳即于同日复电袁世凯表示："袁内阁鉴：铣二电悉。南京组织临时政府，与国民会议解决国体绝不相妨，其理由如下：一、现在民军光复已十余省，不能无统一之机关，在国民会议未议决以前，民国组织临时政府，选举临时大总统，此是民国内部组织之事，为政治上之通例，若以此相诘，请还问清政府，国民会议未议决以前，何以不即行消灭？何以尚派委大小官员？贵大臣亦当无词。请先责己而后责人，方为公允。二、前与唐使订定国民会议第一条，谓国民会议取决多数，议决之后，两方均须依议服从。来电所诘问者，请还以相诘：设国会议决为共和立宪，清帝是否立即退位？盖国民会议所以能平和解决者，在其议决能使两方依从。既经两方全权代表签字作准，自应彼此遵行，无须再发疑问。特此电复。伍廷芳，鱼一"。

这两通电报彰显了民国草创，南京的革命党政府，与北京由袁世凯把持的清廷末代政府，南北相抗衡的特殊现象。

另一个关键因素，天无二日，人无二主，南北两个领袖，孙中山、袁世凯两人究竟是谁主天下浮沉？从孙中山担任民国临时大总统以来，便是两方矛盾的纠结点。实际上，孙先生非常清楚自己地位角色的艰危，万不可贪恋大总统权位，而袁世凯则是念兹在兹，无时无刻不在脑中转悠着君临天下的念头。

孙中山打从上台的第一天，就明白自己随时都必须做好适时下台的准备，在他就职第一天致电北方军头的字里行间，便可尽窥其不恋栈权位的心思：

“民国光复，十有七省，义旗虽举，政体未立。凡对内对外诸问题，举非有统一之机关，无以达革新之目的。此临时政府所以不得不亟为组织者也。文以薄德，谬承公选，效忠服务，义不容辞，用是不揣绵薄，暂就临时之任，借以维秩序而图进行。一俟国民会议举行之后，政体解决，大局略定，敬当逊位，以待贤明。区区此心，天日共鉴，凡我同胞，备闻此言。惟是和平虽有可望，战局尚未终结。凡我籍隶北军诸同胞，同为汉族，同是军人，举足轻重，动关大局。窃以为有不可不注意者数事，敢就鄙吝，为我诸同胞正告之：

“此次战事迁延，亦既数月，涂炭之惨，延亘各地。以满人窃位之私心，开汉族仇杀之惨祸，操戈同室，贻笑外人。我诸同胞不可不注意者此其一。

“古语云：‘民之所欲，天必从之。’是知民心之所趋，即国体之所由定也。今禹域三分，光复逾二，虽有孙武之智，贲育之勇，亦讵能为满廷挽此既倒之狂澜乎？我诸同胞不可不注意者此其二。

“民国新成，时方多事，执干戈以卫社稷，正有志者建功树业之时。我诸同胞如不明烛几先，即时反正，他日若大功既定，效用无门，岂不可惜！我诸同胞不可不注意者此其三。

“要之，义师之起，应天顺人，扫专制之余威，登国民于衽席，此功此责，乃文与诸同胞共之者也。如其洞观大势，消释嫌疑，同举义旗，言归于好，行见南北无冲突之忧，国民蒙共和之福。国基一定，选贤任能，一秉至公。

南北军人同为民国干城，决无歧视。我诸同胞当审斯义，早定方针，无再观望，以贻后日之悔。敢布腹心，唯图利之。

“大中华民国元年元旦”。

孙中山在致电北方军头——《劝告北军将士宣言书》里最重点的一段话，厥为：“文以薄德，谬承公选，效忠服务，义不容辞，用是不揣绵薄，暂就临时之任，借以维秩序而图进行。一俟国民会议举行之后，政体解决，大局略定，敬当逊位，以待贤明。”所谓“暂就临时之任”，强调“大局略定，敬当逊位，以待贤明”这都在向北方军头暗示、明示，孙氏本人并无久恋权柄之欲念，适当时机是会让贤的。

事实上，早在民国肇建前一个月，袁世凯即表现出争逐大位的强烈欲念，并且造成民国草创之初，我国政坛动荡的主要根源。先是在 1911 年 10 月 14 日那天，由于武昌起义的炮声震惊了清政府，清廷于仓皇之间任命袁世凯为湖广总督。袁世凯则是多方面布置安排，预备玩弄清廷与革命党于股掌之间，以逞其私欲。袁世凯一方面要挟清廷，提出 4 个条件，召开国会、组织责任内阁，委以指挥水陆各军之全权，并且给予充足之军费等。清廷在面临存亡绝续之际，被迫悉听袁世凯之需索。既然清廷答应了他所有的条件，并任命他为内阁总理大臣，袁世凯便统兵由彰德南下，直趋湖北北部。

与此同时，袁世凯命令幕客刘承恩多次写信给革命军领袖黎元洪。袁世凯吩咐刘承恩写信，是因为刘承恩与黎元洪两人一块在张之洞麾下共事过三年，有同事之谊，又同为湖北老乡，由于这两层关系，袁世凯认为可以先借着书信打招呼的方式，拉近与革命军方面的关系。但是，袁氏总绾兵符之初的两封信，仿佛都石沉大海，没有回复。武昌起义后 20 天袁世凯带领的清军前锋攻进了汉口，并火烧汉口市区华界民房，在大智门方向驻扎大军，随时准备再次进攻。人在湖北孝感的袁世凯再命刘承恩写了第三封信，这封信告诉黎元洪，大意是：“今项城出山，以劝抚为然……不如趁此机会，和平了结。”

不久，袁世凯与革命军方面，展开了和平谈判的先期接触。1911 年 11 月 11 日，袁世凯授命蔡廷幹、刘承恩两人到武昌和黎元洪会晤谈和。那时，革命党人的代表是黎元洪、宋教仁，袁世凯方面的代表便是蔡、刘两氏，黎元洪和宋教仁的态度很强硬，拒绝和谈。反而要袁世凯倒戈反正，如此可以任命袁世凯为汴冀都督。

形势比人强，11 月底，武汉三镇的革命军与清军之间的战斗仍在进行，但是，清军在三镇当中已攻取其二，汉阳也在 11 月 30 日被清军攻陷，武昌全城也在蛇山清军的炮火笼罩之下。各省代表于 11 月 30 日这一天聚会在汉口英租界顺昌洋行，由谭人凤任议长，有来自江苏、浙江、安徽、湖南、山东、福建、广西、四川、直隶、河南、湖北等省代表出席，会议名称定为“各省都督府代表联合会”。这一天的会议议决了两件大事。第一件大事，是确定了临时政府的组织大纲。第二件大事，各省代表决议，假如袁世凯能够反清，将公推袁世凯为民国大总统。因此，民元之初，孙先生数度谦辞，表达退让的根本缘由，便是依据汉口这趟“各省都督府代表联合会”所定下的结论，不得不尔。

就在革命军与清军兵戎相见，清军在武汉三镇取得优势的节骨眼上，袁世凯主动提出南北和议的建议。他是经由英国驻北京公使朱尔典的穿针引线，电令英国驻汉口领事馆从中撮合的。1911 年 12 月 18 日，南北方的代表在上海南京路市政厅，举行第一次会议。袁世凯方面的代表是所谓“清内阁总理大臣全权代表”唐绍仪，南方革命军方面的代表是伍廷芳。12 月 20 日，又举行第二次会议。两次会议除了决定继续停战之外，于政体、国体及选举大总统等重大事项，迄无任何结论。到了 12 月 29 日，南北议和举行第三次会议，除了双方退兵之事项，其他事项均无进展。在此之间，各省代表又在 12 月 29 日于南京集会，选举孙先生为民国成立之后首任临时大总统。而这当中，南北议和会议又在 1911 年最后两天，12 月 30 日与 31 日，召开了第四次和第五次会议。

南方选举产生了临时大总统，让在北京的袁世凯感到极度不开心了。这才有 1912 年 1 月 6 日，袁世凯发给伍廷芳的那通电报里说的："……乃闻南京忽已组织政府，并孙文受任总统之日，宣示驱逐满清政府，是显与前议国会解决问题相背。特诘问贵代表，此次选举总统是何用意？设国会议决为君主立宪，该政府及总统是否立即取消？……"南方产生了一个民国的临时政府，又选出了临时大总统，这无疑打乱了袁世凯的如意算盘。因而，在 12 月 31 日当天，袁世凯即借口他的全权代表唐绍仪，所签订的条款已经逾越了授权，不承认唐绍仪和伍廷芳的五次会议的内容。

民国元年最初的那一个半月，南北双方争执的焦点，乃在于民国政府的合法性与正当性的问题。还有一个至关重要的关键，是清帝仍未退位，清政府仍是那一个半月各国承认的中国合法政府。换言之，南北双方一方面继续在疆场上兵戎相见，另一方面也历经了 5 个回合会议桌上的折冲，所争者，莫过于就在如何让"大清帝国"走下历史舞台，而"中华民国"又如何步上中国近代历史舞台而已。自然，从清廷的角度犹思苟延残喘，袁世凯则亟思在其间浑水摸鱼，攫取其个人最大利益耳。

1912 年 1 月 20 日，在北方主动之下，南北和议又重新开启。南北和议原本系由袁世凯喊停，如今又缘何重启？有两个主要原因。第一个原因是南北军队在战场上的较劲，渐对北方不利。第二个原因是一桩意外刺杀事件，刺激了袁世凯。1911 年底的第五次和议被袁世凯喊停之后，南北战场复归紧张。湘鄂地区之革命军组成第一军，计划循京汉铁路北上；南京地区之各省革命军为第二军，预计循津浦路前进，并与第一军会合于开封、郑州之间；淮扬地区革命军为第三军，烟台地区革命军为第四军，分兵向山东前进，会合于济南、秦皇岛；关外之革命军为第五军，山陕革命军为第六军，分兵向北京进发。

军事行动方面，南方的革命军颇有进展，战场上颇有斩获的，由津浦路向北打的第二军尤为突出，其中，粤军姚雨平诸部大败张勋的北洋军，首捷于固镇，再胜于南宿州，张勋支撑不住，放弃徐州，往济南溃退。张勋之败，使得北洋防线出现缺口。

就在北洋军队败绩频传的当口，北京又发生了革命党人张先培、黄之萌、杨禹昌谋刺袁世凯未遂的案件。袁世凯在回家的路上，在北京东华门丁字街，遭同盟会京津分会成员张先培、黄之萌、杨禹昌半路上朝其车队投掷炸弹，炸弹引爆时，袁世凯万幸逃过一劫，当场炸死了卫队长等 10 名卫队官兵。袁世凯固然在刺杀案件中全身而退，但也不无震栗。在多重因素之下，袁世凯被迫重新命令唐绍仪，与南方临时政府再开和议。

1912 年 1 月 20 日，伍廷芳、唐绍仪主持之和议重开，两人经过反复商讨，得到以下 8 点关于清帝退位之后的优渥条件。一是清帝退位之后，尊号仍存而不废，中华民国仍以待外国君主之礼待逊清帝；二是清帝逊位之后，原本岁月之 400 万两，待铸造新币之后改为 400 万元，此款项由中华民国政府拨用；三是清皇帝退位之后，暂居紫禁城，日后移居颐和园，侍卫人等照常留用；四是清帝退位之后，宗庙陵寝，永远奉祀，由中华民国酌设卫兵，妥慎保护；五是德宗皇帝（按：光绪）崇陵未完工程，按体制妥予修建，其奉安典礼，仍如旧制，所有实用经费，均由中华民国支给；六是以前宫内所用各项执事人员，可照旧留用，但以后不得再召宦官；七是清帝退位之后，其原有私产，中华民国将特别保护之；八是原有的禁卫军，归中华民国陆军部编制，额数俸饷，仍如其旧。

两天之后，1 月 22 日，孙中山公开提出南北协议的 5 项条件，它们是：一是清帝宣布退位，袁世凯即知照北京各国公使，请转达民国政府，或由驻沪各领事转达亦可；二是袁世凯须宣布政见，绝对赞同共和主义；三是待接到外交团或者领事团通知清帝退位，孙中山即行辞职；四是由参议院选举袁世凯为临时大总统；五是袁世凯被选举为临时大总统，必须遵守参议院所定之宪法。

孙先生提出上述之退位5条件后的第五天，1月27日，发生了一桩大事。袁世凯手下第一大将、清军第一军军统段祺瑞，提督姜桂题、张勋，副都统段芝贵，布政使倪嗣冲，陆军统制官曹锟、王占元、李纯、陈光远、孟恩远，第一军总参赞官靳云鹏，参议官吴光新、曾毓隽，总参谋官徐树铮，陆军统领官鲍贵卿、卢永祥、李厚基、何丰林，巡防统领王汝贤、赵倜等47人（按：又一说为“42人”），通电要求清廷“明降谕旨，立定共和政体，以现内阁暂时代表政府”，这等于摆明要逼清帝退位，以袁世凯之内阁取代清政府，摆明是在搞一次不流血的军事政变，无疑在摇摇欲坠的清廷危厦之内，投下一枚重磅炸弹。

段祺瑞通电之后，清廷在震惊之余，被迫授权袁世凯全权研究退位办法。此事发展正中袁世凯下怀，袁世凯当即与伍廷芳联系，商讨有关优待退位清帝的办法，最后得到结论，定有优待退位清帝的相关条文8条，优待皇族的条文4条，优待满、蒙、回、藏的条文7条。

1912年2月12日，袁世凯带了一份拟定清帝退位的诏书，到紫禁城养心殿交给清朝隆裕皇太后。隆裕皇太后没看完这份诏书草稿，当场痛哭落泪，清帝溥仪也伏在太后怀中大哭。诸大臣见到隆裕皇太后如此伤心，也不免为之动容，在场的满汉王公大臣也暗自掉泪，大清帝国行将走入历史。随后，便公布了这份诏书，诏书声称：

“朕钦奉隆裕皇太后懿旨，前因民军起事，各省响应，九夏沸腾，生灵涂炭，特命袁世凯遴员与民军讨论大局，议开国会，公决政体。两月以来，尚无确当办法，南北睽隔，彼此相持，商辍于途，士露于野。以国体一日不决，故民生一日不安，今全国人民心理多倾向共和，南中各省既倡议于前，北方诸将亦主张于后，人心所向，天命可知。予亦何忍因一姓之尊荣，拂万民之好恶，是用外观大势，内审舆情，特率皇帝将统治权公诸全国，定为共和立宪国体，近慰海内厌乱望治之心，远协古圣天下为公之义。

“袁世凯前经资政院选举为总理大臣，当兹新旧代谢之际，宜有南北统一之方，即由袁世凯以全权组织临时共和政府与民军协商统一办法，总期人民安堵海内欠安，仍合满、汉、蒙、回、藏五族完全领土为一大中华民国，予与皇帝得以退处宽闲，优游岁月，长受国民之优礼，亲见郅治之告成，岂不懿欤！钦此。”

袁世凯即根据这份诏书，展开在北京组织临时共和政府的相关工作，同时与南方的革命党协商国家统一的办法。

清帝宣布退位后的隔天，孙中山立刻向南京临时政府参议院提请辞职，并做出建议，由袁世凯继任临时大总统。但是，值得吾人注意者，孙先生在向参议院提交的辞职书上，附注了3个条件：第一，临时政府的地点应当设于南京；第二，辞职后，等参议院选定新总统亲到南京就任之时，本总统及国务员乃行辞职；第三，临时政府约法是参议院决定的，新总统必须遵守颁布的一切法律章程，非经参议院改订，仍继续有效。

但是，孙先生辞职下台的附带条件，起初并不为参议院全盘照单接受。孙先生辞职的第二天，参议院开会讨论国都问题时，投票表决通过以北京为民国国都的方案，民国临时政府所在地将设于北京，孙先生为此很不高兴，坚持第二天再复议国都问题。2月15日，参议院以17票（17行省）选出袁世凯为中华民国第二任临时大总统。喧腾一时的南北军事对峙，至此宣告结束，南北议和终于有了结果。孙先生于此时通电全国各省，他在电文里说：

“万急。武昌黎副总统、各省都督鉴：清帝退位，民国统一。文以革命之目的已达，当受职之始，曾有誓言，幸可以践。此后建设之事，当让熟有政治经验之人。袁公慰庭委曲求全，终达吾人和平之目的，其功莫大。清帝既退，袁公宣布政见，绝对赞成共和，文是以推荐于参议院。参议院既承认文之辞职，今日二时行正式选举，举袁公为临时大总统，临时政府地点仍定南京，以袁公到南京接事日为文解职之期。现已派专使迎袁南来，以为我国民服务。特此电闻，孙文”。

从上述孙中山的这封电文里可以得知，孙先生原本的意思，是在其辞职的附带条件里列入新政府必以南京为国都，袁世凯必须到南方来就任临时大总统等条件。然而，袁世凯却运用清廷内阁总理大臣的职务便利，又运用南北议和的形势便利，于清廷与南方革命党之间，大玩其两面手法。他一方面挟清廷以刁难民党，另一方面则在清廷隆裕皇太后面前挟民党以要挟之。

而孙先生的同志，革命党人，内部派系复杂，意见纷陈，也根本不像一个有组织、有纪律团结在一人之下的革命政党，不过是好几个松散滥漫、人心各异的小圈圈组织起来的一个软弱无力的革命团体。孙先生麾下的核心骨干胡汉民，在分析同盟会革命党人的思维想法时，将它粗分为三类：一派是支持传统固有宗法伦理思想者；一派是近似于欧洲无政府主义者；再一派则是改良派社会主义者。民党当中这三派人都和孙先生的想法大相径庭，简单地说，革命党人和孙先生并不同心同德，所以也就无法在民国肇建之初，彰显出革命政党团结一致的力道了。

革命党人内部都不能团结一心，私欲作祟的袁世凯更不会以共和为重，把孙先生的“附带条件”当一回事了。孙先生之所以在 2 月 13 日发给参议院的辞职书末尾，加注了 3 条“附带条件”，其目的是逼使袁世凯离开他北洋的地盘，到南京就任总统。因为，就在隆裕皇太后最后做主让溥仪退位前一天，袁世凯发了一通电报给南京临时政府包括孙中山在内诸人，清楚明示他无法到南京就职。袁世凯那通电报说：“南京孙大总统、参议院、各部总长、武昌黎副总统同鉴：共和为最良国体，世界所公认。今由帝政一跃而跻及之，实诸公累年之心血，亦民国无穷之幸福。大清皇帝既明诏辞位，业经世凯署名，则宣布之日，为帝政之终局，即民国之始基，从此努力进行务令达到圆满地位，永不使君主政体再行于中国。现在统一组织，至重且繁，世凯极愿南行，畅领大教，共谋进行之法。只因北方秩序不易维持，军旅如林须加部署；而东北人心未尽一致，稍有动摇，牵涉全国，诸君皆洞察时局，必能谅此苦衷。至共和建设重要问题，诸君研究有素，成算在胸，应如何协商统一组织之法，尚希迅即见教。”

孙先生对临时政府国都地点仍有坚持，所以，在 2 月 14 日，参议院决议以北京为国都后，孙先生再次发送咨文给参议院，要求再开会审议，孙先生的意思，国都仍以南京为好。第二天，也就是 2 月 15 日，经过参议员的激烈争论，再次投票表决，乃以 19 票对 7 票，最终决定民国的国都定在南京。

何以民国临时政府成立之初，国都地点何以如此反复拉锯，如此游移不定？又何以孙先生非坚持南京不可？据孙先生向党人同志表示，他之所以坚持国都在南京，是基于两个主要因素：其一，袁世凯人在北京，他这个人到底是一个什么样的人？只听见他发表的谈话，不晓得他这个人真实的面目，南北之间很难通声气，双方的举动很容易滋生误会。如此，南北统一的前景实在堪虑。为了去除双方的误会与歧见，还是请袁世凯南下就职为好。

其二，明、清两代都定都北京，宫殿巍峨，民国继续在这里定都，容易招致执政者的帝王复辟野心。只有迁都南京，才可以涤荡帝制时代的污浊之气。不过，袁世凯的想法和孙先生完全是南辕北辙，袁世凯完全不受孙中山这个前大总统的任何节制。

袁世凯的恣意而为，不听孙先生苦口婆心，可从孙先生再三致电给袁氏的电文中，略知其梗概。参议院选举袁世凯为第二任临时大总统后当天，2月15日，孙先生即拍发电报催袁世凯南下，电文称："袁大总统慰亭先生鉴：今日三点钟由参议院举公为临时大总统，临时政府地点在南京。现派专使奉请我公来宁接事。民国大定，选举得人，敬贺。孙文叩"。

袁世凯以"只因北方秩序不易维持，军旅如林须加部署；而东北人心未尽一致，稍有动摇，牵涉全国"等理由，不愿到南京就职，孙先生被迫再于2月17日以急电复电袁世凯："万急。袁大总统鉴：咸电敬悉。公之委曲求全，其义昭于日月，惟国民劳公以全局，德望所存，在北在南，无不可以全副精神相统摄。此间为难之处，亦非文字可尽达，已委托唐绍仪君等北赴，造陈一切，公自鉴察。至公谓目前北方秩序，不能得措置各方面合宜之人，自不待言。然若分别诸要端，多电知数人。俾各受所委，得资镇摄，此亦为将来政府偏于南北东西必当筹划之一法，公应首肯。文实竭蹶于服务，日夜翘盼卸代。孙文"。

2月18日，孙中山更在这一天内，拍发了两通电报，写了一封亲笔信给袁世凯，再三催请袁世凯赶紧到南京就任。他在信上告诉袁世凯："慰廷先生鉴：文服务竭蹶，艰大之任，旦夕望公。以文个人之初愿，本欲借交代国务，薄游河朔。嗣以国民同意挽公南来，文遂亦以公之此行，易新国之视听，副舆人之想望，所关颇巨。于是已申命有司，缮治馆舍，谨陈章绶，静待轩车。现在海内统一，南北皆有重要将帅为国民之心膂，维持秩序之任均有所委付，不必我辈薄书公仆，躬亲督率。今所急要者，但以新民国暂时中央机关之所在，系乎中外之具瞻，勿任天下怀庙宫未改之嫌，而使官僚有城社尚存之感，则燕京暂置为闲邑，宁府首建为新都，非特公之与文必表同意于国民，即凡南北主张共和、疾首于旧日腐败官僚政治之群众，宁有间焉。至于异日久定之都会，地点之所宜，俟大局既奠，决之正式国论，今且勿预计也。总之，文之志愿，但求作新邦国，公之心迹，更愿勠力人民。故知南北宾士，公必忘其自暇。嗟乎！我辈之国民，为世界贱视久矣，能就新民国之发达，登我民于世界人道之林，此外岂尚有所恤乎？公之旋转之劳，消磨其盛年，文亦忽忽其将衰。耿耿我辈之心，所足以资无穷之方来者，惟尽瘁于大多数幸福之公道而已。公其毋以道途为苦，以为强勉服务者倡。公旆南涖，文当依末光，左右起居，俾公安愉，俟公受事而文退。翘盼不尽。”

写了这封信，孙先生还不放心，又发了一封电报给袁世凯，通知袁世凯，他将派遣欢迎专使，“请”袁世凯到南京来就任。电文说：“北京袁大总统鉴：铣电悉。此间派定教育总长蔡元培为欢迎专使，外交次长魏宸组、海军顾问刘冠雄、参谋次长钮永建、法制局局长宋教仁、陆军部军需局长曾昭文、步兵第三十一团长黄恺元、湖北外交司长王正廷。前议和参赞汪兆铭为欢迎员，偕同唐绍仪前往北京，专迎大驾。并令该员等于起程时，另电左右。孙文”。

这支由孙中山派遣的迎接袁世凯赴南京就职的专使团抵达北京时，受到了袁世凯的盛大欢迎。2月25日，欢迎专使队伍抵京，袁世凯特地吩咐打开北京正阳门，迎接蔡元培等人，表现出袁世凯对孙中山盛情的“回礼”。袁世凯待之以上宾，请客吃饭、喝茶、寒暄，这自然都不在话下，蔡元培转达南京方面请求袁大总统南下就职，袁世凯也是满口答应。彼此一团和气，其乐融融。万万没想到，蔡元培的茶杯仍在冒着热气，2月29日夜里，忽听见北京街头枪声大作，东安门外一带火光冲天，商民被劫掠焚烧者数千家。更不可思议的是，滋事的乱兵竟然大胆冲进蔡元培等专使人员的下榻处法政学堂，乱兵持枪闯入，专使人员莫不大惊失色，魏宸组吓得爬墙逃走，蔡元培熄灭房间里的灯火，惊慌失措躲进一间小储藏室，幸免于难。第二天，天津和保定也发生了类似的“兵变”。

北京是昔日天子脚下，今日又有袁大总统坐镇，以中国最大军头之尊，怎么可能凭空有人胆敢闹兵变，摆明就是袁世凯自导自演的一出丑剧。事后也证明，完全是袁世凯指使第三镇统制曹锟搞出来的假兵变，企图混淆视听，转移国人注意焦点。假兵变闹完的第二天，袁世凯拍发了一通电报给南京的孙先生，电文称："南京孙大总统鉴：昨夕三时，第三镇驻城内两营因误听谣言哗变，抢掠城内外街市，继以放火，旋经弹压，秩序业已回复。蔡专使所驻法政学堂，适在闹事左近，亦被抢掠。蔡公及同行诸君均分途避出，幸各无恙，今晨移寓六国饭店。事出仓猝，又在夜间，防范不周，至为歉仄。除派员妥为照料并严惩乱兵外，特先电闻。希转知各省，勿听谣言，幸甚！袁世凯东印"。

负有重责大任，必须"恭请"袁大总统南来的蔡元培，亲历了一场假兵变后，这时也开始表现了他软弱文人的一面，向孙中山发了一通电报，表示为大局着想，不如不要再坚持袁世凯南下就职了："北京兵变，外人极为激昂，日本已派多兵入京，设再有此等事发生，外人自由行动，恐不可免。培等睹此情形，集议为速建统一政府，为今日最要问题，余尽可迁就，以定大局。"

此情此景，蔡元培也无可奈何，只好主张让袁世凯在北京就职，这也为袁世凯日后的独裁称帝预留了伏笔。

孙先生于 1912 年 4 月 1 日，正式解除了临时大总统职务，回归为平民。当然，他还有另一个动见观瞻的职称：同盟会总理。

离开了大总统的职务，孙先生仍有一未了心愿与职志，便是倡导他的革命主义，并为实现他的实业计划，为圆中国梦而奋斗。

孙先生在解职大总统的前一天（即 3 月 31 日），出席了同盟会为他举办的一场饯别会，在会上，发表了主题为"民生主义与社会革命"的演讲，他一则开宗明义说出孙先生自己解职之后自我期许的工作任务方向，一则道出他较诸过去更周延、更成熟的主义与主张：

诸君：今日同盟会会员开饯别会，得一最好机会，大家相见，诚一幸事。今日中华民国成立，兄弟解临时总统之职，解职不是不办事，解职以后尚有比政治要紧的事待着手的。

自二百七十年前中国亡于满洲，国中图光复之举不知凡几，各处会党遍布，皆是欲实行民族主义的。五十年前太平天国即纯为民族革命的代表，但只是民族革命，革命后仍不免为专制，此等革命不算成功。八九年前，少数同志在日本发起同盟会，定三大主义：一、民族主义；二、民权主义；三、民生主义。今日满清退位，中华民国成立，民族、民权两主义俱达到，惟有民生主义尚未着手，今后吾人所当致力的即在此事。

社会革命为全球所提倡，中国多数人尚未曾见到。即今日许多人以为改造中国，不过想将中国弄成一个极强大的国，与欧美诸国并驾齐驱罢了。其实不然。今日最富强的莫过英、美，最文明的莫过法国，英是君主立宪，法、美皆民主共和，政体已是极美的了，然国中贫富阶级相隔太远，仍不免有许多社会党要想革命。盖未经社会革命一层，人民不能全数安乐，享幸福的只有少数资本家，受苦痛尚有多数工人，自然不能相安无事。

中国民族、民权两层已达，唯民生未做到，即本会中人亦有说："种族革命、政治革命皆甚易，唯社会革命最难。因为种族革命只要将异族除去便了，政治革命只要将机关改良便了，惟有社会革命必须人民有最高程度才能实行。中国虽然将民族、民权两革命成了功，社会革命只好留以有待。"这句话又不然。英美诸国因文明已进步，工商已发达，故社会革命难；中国文明未进步，工商未发达，故社会革命易。英美诸国资本家已出，障碍物已多，排而去之，故难；中国资本家未出，障碍物未生，因而行之，故易。

然行之之法如何？今试设一问：社会革命尚须用武力乎？兄弟敢断然答曰：英美诸国社会革命或须用武力，而中国社会革命则不必用武力。所以，刚才说英美诸国社会革命难，中国社会革命易，亦是为此。中国原是个穷国，自经此次革命，更成民穷财尽，中人之家已不可得的，如外国之资本家更是没有，所以行社会革命是不觉痛楚的。但因此时害犹未见，便将社会革命搁置，又不可的。譬如一人医病，与其医于已发，不如防于未然。吾人眼光不可不放远大一点，当看至数十年、数百年以后，及于世界各国方可。如以为中国资本家未出，便不理会社会革命，及至人民程度高时，贫富阶级已成，然后图之，失之晚矣！英美各国因从前未尝着意此处，近来正在吃这个苦，去冬英国煤矿罢工一事就是证据。然罢工的事，不得说是革命，不过一种暴动罢了，因英国人欲行社会革命而不能，不得已而出于暴动。然社会革命今日虽然难行，将来总要实行，不过实行之时，用何等激烈手段，呈何等危险现象，则难于预言。吾人当此民族、民权革命成功之时，若不思患预防，将来资本家出现，其压制手段恐怕比专制君主还要甚些，那时再杀人流血去争，岂不重罹其祸么！

本会从前主义有平均地权一层，若能将平均地权做到，则社会革命已成七八分了。推行平均地权之法，当将此主义普及全国，方可无碍。

但有一事，此时尤当注意者：现在旧政府已去，新政府已成，民政尚未开办，开办之时必得各地主契约换过，此实历代鼎革时应有之事。主张社会革命，则可于换契时少加变改，已足收效无穷。从前人民所有土地照面积纳税，分上中下三等，以后应改一法，照价收税，因地之不同不止三等。以南京土地较上海黄浦滩土地，其价相去不知几何，但分三等，必不能得其平。不如照价征税，贵地收税多，贱地收税少。贵地必在繁盛之处，其地多为富人所有，多取之而不为虐；贱地必在穷乡僻壤，多为贫人所有，故非轻取不可。三等之分，则无此等差别。譬如黄浦滩一亩纳税数元，乡中农民有一亩地亦纳税数元，此最不平等也。若照地价完税，则无此病。

以后工商发达，土地腾贵，势所必至。上海今日之地价，与百年前相较，至少亦贵至万倍。中国五十年后，应造成数十上海。上年在英京，见一地不过略为繁盛，而其价每亩约值六百万元。中国后来亦不免到此地步，此等重利皆为地主所得。比如在乡间有田十亩，用人耕作，不过足养一人；如发达后，可值六千万，则成一大富翁。此家资从何得来？则大抵为铁道及他业发达所坐致，而非由己力之作成。数十年之后，有田地者皆得坐享此优先莫大之权，据地以收人民之税，就是地权不平均的说话了。

求平均之法，有主张土地国有的，但由国家收买全国土地，恐无此等力量。最善者，莫如完地价税一法。如地价一百元时完一元之税者，至一千万元时则当完十万元，此在富人视之，仍不为重。此种地价税法，英国现已行之，经解散议会数次，始得通过；而英属地如澳洲等处，则早已通行，因其法甚美，又无他力为之阻碍故也。

然只此一条件，不过使富人多纳数元租税而已，必须有第二条件：国家在地契之中应批明国家当须地时，随时可照地契之价收买，方能无弊。如人民料国家将买此地，故高其价，然使国家竟不买之，年年须纳最高之税，则已负累不堪，必不敢；即欲故低其价以求少税，则又恐国家从而买收，亦必不敢。所以有此两法互相表里，则不必定价而价自定矣。在国家一方面言之，无论收税、买地，皆有大益之事。中国近来患贫极了，补救之法，不但收地税，尚当收印契税。从前广东印契税，每百两取九两；今宜令全国一律改换地契，定一平价，每百两取三两至五两，踰年不换新契者，按年而递加之，则人民无敢故延。

加以此后地价日昂，国家收入益多，尚何贫之足患？地为生产之原素，平均地权后，社会主义即易行，如国家欲修一铁路，人民不能抬价，则收买土地自易。

于是将论资本问题。欲兴大实业，而苦无资本，则不能不借外债。借外债以兴实业，实内外所同赞成的。前日闻唐少川先生(即唐绍仪)言，京奉铁路借债本可早还，因英人不欲收，故移此款以修京张，此可见投资实业是外人所希望的。至中国一言及外债，便畏之如酖毒，不知外债以营不生产之事则有害，借外债以营生产之事则有利。美国之发达，南美阿金滩（阿根廷）、日本等国之勃兴，皆得外债之力。吾国借债修路之利，如京奉以三年收入，已可还筑路之全本，此后每年所进，皆为纯利；如不借债，即无此项进款。美国铁道收入，岁可得七万万美金，其他附属之利尚可养数百万工人，输送各处土货。如不早日开办，迟一年即少数万万收入。西人所谓“时间即金钱”，吾国人不知顾惜，殊为可叹！昔张之洞议筑芦汉铁道，不特畏借外债，且畏购用外国材料。设立汉阳铁厂原是想自造铁轨的，孰知汉阳铁厂屡经失败，又贴了许多钱，终归盛宣怀手里，铁路又造不成功。迟了二十余年，仍由比国造成，一切材料仍是在外国买的。即使汉阳铁厂成功，已迟二十余年，所失不知几何。中国知金钱而不知时间，顾小失大，大都如是。中国各处生产未发达，民人无工可作，即如广东一省，每年约有三十万“猪仔”输出，为人作牛马；若能输入外资，大兴工作，则华人不用出外佣工，而国中生产又不知几倍。余旧岁经加拿大，见中国人在煤矿用机器采挖，每人日可挖十余吨，人得工资七八元，而资本家所入，至少犹可得百数十元。中国内地煤矿工人，每日所挖不足一吨，其生产力甚少，若用机器，至少可加十数倍。生产加十数倍，即财富亦加十数倍，岂不成一最富之国？能开发其生产力则富，不能开发其生产力则贫。从前为清政府所制，欲开发而不能，今日共和告成，措施自由，产业勃兴，盖可预卜。

然不可不防一种流弊，即资本家将乘此以出是也。如有一工厂，佣工数百人，人可生二百元之利，而工资所得不过五元，养家糊口犹恐不足，以此不平，遂激为罢工之事，此生产增加所不可免之阶级。故一面图国家富强，一面当防资本家垄断之流弊。此防弊之政策，无外社会主义。

本会政纲中，所以采用国家社会主义政策，亦即此事。现今德国即用此等政策，国家一切大实业如铁路、电气、水道等事务，皆归国有，不使一私人独享其利。英美初未用此政策，弊害今已大见。美国现时欲收铁路为国有，但其收入过巨，买收则无此财力，已成根深不拔之势。唯德国后起，故能思患预防，全国铁道皆为国有。中国当取法于德，能令铁道延长至二十万里，则岁当可收入十万万，只此一款，已足为全国之公用而有余。

尚有一层，为中国优于他国之处。英国土地，多为贵族所有；美国已垦之地，大抵归人民，惟未垦者尚未尽属私有；中国除田土房地之外，一切矿产山林多为国有。英国矿租甚昂，每年所得甚巨，皆入于地主之手；中国矿山属官，何不可租与人民开采以求利？

使中国行国家社会政策，则地税一项，可为现之收入数十倍；至铁道收入，三十年后归国家收回，准美国约得十四万万；矿山租款，约十万万。即此三项，共为国家收入，则岁用必大有余裕。此时政府所患，已不在贫。国家岁用不足，是可忧的；收入有余，而无所用之，亦是可虑的。此时预筹开消之法，则莫妙于用作教育费。法定男子五六岁入小学堂，以后由国家教之养之，至二十岁为止，视为中国国民之一种权利。学校之中备各种学问，务令学成以后可独立为一国民，可有参政、自由、平等诸权。二十以后，自食其力，幸者为望人、为富翁，可不须他人之照顾。设有不幸者半途蹉跎，则五十以后，由国家给与养老金。此制英国亦已行之，人约年给七八百元，中国则可给数千元。如生子多，凡无力养之者，亦可由国家资养。此时家给人乐，中国之文明不止与欧美并驾齐驱而已！

凡此所云，将来有必达此期望之日，而其事则在思患预防，采用国家社会政策，使社会不受经济阶级压迫之痛苦，而随自然必至之趋势，以为适宜之进步。所谓国利民福，道不逾此，吾愿与我国民共参之。

6月22日，孙先生在上海与黄兴相聚，商议如何发展实业计划，并且在接受《民立报》新闻记者访问时透露，他希望在未来的10年间，专办中国新的铁路兴建计划。孙中山告诉来访的记者说，眼下我正准备专办铁路事业，我计议花10年时间，完成这件大事，我正和黄兴商量这件事，过几个月，我便可发表我的计划了。孙先生并称，等到他的铁路计划拟定之后，便打算到北京，和政府商议，促成此事。

过了三天，又与《民立报》新闻记者二度畅谈他的铁路建设腹案。他草拟了一份全中国的“真干路”三条：“一、南路：起点于南海，由广东而广西、贵州，走云南、四川之间，通入西藏，绕至天山之南。二、中路：起点于扬子江口，由江苏而安徽，而河南，而陕西、甘肃，超新疆而迄于伊犁。三、北路：起点于秦皇岛，绕辽东折入蒙古，直穿外蒙古，已达于乌梁海。论者必对于北路尤有难色，且谓张家口至库伦之直线为更要，余则以为北路更急。北路乃固圉之要道，亦破荒之急务，殖边移民，开源浚利，皆为天然之尾闾。……更有进者，货之弃于地，必荒僻为多，荒僻之足以移民，为世界公认。”

关于他自己的建造铁路计划，孙先生有一个很有趣的比方，把袁世凯也扯了进去。1912 年 8 月 27 日，孙中山和一群来访的同盟会会员谈及中国的铁路建设，孙先生兴高采烈地说："袁总统练兵，我造铁道。"孙先生表示："袁总统于练兵一道很在行的，如果他当了 10 年总统，必能为中国练出 500 万雄兵。我于造铁道之事，颇有研究，假使全国人民赞成我的政策，我必定可以在 10 年之内为中国造 20 万里铁道，以统一中国。"

因此，我们可以窥知孙先生在民国初年时的心态，他是希望袁世凯在国家体制、武备军事方面打造中国成为船坚炮利之头等强国，而分途同归者，他本人则是从铁路建设与实业计划方面，为中国的经济崛起，打造 20 世纪的中国梦，分进合击，与袁世凯一在朝、一在野，彼此各自在不同的战线上，为中国的富强康乐而努力奋斗。光凭这一点，孙先生的心胸与视野，便是值得吾辈中国人顶礼称道的。

1912 年 7 月 22 日，孙先生继而又在上海味莼园，出席中国铁道协会欢迎会上，演讲他对中国筑路和借外债的看法。孙先生在这天的讲话中，建构出他内心的铁路建设与实业理念轮廓：

> 今日之世界，非铁道无以立国。中国地大物博，如满洲、蒙古、西藏、新疆、青海等处，皆物产殷富之区，徒以交通未便，运转不灵，事业难以振兴，蕴华无由渲泄。不然，则新疆之土质、西藏之矿产不亚于新三藩市（按：系指美国的旧金山、澳大利亚的墨尔本），只以铁路未能建造，遂令货弃于地。东三省一隅路线虽多，利权皆人外人掌握，然未有铁路以前，外人贸易仅借辽河、营口为出入口岸，自有铁道，其繁盛已埒于江南，成绩可知。即若美国西方，在昔亦荒凉满目，铁路一通，地势即变。中国西北各部均占亚洲地理上最优之地位，不速修造铁道，外人即乘机而动，今者俄人经营张库铁道之说又见告矣。夫外人铁道所通之地，即外国兵力所及之地，讵可任其蹂躏？近幸组

织铁道协会，庶可研究交通之法，若能蒙古、西藏各处次第举办，则蒙古二三日可达，西藏三四日可达，新疆亦四五日可达。此次蒙藏变乱，即可运兵往剿，近若咫尺，无濡滞之患。

国家之强弱，以铁路之多寡为衡。美国有七十万里之铁道，为世界最文明、最富强之国。日本国土仅中国一二省，人民亦止中国十分之一，然全国交通运用政策如臂使指。中国地广人众，就美国人口为比例，当有三百五十万里之铁道，今尚不及三百五十分之一。如吾国现有铁道不过万余里，尚由贷款或外人所造，良可浩叹！民国今日贫困极矣，开辟富源，振兴实业，非铁路不为功。盖中国地质本居世界第一位置，如果交通便利，即为全球第一强国。惟昧于大势，不知敷设铁道，故降至三等国、四等国而不惜，亦可哀已！

然中国建筑铁道实无此项财源，其势非仰外债不可，则借债问题又不可不研究。夫天下事有害必有利。前清借债筑路，往往回折过重，又以办理非人，故弊害立见。今日中华民国为人民之国，与专制时代不同，一切债务须国民自行整理。昔美国亦借债筑路，主权不落于外人，即属有利无害，可知借债未为失计。今日民国成立，外人已略变其对待之方针，揆时度势，惟有仿照美国，不使利权损失。第一，中国借债须避去国际问题，纯为私人交涉；第二，借人外债须易消费用途为生产事业，则利益自能回复。若尚迁延推宕，则十年之后，中国大势即无可救药。以现时而论，铁路由本国人集资兴办，恐百年后不能筑成一二十万里；而仰力于外资，则不出十年可筑二十万里。故欲速求富强，自宜利用外资。吾国薄于资本，而富于工人。英国筑坎拿大铁路，用工人五万，一年达五千里，其工人大半由中国招集。若用外国之资，济以本国之工，其迅速自不待言，俟十年之后即可不求外资而自营。美国铁道年利十五万万元，每里出二千元，中国至少须有铁道二三十万里乃足敷国用。为今之计，惟有力求保护外国资本，使外国资本家不须其政府担保而乐于投资，则借款必有转机，利权不至损失。若坐失时机，致俄国握蒙古、新疆路权，英国握西藏、四川路权，日、法、德、奥之，倡利益均沾之说，中国将何辞以拒？故中国能自营铁路，中国可以保存；中国不能自营铁路，中国必至瓜分。我铁道协会同志，必当共筹一法，十年之间筑成二三十万里铁路。

区区此意，愿与我铁道协会同志共勉之。

1912 年 8 月初，孙先生在广州，袁世凯从北京来电报，邀请他到北京，并且准备派长子袁克定，亲自到上海迎接孙先生。可是，同月 15 日，袁世凯却在北京枪决了武昌起义的党人张振武、方维等人，此一动作，显然对国民党人极不友善。（按：张振武等人，系与黎元洪有嫌隙，黎元洪向袁世凯谎称张氏“蛊惑军士，勾结土匪，破坏共和，倡谋不轨”以此莫须有之罪名，建议袁世凯将张氏等枪决，袁世凯竟然不经审讯，即将一干人等在半夜时分枪决。）当时在北京、天津的国民党人知悉孙先生应袁世凯之邀北上，均极力劝阻。孙先生仍力排众议，搭乘安平轮北上与袁氏会面。

从 1912 年 3 月孙先生辞去临时大总统职务，到 1912 年年底，尤其是 8 月 24 日，孙先生应袁世凯之邀请，抵达北京，在京访问的那一个月，堪称是孙中山、袁世凯关系最紧密，两人关系最和缓的“蜜月期”，孙袁关系从这时维持到 1913 年 3 月 20 日，宋教仁被刺杀于上海，这期间的 7 个多月，可说是孙袁关系和平共处的一段时日。从当初辞让大总统职位，到受袁世凯任命全权筹划全国铁路，这段岁月，称得上是孙先生对袁世凯存在非理性浪漫想象的阶段，所以孙先生才会跟新闻记者说：“袁总统练兵，我造铁道。”又说：“袁总统于练兵一道很在行的，如果他当了 10 年总统，必能为中国练出 500 万雄兵。我于造铁道之事，颇有研究，假使全国人民赞成我的政策，我必定可以在10年之内为中国造20万里铁道，以统一中国。”

孙先生对袁世凯存有浪漫想象，尚可从1912年8月应邀北上前，党人同志因张振武、方维两人惨遭袁世凯屠戮，群起劝其勿往北京轻蹈危地，孙先生临行之前回答党人的一段谈话中略窥一二。孙先生在谈话中指出:“我无论如何都不能失信于袁总统，虽然很多人都认为袁氏不可靠，但我则认为他是可靠的，我想亲自走一趟来验证我的眼光。”

8月24日抵达北京，孙先生在与袁世凯派遣的招待员施愚叙谈时的谈话，亦可同样看出孙先生斯时对袁氏是怀抱着期许的：“此次北来，唯一宗旨在赞助袁大总统谋国利民之政策，并疏通南北感情，融和党见。本拟即时进见大总统，面商一切，因路途困顿，须暂休养。祈将此意转袁总统，并订明日相会，畅谈一切。”

8月26日，孙先生在与袁政府任职总统府咨议的汤漪谈话过程中，对袁世凯又有一番恭维说法：“袁总统大才，予极盼其为总统10年，必可练兵数百万，其时予所办之铁路20万里亦成，收入可决每年有8万万，庶可与各国相见。……”

还有另一段谈话可印证孙先生初时对袁世凯抱持着浪漫主义。同年8月27日，孙先生告诉一位朋友说：“袁总统可与为善，绝无不忠民国之意。国民对袁总统万不可存猜疑心，妄肆攻讦，使彼此诚意不孚，一事不可办，转至激迫袁总统为恶云。”

我们也不妨来看看，在浪漫主义的那一层薄纱隐饰后面，孙先生与袁世凯初见面时彼此互动的经过情形。

8月24日抵达北京后，孙先生在北京待了一个月时间，据时人描述，孙先生留在北京共一个月，其间，孙袁会晤共达13次之多，谈话时间从下午4点到晚上10点，或者12点，甚至有聊到半夜2点的纪录。每次晤谈，除了孙袁两人，经常还有梁士诒（按：梁士诒，广东三水人，前清进士，民初时担任总统府秘书长）作陪。晤谈时，袁世凯总是摒退侍从，所谈尽是国家大事，中外情势，以及包括铁路、实业、外交、军事各项问题。三人会谈时，表面上情绪都很融洽，没有任何不愉快的事情发生。基于客套礼貌，孙先生甚至有多次恭维推崇袁世凯的言论。

例如，8 月 28 日，在北京袁世凯欢宴孙先生的场合，孙先生身为贵客，起身作答谢词时，便多次对袁世凯有赞美之词，最终甚至有举杯高呼万岁的一幕。

孙先生致答词时是这么说的：

今日承大总统特开大宴会，备极嘉许，实深感谢！

我中华民国成立，粗有基础，建设事端，千头万绪，须我五大民族全体一心，共谋进步，方可成为完全民国。现有少数无意识者，谓中国空有共和之名，而无共和之实，大不满意于政府。殊不知民国肇建，百废待举，况以数千年专制一变而为共和，诚非旦夕所能为力。故欲收真正共和效果，以私见所及，非十年不为功。今袁总统富于政治经验，担任国事，可为中国得人庆。

兄弟所最崇拜袁总统，有一件事最为人所信者：中国向以积弱称，由于兵力不强，前袁总统在北洋时，训练兵士，极为得法。北洋之兵，遂雄全国。现共和粗建，须以兵力为保障。昔南非洲有某二共和国，以无兵力，卒至被人吞并。可见共和国家，无兵力亦不足救亡，今幸有袁总统善于练兵。以中国之力，练兵数百万，保全我五大族领土，外人素爱平和，断不敢侵略我边围，奴隶我人民。但练兵既多，需费甚巨，我辈注重人民，必须极力振兴实业，讲求民生主义，使我五大族人民，共浚富源，家给人足，庶民生有赖，而租税有所自出。国家岁入，日见增加，则练兵之费，既有所取；教育之费，亦有所资。我五大族人民既庶且富，又能使人人受教育，与列强各文明国，并驾齐驱，又有强兵以为之盾，十年后当可为世界第一强国。想在座诸公，亦乐观厥成。

据记载，孙先生在说完这番话之后，举起酒杯，高呼："袁大总统万岁！中华民国万岁！五大民族万岁！"

同一时期，孙先生在言辞中展现对袁世凯的信赖及浪漫主义情怀，接受《亚细亚日报》记者访谈之内容，亦可足资佐证："……记者问：先生专从事社会事业，实令人钦佩！但第二期大总统选举为期不远，恐国民不许先生专从事社会事业奈何？孙先生答：我有我之自由权，国民不能相强也。记者问：先生既不欲重当政局，第二期总统恐难得其人。孙先生答：仍以现总统袁公为宜。依我所见，现在时局各方面皆要应付，袁公经验甚富，足以当此困境，故吾谓第二期总统非袁公不可。且袁公以练兵著名，假以事权，军事必有可观。"

在京期间，厥乃孙先生与袁世凯之间相敬如宾之友好时期，袁世凯有鉴于孙先生背后在野的国民党政治势力，不得不对孙氏曲予优容、礼遇有加。就在孙先生北京之行的同时，同盟会在 8 月 25 日这天改组为国民党，并且召开成立大会。但孙先生明显对这个联合了 5 个政党的新组织，不甚满意，因为这个较诸同盟会更加散漫庞杂无纪律的党，并不符合孙先生对政党的期待。更令孙先生担忧的，是这个新的国民党的组成分子的杂乱，成员毫无筛选，饥不择食。新的国民党成员包括了国会议员、内阁人员、各省代表、各省长官，还有来自各方龙蛇杂处、黑白混淆的各路人等，更让孙先生忧心这样的政党，如何肩负起建立民国的艰难伟业。孙先生固然在国民党改组成立后当选为理事长，但他旋即辞卸了这个职衔。当然，纵使如此，袁世凯依旧看重孙先生背后这股足堪旋转乾坤的政治力量，以及孙先生在中国政治舞台上无与伦比的影响力。

1912 年 9 月 11 日，是孙中山斯时最感兴奋的日子。袁世凯为了笼络孙中山，在这一天授任孙先生筹划全中国的铁路全权，孙先生欣然接受了袁大总统这个“美意”，他准备鞠以至诚，以自己有限的岁月与精力，为多灾多难的祖国鞠躬尽瘁。接受此一荣誉职务之后，他打算到中国各地视察，勘察山川形势，以利未来的铁路规划及建设。先期，孙先生预定建设 3 条铁路线：一由广州经广西、云南接缅甸铁路；二由广州经湖南、四川达西藏；三由扬子江口经江苏、安徽、河南、陕西、甘肃、新疆迄伊犁。

孙先生是一个即知即行的实践家，他把在地图上绘制的全国铁路预定路线图，呈送北京的民国政府交通部。至于资金来源，孙先生一仍旧贯，主张借款修路，大致仿照京奉、京汉、沪宁铁路之模式。至于铁路的路权问题，孙先生的做法是让它国有化，即使与外国资本家合作，也要在若干年后收归国有。

关于铁路的产权政策，孙先生结合了他的“国家社会主义”理念，合而为一、成为一套既有理想性质又有落实的现实基础。这方面的思维与具体做法，一如他在 9 月 4 日，于北京共和党欢迎会上的演讲主题之主张（该演讲之主题为“民生主义与国家社会主义”），他在演讲会上申言：

兄弟此次北来，拟从事社会事业，当脱离政界关系。前国民党举兄弟为理事长，今晚开职员会，兄弟即拟辞职，以后即专心致志，办理实业。兄弟前曾主张三民主义，民生主义亦即其一端，惟民生主义至今尚未达到。然民生主义关系国民生计至重，非达到不可。使大多数人享大幸福，非民生主义不可。但外间对于此问题，颇有疑虑，与前二十年反对革命相同。殊不知民生主义，并非均贫富之主义，乃以国家之力，发达天然实利，防资本家之专制。德国俾士麦反对社会主义，提倡国家社会主义，十年以来，举世风靡。日本前年杀社会党多人，其政府又主张烟草专卖等事，仍是国家社会主义。可知此主义并非荒谬，世界通行。英、美各国皆受资本家专制之害，总统岁俸不过十万，而资本家之一法律顾问岁俸至三十万，可知资本家之势力矣。至议员又多为资本家所收买。中国十年以后，必至有十万人以上之大资本家，此时杜渐防微，惟有提倡国家社会主义，此则兄弟提倡国家社会主义之微意也已。兄弟欲办铁路，每主张铁路国有，是国家社会主义，为民国富强之基。尚望贵党诸君，赞成鄙意是幸。

孙先生绝非一个只会造梦而不知实践的空想家，他除了计划铁路建设，也在接受袁世凯委任为全国铁路筹划全权以后，借着人在北方的机会，实地走访与勘察了几处重要的铁路规划地点。9 月 6 日他首赴张家口，参观由中国工程师詹天佑自行设计修建的第一条铁路。9 月 17 日，孙先生应山西各界之邀请，前往太原观察当地的铁路建设及可能的铁路建设地点。陪同他从北京出发前往山西太原的人员，包括国民党山西支部派遣的代表谷思慎、梁上栋等人，其他的随行人员有党人张继、吴铁城、景耀月及澳洲顾问端纳、北京政府交通部特派叶恭绰。之后，复于 9 月 25 日、26 日、28 日，分别视察了北宁铁路、津浦铁路北段、胶济铁路等路线。

为了羁縻与笼络，袁世凯延聘孙先生出任中国铁路公司总经理（总公司设在上海），袁世凯授权孙先生筹划全国铁路事宜全权，年俸 3 万元现大洋。袁世凯更做足了孙中山的面子，命令将当年他为慈禧太后订制的豪华花车，作为孙中山总经理“巡视全国铁路路政公务车”，通令全国各地地方政府，孙先生到各地视察铁路建设时，地方官员务必竭力款待。

在 1912 年 9 月这个令孙先生颇为亢奋的月份，他电报通知了远在法国的国民党骨干汪兆铭，意气风发地于电文中告诉汪氏：“铁路计划已有端倪，蜀、滇、粤、桂、黔五省已由公认，即可着手先办，借政府之力，扶助成功。六十年内中国二十万方里铁路，全归国有。乘此时机，祈先与法国资本家商议借款，如有头绪，再往纽约、旧金山等处与美国资本家筹议办法。如摩根君者，当必赞成此举。”汪兆铭亦不辱使命，回复了孙先生，据称法国舆论非常欢迎中国的铁路建设计划，法国新闻界并称中国如果落实铁路建设计划，不出20年，将成为最富强国家。法国资本家还表达了认股的意愿云云。

然而，孙先生的一头热，是否得到北京政府的共鸣呢？孙先生似乎只高兴了一个月而已，这可从一事印证之。10月14日，孙先生向袁世凯拍发电报，告诉袁氏，今天成立“中国铁路总公司”。他任命的“中国铁路总公司”顾问王宠惠，与英国一家铁路公司签订了合同，预备建造一条广州到兰州间的铁路，在孙先生的背书下，王宠惠只花了一个星期时间，就与英国人完成了签约程序，而且言明不拿任何秘密回扣。但是，约签了，北京政府始终不予回应，犹如石沉大海，孙先生的铁路计划起头即折戟沉沙，不了了之。

久经世故的袁世凯，自以为洞悉人性的弱点，自以为名利可以收买全世界，袁世凯委任孙中山担任铁路总筹划，只不过是他羁縻笼络孙中山的手腕，想以名利进一步麻痹孙先生。于是，袁世凯在10月11日电报告知孙中山，准备授他大勋位，孙先生接电之后，赶紧复电拒绝。孙中山在电文里告诉袁世凯：

北京袁大总统鉴：奉真电，特授文大勋位，无任惭惶。去岁民军起义，东南十余省已次第光复。文甫归自海外，其时因国内同胞感情尚有隔阂，须急谋统一，组织临时政府，勉从众议，承乏南都。后赖我公以救国决心，力全大局，几经艰苦，乃有今日。文始终因依其间，实无功可述。今承大命，特授殊位，中夜扪心，适以滋愧。且文十余年来，持平民主义，不欲于社会上独占特别阶级。若滥膺勋位，殊与素心相违，务乞鉴兹微忱，收回成命，实深感荷。

孙文叩

这封电报充分彰显了孙先生的嶙峋风骨，与平民主义人格特质。此刻，孙袁关系仍处于交好之阶段，孙先生脑中的浪漫主义梦想仍未破灭，他仍在积极营造建设国家的“中国梦”。这种氛围一直延续到了隔年，也就是1913年2月，孙先生在该年2月11日，以筹办全中国铁路全权的名义，从上海启程前往日本，展开他满怀希望的日本实业计划之旅。

让孙中山石破天惊的是，就在他满怀着救国、建国的激情，奔走于日本各地时，一场流血悲剧惊醒了他的浪漫梦幻。

第九章

二次革命　讨袁护法

孙中山的铁路计划，引起了远在日本的资本家的跃跃欲试。和孙先生有过老交情的一些日本友人，尤其是一些对生意经非常敏感的资本家，隔着一道日本海，也闻到中国飘来的阵阵钞票气味。对中国怀抱着深沉狼子野心的日本资本家，像是涩泽荣一者流，争先恐后地向孙先生表达了筹组“中日兴业公司”，俾便争取中国铁路建设计划的合作机会这一意愿。敏锐的嗅觉告诉日本资本家，过去那个成天找日本政商人物帮忙买枪买炮的落魄革命家，如今已成手握兴建20万里铁路宏伟计划的中国铁路总办。日本的商社和资本家似乎看出了他们未来的机会就在中国，他们的老朋友孙中山，手上正有一把机会之钥。

仍旧沉浸在与袁世凯交好的浪漫氛围中的孙中山，展开了民国成立之后第一趟海外之旅，前往日本，这个曾经在近20年奔走革命的征途中，长期作为避难庇护所的东瀛三岛。

这趟与孙中山一块前往日本的，多半是孙先生的核心同志，像是马君武、戴季陶、袁华选、何天炯、宋耀如（宋霭龄、宋庆龄、宋美龄三姐妹的父亲）等人。

1913年2月20日，孙先生以“中国之铁道政策”为题，在日本铁道会欢宴场合上，发表演讲。并且随后出席了于日本财阀三井物产举行的“中日兴业公司”的第一次会议。会议得出结论，将向日本政府大藏省进行活动游说。三井的社员森恪、高木陆郎等人也向孙先生表达了合作的高度兴趣。涩泽荣一也数度和孙先生举行会晤。

因为孙先生拥有中国铁路公司总经理职权，并有筹办中国全国铁路之桂冠，还是中国当代最有影响力的革命领袖，是以，即便是日本内阁总理大臣兼外务大臣的桂太郎，亦先后在东京与孙中山密谈两次。桂太郎在与孙中山密晤时说：“以我所见，袁世凯终非民国忠实的政治家，终为民国之敌，为孙先生之敌，然而今日与袁世凯抗争，有害无益。正如孙先生所说的，全力以赴建造中国的铁路干道，还是最重要的事情，孙先生可以再起来执政，我一定全力帮助孙先生。”自然，桂太郎会讲这番话，也必然存有他从日本观点出发的私欲企图。但从这番对话也可以窥见，孙先生内心世界其实并不见得全然一厢情愿对袁世凯持着浪漫憧憬。只是，孙先生始料未及，与袁世凯关系的全面破裂，竟然来得如此突然，如此毫无预警。

3 月 20 日，也就是孙先生到日本访问的第二个月，到日本已经历时一个月又一星期，这天上午，孙先生抵达熊本县游览。当天晚上，孙先生出席了华侨在中国领事馆举行的晚餐会，在这天餐会上，孙先生发表一段简短的谈话，主题是“美国与日本对中国的影响”，孙先生认为，关于中国之未来前途，有赖于美国的援助，但美国力主门罗主义，是否有可能成为中国的依靠呢？美国的实力能不能左右中国未来的命运？实在是未定之天。孙先生认为，未来会对中国“制其死命者”，无论如何亦必是日本。

但是，他可能做梦都没有想到，就在他滔滔不绝的当天晚上，国内出了一件大事。

3 月 20 日晚间 10 点许，国民党理事长、国会议员宋教仁，准备从上海出发到北京开会，当天乘坐的是从上海到北京的沪宁线的火车，宋教仁与党人同志事前约定，先在上海火车站（老北站）内之议员接待室休息，等待同志到车站集合一块儿搭北上火车。早先，袁世凯曾经命人以银行支票本贿赂宋教仁，随便宋教仁花用，宋教仁不予理会。不久，宋教仁便接到来自朋友的通知，要他留神，声称之前就有人在南京一路跟踪他，可能会对宋不利，要他小心谨慎，宋教仁认为不足为惧，因而没怎么搭理。

10 点 40 分，同行的党人同志都已到齐，党人吴仲华引导宋教仁，与黄兴、陈勤、廖仲恺等人走向车站检票口，才刚走到检票口，忽听得枪声大作。这时党人于右任听见枪声赶紧趋前探头察看究竟，只见宋教仁和黄兴两人一前一后走到检票口，宋教仁叫了一声：“我中枪了！”话音刚落，宋教仁便仆地不起。检票口附近人群大惊失色，大家一阵慌乱，连忙去扶救宋教仁，是以顾不得擒拿凶犯，枪手开枪之后趁乱一溜烟逃逸无踪。

于右任等人鉴于救人第一，急忙把受重伤的宋教仁抬往沪宁铁路医院急救。当天深夜 12 点 30 分，手术完成，于胸腔内取出子弹一枚，虽然流血不多，中枪部位距离心脏较近，以致宋教仁状甚痛苦。党人同志黄兴等人全部在医院等候探视，大家都气愤不平，歹徒竟然在大庭广众之下的上海火车站行凶，可见其胆大妄为之至。

当天深夜 3 点多，宋教仁的伤势恶化，急救无效，逝于医院。在场党人同志黄兴、陈其美、于右任、居正都恸哭不止，陈其美一面大哭，一面高喊："宋教仁就这么不明不白被杀，我实在不甘心哪！"

宋教仁身后 3 天，即行大殓。值此同时，上海租界区巡捕房探员积极缉凶，并且于 3 天内宣布破案。3 月 23 日，凶犯应夔丞（应桂馨）在上海迎春坊三弄娼寮被捕获。3 月 24 日，凶犯武士英（吴铭福）在应夔丞的家里相继被捕，巡捕房探员又在应家搜获了谋杀证据多种，赫然查出，主谋者竟然是民国政府国务院秘书洪述祖，并且与内阁总理赵秉钧也扯上干系，消息走漏之后，成为轰动全国的大新闻。

上海租界巡捕房之所以火速侦破本案，应与一关键人物有关。他是上海电报局资深职员吴承斋。吴氏在电报局供职时期，与上海政界闻人黄膺白（黄郛）、党人陈其美都很熟识，与陈其美还是吴兴同乡。因为精通电码学，吴承斋发现应夔丞不过一市井混混，竟然和北京官场人物电报往来频频，颇觉奇怪，便多留意了几眼。不久，爆发枪杀宋教仁事件，吴承斋随即向上海巡捕房报告，随后又在应宅查出一本密码本，民国北洋政要指使应夔丞等两人杀害宋教仁的内幕，便公诸天下。

民国北洋政府国务院秘书洪述祖、内阁总理赵秉钧两人，与宋教仁往日无冤近日无仇，缘何必欲置宋教仁于死地呢？当然不必再细究，让人合理怀疑就疑心到袁世凯必是背后的行凶唆使者了。

远在日本的孙中山得闻宋教仁被杀的消息，震悼莫名，首先从长崎打电报回国，一通给国民党本部，一通给上海交通部党人，希望查明宋教仁凶杀案的真相。3 月 23 日，孙先生取消了一切原定行程，于当天下午 4 点，搭船兼程返国。3 月 25 日返抵上海，于当天上午回到上海宝昌路寓所。

假使宋教仁之死，确实与袁世凯直接有关，甚至于可以直指袁世凯就是幕后黑手，为今之计，国民党打算怎么办？是坐以待毙，抑或是起而讨袁？孙先生回到上海后，风尘仆仆，第一件事便是与党人同志讨论善后与处置问题。当天在场的人有黄兴、陈其美、居正、戴季陶等。讨论激烈之时，孙先生认为，当前种种迹象显示，袁世凯准备要拿国民党开刀动手了，当务之急，应该起兵讨袁，但是，在场诸同志中，唯有黄兴反对孙先生的行动反袁主张，黄兴认为，在尘埃落定之前，应该采取法律行动，诉诸司法解决宋教仁遇刺案。为此与孙先生发生争执。

孙中山当下主张应该发动讨袁战争，在战场上和袁世凯摊牌，因为，人家已经向国民党开战了，袁世凯都动手了，国民党人是革命起家的，难不成还坐以待毙吗？黄兴却异常冷静，期期以为不可。对此，孙中山颇有抱怨，在事后于 1915 年给黄兴的一封信上，孙中山诘责黄兴："犹忆钝初（按：宋教仁，字钝初）死后之五日，英士、觉生等在公（黄兴）寓所讨论国事及钝初刺死之由。公谓民国已经成立，法律非无效力，对此问题宜持以冷静态度，而待正当之解决。时天仇（按：戴季陶）在侧，力持不可。公非难之至再，以为南方武力不足恃，苟或发难，必至大局糜烂。文当时颇以公言为不然，公不之听。"

信上的意思说，黄兴认为国民党在南方的军事力量，无法抗衡袁世凯的军队，轻举妄动，只会招致局势不堪收拾的下场。那么，既然没有胜算，又孙中山为何会主张当下发动讨袁军事行动呢？这可以从 1914 年 5 月 29 日，孙先生回复黄兴的一封信上得其梗概，孙先生的信上说："若兄当日能听弟言，宋案发生之日，立即动兵，则海军也，上海制造（局）也，上海也，九江也，犹未落袁氏之手。况此时动兵，大借款必无成功，则袁氏断不能收买议员，收买军队，收买报馆以推翻舆论。此时之机，吾党有百胜之道，而兄见不及此。”（信中所称之“兄”即指黄兴，“弟”则自称也。）

我们可以发现，孙先生这时对国民党采行“合议制”已有不满之慨。讨伐袁世凯的“二次革命”迟迟未发，就是“二次革命”从尚未开始即注定其必然失败的根本原因。孙先生这时认为，一个行动的革命党，如果组织涣散，命令不统一，纪律不严整，是断然要走上失败命运的。这也兴起了孙先生一股意念，索性打破散漫的党组织，重新另起炉灶，毁党造党。

孙先生在1914年4月18日，写给南洋革命同志的一封信上，展露了他对自身“木偶”角色导致错失反袁时机的强烈不满。他信上说：“原第一次革命之际及至第二次之时，党员皆独断专行，各为其是，无复统一。因而失势力、误时机者不少。识者论吾党之败，无不归于散涣，诚为确当。则如南京政府之际，弟忝为总统，乃同木偶，一切皆不由弟主张。……第二次革命之前，有‘宋案’之发现，弟当时即力主开战，克强不允，卒迁延时日，以至于开战即败。”

由于国民党在辛亥革命以后，是由5个政党团体合而为一的松散组织，党内山头林立，派系繁多，党内有党，国中有国，所以凡事都是会而不议，议而不决，决而不行。在这种没有效率的“合议制”规范之下，孙先生主张之讨伐袁世凯军事行动迟迟不发。

宋教仁出殡后，追悼会也结束了，1913年4月25日，江苏都督程德全、民政长应德闳向全国发表通电，宣布宋教仁遇刺案之真相与证据。唆使应夔丞等杀害宋教仁的，是洪祖述，而唆使洪祖述去买凶的，则是赵秉钧，而赵秉钧的幕后原始唆使者，厥为袁世凯。

孙先生固然在宋案爆发之初，即主张武力讨袁，但孙、袁关系在宋案爆发后3个月内，仍未完全绝裂。我们可以从孙先生致袁世凯的3份函电印证。首先，孙先生刚从日本返回上海处理宋教仁遇刺案善后，于3月25日从上海发了一通电报给袁世凯，大意说："此次游日，向其朝野官民陈说中日联合之理，双方意见极为浃洽。其现政府已确示图两国亲之真意，此事于东亚和平，极有关系。望公决定方针，筹划进行。文今日平安抵沪，敬告。孙文。"

袁世凯主观上判定孙中山返国之后，宋教仁案必然成为国民党与北洋民国政府之间角力的焦点。袁世凯一方面希望在孙先生这边撇清与宋教仁案的关联，另一方面又希望孙先生能在未来国会选举中，不要旁生枝节，期盼得到国民党最重要领袖孙先生的支持，所以，费尽心力，再三敦促孙先生再次北上应聘，不过都未得到孙先生正面回应。一时半刻未接孙之复电，袁世凯显然着急了，没有办法的办法，袁世凯索性在上海登报，把自己给孙先生的电报登在报纸上，逼迫孙中山表态。

袁世凯给孙中山的电报电文大意是要孙先生"请速驾北上面商要件"。不但电报送到孙先生之手，还刊载于4月3日的上海《申报》启事栏上，孙先生自不便再避讳不回了。于是孙先生回复了袁世凯电报，全文是这么写的："北京袁大总统鉴：选举总统办法，事属立法机关，文不敢妄参私见。至组织政府，一俟总统选出，衮衮诸公，定有完善政策，谋强有力之政府。文此次于联名手续，略有端倪，正拟北上面商进行，不意钝初事发，刻与同志筹商善后，行期难定。万国（按：美国）对我，情同手足，投资一法，未始非救吾国雅意，尚望诸公有以教之。川路借款。云阶精明，不致有失。心绪不宁，先此布覆。"

孙先生电文最后这"心绪不宁"四字，似乎透露出他内心深处即将与袁世凯决裂的一丝玄机。只是，孙先生在盘算着，究竟是什么时间点？以什么方式手段和袁世凯彻底决裂？纵使他说黄兴让他错过了武装反袁的最佳时机，但是，袁世凯也在琢磨着自己的下一步。

4 月 13 日，国民党在上海为宋教仁举行追悼大会。特别的是，孙中山和黄兴都未参加宋教仁的追悼大会，而是由马君武代表孙先生莅会讲话。马君武说："宋教仁实死于官僚派之手，官僚派没有整顿中国的能力，却又忌惮有能力整顿中国者，动辄以残忍卑劣的手段暗杀，今后中国之竞争，便是官僚派与国民党之间的竞争。"

4 月 26 日，亦就是前述程德全公布宋教仁案证据的第二天，孙先生和黄兴联名发表一则通电，电文说："宋案移交内地以后，经江苏程都督、应民政长会同检查证据完毕。凡关于应夔丞、洪述祖、赵总理往来函电，已于有日摘要报告中央，并通电各省都督在案。此案关系重大，为中外人士所注目，一月以来，探询究竟者无时不有。今幸发表大略，望即就近向都督府取阅原电。诸公有巩固民国、维持人道之责，想必能严究主名，同伸公愤也。"

4 月 27 日，袁世凯又违反民国临时约法之限制，不理会参议会议长、副议长、议员民主机制之集体阻拦，悍然由政府行政部门片面决定向六国银行团[①]大借款，美其名曰"中国善后借款"，国民党人认为，袁世凯政府借这笔钱，名义上称为"善后"，实际上是来者不善，项庄舞剑，意在强化军备，剿灭国民党势力。柏文蔚便说："袁氏向外大行借款，希图用兵铲除本党势力……"然而，袁世凯借外债的本质与对国民党用兵关系不大，即便没有宋教仁案，即便袁氏与国民党不闹翻，也未必就不借外债。

为什么呢？由于列强的节节侵逼，签订了一箩筐割地赔款的不平等条约，加上中国的产业经济上不去，百业不兴，中国当年的财政状况太糟糕了，袁世凯之前，清朝末造，清廷就已经为了国库空虚，在和列强商量借款之事，到了清廷垮台，南京政府开府之初，据形容国库里一度凄惨到只剩 10 个洋

① 稍后美国退出，故只有五国参与借款。

钱。一言以蔽之，晚清至民初，中国可谓是家徒四壁、掘罗殆尽矣。这样的财政状况，任何人当这个家都必须被迫走上借贷度日一途的。这个情况，别人不知道尚可原谅，孙先生是绝对不会不晓得的。我们之前也提及，当孙先生得知武昌起义的消息以后，他便偕同美国顾问咸马里（荷马李）联袂到英国，企图说服四国银行团，让他们不要续借银两给大清帝国。由此可知，孙先生也是对清廷当代中国财政之拮据知根知底的。是故，讲袁世凯借巨款是为了剿灭国民党，堪称是一种对袁政权的抹黑，并不符合实情。但袁世凯的错误，乃在于他不顾参议院议员的反对，孤意独行。

跟五国银行大借款招致众怒的另一个根本原因，当然就是袁世凯借款的时间点，恰好就落在宋教仁遇刺惨案发生不久，而且又是北京的参议院正准备开大会的节骨眼上。还有一个被国民党方面盯牢的是，涉及宋教仁行刺案的国务总理赵秉钧，又是代表袁政府向五国银行团借款的总代表。4 月 27 日，赵秉钧与财政总长周学熙、外交总长陆徵祥等人，同汇丰银行、德华银行、东方汇理银行、道胜银行、横滨正金银行在北京签字，金额高达 2500 万英镑。

偏偏民国初年的参议院议员许多是国民党人，袁政府和外国银行签订合同前后，这些国民党议员纷纷指出，袁世凯借款的用途是来充当扫除国民党“二次革命”的战费，如此杯弓蛇影，搞得袁世凯成为十手所指、十目所视的众矢之的，因而舆论大哗，函电交相指责。安徽都督柏文蔚便通电指责袁世凯说：“政府借款，不由议院议决通过，无论君主、共和，凡世界立宪国，均无此例。民国宪法未颁布以前，临时约法当然有效。曾经大总统三令五申，全国人民共闻共晓。借款必由参议院议决，明载约法，中外皆知。……政府竟与五国银行团秘借二千五百万英镑，未经议院通过，径与签约。人民闻知，无不喘汗相告，宋案证据内有政府发给巨金资助凶人之语。兹复当政府交替之时，蔑视议会，秘借巨款，不明用途，即平日谨言守法之人，莫不闻之痛心！言之发指！”

继之前宋教仁遇害事件爆发，国民党人义愤填膺，纷纷主张二次革命，武装解决国民党与袁世凯政权之间的矛盾，但被黄兴否决。国民党人二度主张军事讨伐袁世凯，发生于参议院杯葛五国银行团借款失败之后。

话说 4 月 27 日，赵秉钧与五国银行团悄悄签了字之后，他悄悄从汇丰银行的后门溜走，而让等候在银行前门的参议院议员代表扑了一个空。参议院议长张继盛怒之下，乃以议长名义通电反对，各省的国民党人方才经历过宋教仁案的悲愤，又听闻赵秉钧瞒着参议员与外国银行签约，目无法纪，纷纷发出函电直指袁世凯。各地随之发起各种公民大会、拒债大会。孙先生有鉴于民气可用，主张一面对北方兴师问罪，一面向五国银行表示全国人民不承认之意思。

孙先生于是召集各省党员到上海共商国是，决议未来之行止。安徽省的党人同志尤其愤慨，推举安徽都督柏文蔚前往上海，会晤孙中山。会晤的地点选在党人陈英士的家中，柏文蔚再度重申应该首先在安徽发难。孙中山却认为，安徽离北方太近，应该由南方的省份广东、湖南、江西等省先行发动，袁世凯一定会发兵到南方镇压，这时安徽再发动将袁世凯军队拦腰卡断，如此可保一战成功。但是，黄兴这时仍与第一次宋教仁遇害时相同立场，他主张在法律与和平解决方法未失败前，不主张用兵。会议没有结论的情况下，孙先生说，我们可以问问胡汉民和谭人凤的意思看看。孙先生一天之内数次电询胡、谭二人，他们也和黄兴抱持相近见解。所以军事讨伐的计划，即此再度搁置。

固然在党人同志面前一再力主讨伐袁世凯的立场，孙先生内心情绪的纠结实乃难以言宣，反而是在与黄兴共同具名，给美国基督教北长老教会牧师丁义华的电报中，吐露出心迹：

江电敬悉。危言谠论，肝胆照人，循译再四，服之无斁。惟道路阻隔，流言孔多，其间实情，容有为先生所未知者。宋案发现，为人道之所不容。证据宣布，涉及国务总理。为中央计，为大局计，皆不能不使总理辞职受质。乃当局强自辩护，不谋正当解决之法，以平公愤，而反造为南北分治之言，而图反制。不知国民纵有攻击政府之心，而此案并非关系南北之事，二次革命之说，实为不经。文弃总统于前，兴辞留守于后，当时果欲有为，何求不得，而必至于今日。因此忆及一事，则宋案发现之翌日，北京政界众口同声，指为国民党员所杀，今果如何？飞短流长，往往类此，不可不辩者一。五国借债，银团条款，今昔悬殊，政府不交国会议决，擅行签押，国民起而反对，仅以其违法专横之故。而条款严酷有负贵国退出银团好意，尚为第二问题，并非绝对的谓债之不宜借也，此不可不辩明者二。总之，金钱流毒，人心丧尽，当事者存倒白颠黑之心，旁观者以幸灾乐祸为事，公是公非，毫无存在。先生为共和先进国之国民，而维持友邦者，独具热忱，倘能研究真相，发为正论，使世界知有主持公理者在，则顶礼而膜拜之矣。

孙文、黄兴

而5月2日，在致英国恩师康德黎的一封长篇电报中，孙先生更展露了他与袁世凯之间关系复杂之心理状态，尤其展露了孙先生个人纠结于战争与和平之间的两难矛盾。孙先生说：“伦敦哈利街（Harley Street）一百四十九号康德黎爵士，请为我将下面的请求提出于英国政府、国会、欧洲各国政府，并将之公诸报端：

告外国政府与人民：

国民党领袖宋教仁在上海被谋杀一案，经政府派员彻查的结果，已证实北京政府牵涉在内，因而激起全民义愤，情势严重，使中国又复濒临最剧烈而危险之危机的边缘。政府自知其罪责与暴行，与由此触发之全国人民悲愤不平之真实力量，以及其邪恶的背信行为，将可能导使其政权的崩溃，正不顾正在北京开会之国民代表之强烈反对，突然与五国银行团协议二千五百万镑之借款。政府此种独断与非法的行动，更加深了人民因宋案而起的义愤。目前人民的愤怒已达白热化阶段，剧烈的变动几乎是不可避免的要发生。的确，危机已变得如此严重，足可使广布全国的愤怒烟火余烬，随时爆发为剧烈的灾祸。从中华民国建立之日起，我即为国家的统一、和平、合作、繁荣而努力。我推荐袁世凯继任总统职务，乃鉴于当时情势已显示这样做法，可望促成国家的统一，并展开自由与繁荣的新纪元。自此以后，我尽我所能的力量去培植和平秩序，并使政府免除因革命而发生的烦扰。我热望保持共和国内的和平，但是如果财政家们供给北京政府以款项，使其可能用之于掀起战争以对抗人民的话，我的一切努力均将归于无效。中国在此际假若陷于战争，势必将可怕的灾难与痛苦加诸人民，何况中国人民目前正开始恢复他们因革命而造成的商业脱节与其他各项之损失；他们为了建设这个共和国曾作重大的牺牲，现在他们更决心不惜任何牺牲的去保持他们的国家。如果中国人民为保持共和而被迫卷入生死存亡的战斗，不仅对广大民众加深了恐怖痛苦，而且所有外人在中国的利益，亦必将蒙受不利。如果北京政府缺乏财政，将有与人民间成立妥协的可能；反之，北京政府如获大量金钱的供应，那可能是恐怖的坠落与不幸的冲突。基于文明国奉为神圣的人道目的，我所以请求你们运用你们的影响力量，阻止银行家们供给北京政府以金钱，俾免使其发动战争。我请求所有以人类永久福利为怀抱的人们，在此紧急时期给予我道义的支持，以避免不必要的流血，并从绝对不应忍受的悲苦命运中维护我的同胞。

孙逸仙

一九一三年五月二日上海

这封给老师康德黎的长电报里，孙先生申说对于究竟应该为“保持共和”而发动战争，抑或应该避免荼毒人民之战祸，自己的内心是十分纠结焦虑的，因此他告诉康德黎：“中国在此际假若陷于战争，势必将可怕的灾难与痛苦加诸人民，何况中国人民目前正开始恢复他们因革命而造成的商业脱节与其他各项之损失。”

不过，孙先生也同时暗示，为了确保共和，不惜以战争手段去捍卫民国，尽管如此一来将为中外人民带来不幸的福祉损失：“他们为了建设这个共和国曾作重大的牺牲，现在他们更决心不惜任何牺牲的去保持他们的国家。如果中国人民为保持共和而被迫卷入生死存亡的战斗，不仅对广大民众加深了恐怖痛苦，而且所有外人在中国的利益，亦必将蒙受不利。”

孙先生尤其不可忍受与袁世凯委曲求和的结果是反而以“和平”去滋养了“战争”，所以他才会说：“我热望保持共和国内的和平，但是如果财政家们供给北京政府以款项，使其可能用之于掀起战争以对抗人民的话，我的一切努力均将归于无效。”

由于国民党迁延发动讨伐袁世凯的战争，致使袁氏有先下手为强的条件。6月9日，袁世凯首先下令免除江西国民党籍都督李烈钧的官衔，据李烈钧本人说法，孙总理派了党人同志张继、马君武、邵元冲、白逾恒4人到江西，授意李烈钧共同声讨袁世凯，袁世凯得到情报后，先派了大员到江西游说李烈钧，劝李氏到北京与袁世凯见面，并且承诺将馈赠200万大洋酬谢，晋升勋位，因为李烈钧不接受袁世凯的诱饵，便处心积虑除之而后快。

袁世凯的第二步，是于6月14日将党人胡汉民的广东都督官衔免除了。

第三步，6月24日，黎元洪搜查了国民党在汉口的机关报《民国日报》，拘捕党人宁调元、熊樾山，然后即予处决。

第四步，于6月30日将安徽都督柏文蔚免职。

1913年7月12日，首先被袁世凯革去官职的李烈钧，在江西湖口开了讨伐袁世凯的第一枪。孙先生及其党人同志发起的“二次革命”就此点燃了战火。在举事之前，李烈钧曾经从九江乘江轮前往上海，密会了孙先生。

三天后，7月15日，黄兴也在南京举兵讨袁。同日，党人龚振鹏在安徽起义讨袁。7月18日，陈其美在上海通电讨袁。同日，广东都督陈炯明在广州宣布讨袁。7月19日，许崇智在福建宣布讨袁。各地讨袁行动风火雷电，有野火燎原之势。

“二次革命”的枪声打响之后的第十一天，1913年7月22日，孙中山正式发表了一篇宣言：《告全体国民促令袁氏辞职宣言》。这篇宣言也无疑宣告，孙先生和袁世凯之间，已经从最初的前后任大总统的和好关系，历经一段尔虞我诈的彼此猜忌时期，最终过渡到敌我矛盾极其尖锐的生死斗争阶段了。孙先生在这篇《告全体国民促令袁氏辞职宣言》中如是说：“当南北统一之际，仆推荐袁世凯于参议院，原望其开诚布公，尽忠民国，以慰四万万人之望。自是以来，仆于权利所在，则为引避，危疑之交，则为襄助，虽激昂之士，对于袁氏时有责言，仆之初衷未尝少易。不意宋案发生，袁氏阴谋，一旦尽揭，仆于当时已将反对袁氏之心，宣布天下，使袁氏果知公义自在，舆论难诬，尔时即应辞职，以谢国民。何图袁氏专为私谋，倒行不已，以致东南人民荷戈而逐，旬日之内，相连并发。大势如此，国家安危，人民生死，胥系于袁氏一人之去留。为公仆者，不以国利民福为怀，反欲牺牲国家与人民，以争一己之位置，中华民国岂容开此先例！愿全体国民一致主张，令袁氏辞职，以息战祸，庶可以挽国危而慰民望。无任翘企之至！”

除了这份类似公开声明的宣言之外，孙先生还以拍发电报的方式，直接致电袁世凯，进一步要求袁世凯辞职下台：

北京袁大总统鉴：

文于去年北上，与公握手言欢，闻公谆谆以国家与人民为念，以一日在职为苦。文谓国民属望于公，不仅在临时政府而已，十年以内，大总统非公莫属。此语非弟对公言之，且对国民言之。自是以来，虽激昂之士，于公时有责言，文之初衷未尝稍易。何图宋案发生，证据宣布，愕然出诸意外。不料公言与行违，至于如此，既愤且惭。而公更违法借款，以作战费；无故调兵，以速战祸；异己既去，兵衅仍挑，以致东南民军，荷戈而起，众口一词，集于公之一身。意公此时，必以平乱为言；姑无论东南军民未叛国家，未扰秩序，不得云乱；即使云乱，而酿乱者谁？公于天下后世亦无以自解。公之左右陷公于不义，致有今日；此时必且劝公乘此一逞，树威雪忿。此但自为计，固未为民国计，亦未为公计也。清帝辞位，公举其谋；清帝不忍人民之涂炭，公宁忍之？公果欲一战成事，宜用于效忠清帝之时，不宜用于此时也。说者谓公虽欲引退，而部下牵掣，终不能决。然人各有所难，文当日辞职，推荐公于国民，固有人责言，谓文知徇北军之意，而不知顾十七省人民之付托。文于彼时，迄不为动。人之进退，绰有余裕，若谓为人牵掣，不能自由，苟非托辞，即为自表无能，公必不尔也。为公仆者，受国民反对，犹当引退，况于国民以死相拼！杀一不辜以得天下，犹不可为；况流天下之血，以从一己之欲！公今日舍辞职外，决无他策。昔日为任天下之重而来，今日为息天下之祸而去，出处光明，于公何憾！公能行此，文必力劝东南军民，易恶感为善意，不使公怀骑虎之虑。若公必欲残民以逞，善言不入，文不忍东南人民久困兵革，必以前此反对君主专制之决心，反对公之一人，义无反顾。谨为最后之忠告，惟裁鉴之。

袁世凯接到孙中山的这份电报之后，第一个动作，便是下令撤销孙先生的筹办铁路全权的人事任命。

孙先生全面与袁世凯为敌，这场战役被称为“二次革命”；因为主战场都在江西、南京附近，故而又称为“赣宁之役”，或者称为“癸丑之役”。

辛亥革命后的这场内战，就彼此力量来衡量，国民党人所拥有的武装力量，远非袁世凯统领兵多将广武器精良的北洋军阀可堪比拟。而且，在炮弹尚未爆炸之前，袁世凯已经运用大批的银弹贿赂收买国民党人手下的武装部队。等到国民党人的部队被袁世凯花钱收买好以后，北洋军阀的大军兵临城下，便可不战而屈人之兵了。

7月22日，孙中山敦促袁世凯辞职的电文发表第二天，上海的国民党人在陈其美领导下，攻打上海，战况失利。打了一个星期，无功而退。

原先7月12日，国民党人李烈钧在湖口举兵讨袁，诚是“二次革命”的第一枪，但历经两星期激战，宣告失败。

南京方面，民军亦非北军对手。袁世凯动用巨资，收买各个宣告“独立”原本同情国民党的军事将领。7月29日，各路军事一一败北，黄兴被迫离开南京，逃往上海。

继而，广州的讨袁军也于8月5日传来败绩，8月6日，安庆讨袁军溃败。8月13日，上海讨袁军事失败，湖南讨袁军败北。8月18日，江西的讨袁军事亦告失败。9月1日，北洋军队进入南京城，劫掠三天。到1913年9月12日，最后一场讨袁军事行动在重庆宣告失利。北洋军队以银弹外加少许的炮弹，成功平息了国民党人组织的讨袁之役，终结了为期刚好两个月的“二次革命”，孙先生的革命事业亦因此坠落入更黑暗的谷底深渊。

第十章

流亡日本　革命伴侣

孙先生与其同志们发动“二次革命”太过仓促迟滞，民军与袁军力量又较为悬殊，不成比例。两军阵前冲突，形势险峻，无论上海、南京，孙先生显均已无立足之地。袁军兵临城下，风声鹤唳，为谋徐图再起，党人胡汉民、朱执信劝孙先生回广东，建立革命根据地。其实，广东的形势并不安稳，虽有党人陈炯明在那里撑持，但袁世凯在广东安插了龙济光，广东镇抚使手下有兵马 3000。孙先生从上海乘德国轮船“约克”号南下，船在福建马尾停泊时，日本驻福州的领事馆武官多贺宗之大佐，上船与孙先生会面，多贺宗之向孙先生报知了最新的情报消息，广东革命党人的军队已经败退，陈炯明已逃往南洋，香港方面还扣留了岑春煊，孙先生假使再往广东走，情况恐极危险。

孙先生正迟疑不知如何是好，多贺宗之说马尾港内刚好有另一条日本船——信浓丸，此船船长郡宽四郎是他的好朋友，多贺可安排孙先生秘密转搭此船，先前往台湾，再北赴日本。孙先生便听从多贺的安排，在胡汉民的陪同下，联袂坐上信浓丸。

在多贺宗之的交代下，信浓丸在马尾完全谢绝其他的中国籍旅客，光让孙中山和胡汉民两人上船，随即启程前往台北（泊基隆港），同行的除了胡汉民，还有孙先生的日本友人村田省藏（按：村田省藏曾任大阪商船公司总经理，1943 年曾任日本军阀驻菲律宾伪政权大使，战争结束，因此被判定为甲级战犯，被美国盟军当局关押在日本鸭巢监狱一年。1955 年 1 月曾访问新中国，并邀请中国贸易代表团访日。同年 5 月为日方签订第三次中日贸易协定的最高负责人，1956 年来华主持上海、北京日本商品博览会开幕式，来访期间，受到毛泽东主席、刘少奇委员长、周恩来总理和陈云副总理的接见）。村田与日本官僚颇有交情，事前联系好日本殖民当局台湾总督府官僚，当孙先生的船抵基隆港，总督府派车将孙先生接至台北“御成町”（按：今台北市中山北路）梅屋敷（按：光复后改名为“台北中山纪念馆”）。

梅屋敷主人大和宗志出面接待，孙中山特以毛笔撰写“博爱”二字相赠。下榻此间，台湾籍之国民党同志翁俊明、杨心如等人曾至梅屋敷，与孙先生会晤请命。

1913 年 8 月 18 日，孙先生抵达日本神户、东京。早先，当孙先生还在前往日本的船上时，便以船上电报，通知了日本友人犬养毅、头山满、萱野长知等人，内容大略为“孙文如果远赴欧美等国，将严重影响我党的前途，所以，无论如何请予协助，在日本暂住，方便我就近指挥，九号，船将抵达神户，希望与我的同志们密商”。

袁世凯当局早知孙中山要逃往日本，已以外交通牒告知日本当局，请拒绝孙中山在日本上岸。犬养毅、头山满等人发动他们在日本官场的影响力，与日本内阁总理山本交涉，获日本官方允许孙中山在日本居留。但是，日本政府也必须给袁世凯当局一个交代。等到信浓丸停泊在神户，警察上船盘查，船长郡宽四郎非常机警，告诉警察船上并没有孙中山其人，并带着警察到全船每个乘客房间及船员住房查探，确认没有孙中山的踪迹。

为躲过警察的法眼，郡宽的布置非常巧妙，因为他的船长房间有内间和外间两间，他将孙中山藏匿在内间，所以警察怎么找，就是找不着孙中山的踪影。警察虽然在郡宽的敷衍下离船了，但码头上还是侦骑四布，没办法光明正大下地。信浓丸预定在神户停泊的时间有限，势必得想别的法子好让孙先生脱身。幸好，犬养毅命令萱野长知安排妥当接人事宜，萱野偕同孙先生的友人三上丰夷、松方幸次等人，趁夜暗搭乘松方幸次所属公司川崎造船所的小汽船，泊近信浓丸，再将孙中山接往小汽船上，风驰电掣般摸黑直奔岸上，再驱车前往诹访山的一座别墅内。孙先生就在这座别墅内，匿居了十几天。

犬养毅便争取利用这十几天时间，在日本政府内部运作，为孙先生解决在日本居留与身份问题。凭借着犬养毅的政坛关系，总算圆满克服种种困难，孙中山终可暂时栖身东瀛三岛，和推翻清朝之前一样，继续在日本落实他的革命大业。

孙先生因讨袁失败再度亡命日本，从辛亥革命成功后的“孙大总统”“全国铁路总筹划”，再度回复到清朝末年那个有家归不得的革命家，无异从云端跌落深渊。更不堪者，孙先生和一般党人同志到日本之后，他们的现实生活状况，较诸倾覆清朝之前更加艰难拮据。捉襟见肘的窘况，可以从孙先生在《致邓泽如及南洋国民党人函》字里行间，尽窥即景。他说：“至于经济一层，不特目前无进行之款，即同志中之衣食亦多不能顾者。前日大雪，在东之亡命客中，竟有不能向火而致疾者。弟虽尽力设法救济，而力微不足以遍，过此以往，苟不图一长策，则殊无以对此血战中苦寒同志矣。此层务望同志诸先生深虑而力助之。”即便现实生活窘迫，孙先生仍不改其志，在信上再三勉励南洋的党人同志，发扬奋斗精神，百折不挠：“我辈既以担当中国改革发展为己任，虽石烂海枯，而此身尚存，此心不死。既不可以失败而灰心，亦不能以困难而缩步，精神贯注，猛力向前，应乎世界进步之潮流，合乎善长恶消之天理，则终有最后成功之一日。即使及身而不能成，四万万苍生当亦有闻风而兴起者，毋怯也。”

1913 年 9 月 27 日，孙先生筹组中华革命党。第一批立誓约的党人有王统、黄元秀、朱卓文、陆惠生、马素等。孙先生之所以再次筹组新的政党，主要用意乃有鉴于民国成立之后，组织的国民党，团体成员庞杂，纪律散漫，政出多门，主义不彰，命令无从贯彻。所以，在日本东京成立的这个中华革命党，尤其重视党员对党的领导核心的绝对忠贞不贰。

如果以党人王统的入党誓约举例，可以发现孙先生成立的中华革命党的特色：

“立誓人王统，为救中国危亡，拯生民困苦，愿牺牲一己之身命自由权利，附从孙先生，再举革命，务达民权、民生两目的，并创制五权宪法，使政治修明，民生乐利，措国基于巩固，维世界之和平，特诚谨矢誓如左：一、实行宗旨，二、服从命令，三、尽忠职务，四、严守秘密，五、誓共死生。从兹永守此约，至死不渝，如有贰心，甘受极刑。中华民国浙江省永嘉县、王统亲笔（指印）。民国二年九月二十七日（中华革命党党部印）。”

明明在民国成立后，已经在国内正式组织了国民党，为何又要重新组党，孙先生本人究竟是怎么想的？他意欲为何？目的何在？在1914年4月18日，分别写给南洋革命党人和邓泽如的两封信上，孙行生把重新组党的缘由，中华革命党一元化强势领导的目的，清楚说明，心迹表露无遗。在这两封内容几乎一样的信上，孙先生写道：

弟去年抵此埠，即发起重新党帜，为卷土重来之计。当与同志秘密组织。因鉴于前此之散漫不统一之病，此次立党，特主服从党魁命令，并须各具誓约，誓愿牺牲生命自由权利，服从命令，尽忠职守，誓共生死。先后已得四五百人，均最诚信可靠之同志，惟此时来者尚未为多。近顷干部章程及新革命方略，陆续订立完备，此间同志，闻风倾慕，均踊跃加入。计以前同志中重要分子，均隶党籍，固不待言，又获得多数锐进新同志，声势益形膨大。前此传闻吾党分崩之像，悉已消灭。今后举事，必不蹈前者覆辙，当归弟一人统率之下，是国事虽未如愿，党务将告大成，兹可额首也。至此次组织，其所以必誓服从弟一人者，原第一次革命之际及至第二次之时，党员皆独断独行，各为其是，无复统一，因而失势力、误时机者不少，识者论吾党之败，无不归于散涣，诚为确当。即如南京政府之际。弟忝为总统，如同木偶，一切皆不由弟主张。……今大致已经就绪，拟即分寄章程，前赴南洋欧美各处，创立支部。足下久居南洋，声誉素着，谅能本此宗旨，设各埠支部，以张党势。

6月15日，孙先生在写给党人陈新政等南洋各同志的信上，更明白说出了他希望重新塑造一个新的，以服从孙先生一人的有纪律的政党，这个党，不能再像从前那样“党魁等于傀儡，党员有类散沙”。孙先生在这封信上详细阐述说：

文自东渡以来，夙夜以国事为念。每睹大局之颠危，生民之涂炭，辄用怛恻，不能自已。因纠合同志，宣立誓约，组织机关，再图革命。蕲以牺牲之精神，尽救国之天职。区区诚悃，当早为诸公所洞鉴。惟此次立党，与前次办法，颇有不同。曩同盟会、国民党之组织，徒以主义号召同志，但求主义之相同，不计品流之纯糅，故当时党员虽众，声势虽大，而内部分子，意见纷歧，步骤凌乱，既无团结自治之精神，复无奉令承教之美德，致党魁则等于傀儡，党员则有类散沙。迨夫外侮之来，立见摧败；患难之际，疏如路人。……是以此次重组革命党，首以服从命令为唯一之要件。凡入党各员，必自问甘愿服从文一人，毫无疑虑而后可。若口是心非，神离貌合之辈，则宁从割爱，断不勉强，务以多得一党员，即多得一员之用，无取浮滥，以免良莠不齐。

至于而后革命党的组织形态，孙先生更强调其秘密结党的属性，他说：“本党系秘密结党，非政党属性，各处创立支部，当秘密从事，毋庸大张旗鼓，介绍党员尤宜审慎。”

值得注意者，孙先生再三强调，这次重组革命党，最重要的首要条件，是要符合“甘愿服从孙文一人”，“首以服从命令为唯一之要件”，“若口是心非，神离貌合之辈，则宁从割爱，断不勉强”。孙先生所谓的“宁从割爱，断不勉强”原则，可以从他处理黄兴等人之个案，看出他的坚持原则，坚不动摇的立场。

1914年7月8日，“中华革命党”于日本筑地精养轩宣布成立，孙先生就任总理。当天到会的党人有300多。为了坚持前述的创塑新党原则，孙先生在这次成立“中华革命党”时，强调凡入党的同志须写誓约，要当众宣誓加盟，并且在誓约上盖上自己的手印。这纸党员誓约，也是孙先生根据他新的招募党员原则，亲自拟定的。这天宣誓时，孙先生率先当众宣誓加盟，并且自盖手印，孙先生宣誓仪式的主盟人是胡汉民，介绍人是陈其美、居正，入党号数为161号，誓约号数为641号。誓约内容如下：

誓约

立誓约人孙文，为救中国危亡，拯生民困苦，愿牺牲一己之身命自由权利，统率同志，再举革命，务达民权民生两主义，并创制五权宪法，使政治修明，民生乐利，措国基于巩固，维世界之和平。特诚谨矢誓如左：

一、实行宗旨

二、慎施命令

三、尽忠职务

四、严守秘密

五、誓共生死

从兹永守此约，至死不渝，如有贰心，甘受极刑。

中华民国广东省香山县孙文（指模）

民国三年七月八日立

一般党员同志的誓约里有“附从孙先生”字句，并且规定党员宣誓之外，还要加盖指模。多数同志对此一新规定多表赞同，唯少数同志不以为然，议论纷纷，黄兴、谭人凤、李烈钧、陈炯明等人便持反对意见。这当中，尤其以孙先生与黄兴之间的矛盾，最为难解奥妙，备受党人同志瞩目。

吾人可以从现存孙先生给黄兴的书信中，找寻到两人意见相冲突的蛛丝马迹。例如，1914 年 5 月 29 日，孙先生在回复黄兴的信里，便挑明了黄兴各种决策、拒绝捺指模等事意见不合的状况：

克兄鉴：

来示悉。所言英士以兄不入会致攻击（按：不入会即指不加入中华革命党而言），此是大错特错。盖兄之不入会，弟甚满足。以宋案发生之后，彼此主张已极端冲突；第二次失败后，兄仍不能见及弟所主张是合，兄所主张是错。何以言之？若兄当日饱听弟言，宋案发表之日，立即动兵，则海军也，上海制造局也，九江也，犹未落袁氏之手。况此时动兵，大借款必不成功，则袁氏断不能收买议员，收买军队，收买报馆，以推翻舆论。此时之机，吾党有百胜之道，而兄见不及此。及借款已成，大事已去，四都督已革（指国民党籍湘、赣、皖、粤四省都督：谭延闿、李烈钧、柏文蔚、胡汉民），弟始运动第八师营长，欲冒险一拼，以求一死所，又为兄所阻，不成。此等情节，则弟所不满于兄之处也。及今图第三次，弟欲负完全责任，愿附从者，必当纯然听弟之号令。兄主张仍与弟不同，则不入会者宜也。此弟之所以敬佩而满足者也。弟有所求于兄者，则望兄让我干此第三次之事，限以二年为期，过此犹不成，兄可继续出而任事，弟当让兄独办。如弟幸而成功，则请兄出而任政治之事。此时弟决意一到战场，以遂平生之志，以试平生之学。今在筹备之中，有一极要之事求兄解决者，则望禁止兄之亲信部下，对于外人，自后切勿再言“中国军界俱是听黄先生之令，无人听孙文之令者。孙文所率者，不过一般之无知少年学生及无饭食之亡命耳。”此等流言，由兄部下言之，确确有据。此时虽无大碍，而他日事成，则不免生出反动之力。兄如能附听弟言，竭力禁止，必可止也，则有赐于弟实多矣。……弟所望党人者，今后若仍承认弟为党魁者，必当完全服从党魁之命令。因第二次之失败，全在不听我之号令耳。所以，今后弟欲为真党魁，不欲为假党魁，庶几事权统一，中国尚有救药也。

5 天之后，孙先生又给黄兴另一封回信，孙先生在信上告诉黄兴：

长函诵悉，甚感盛情。然弟终以为欲建设一完善民国，非有弟之志，非行弟之法不可。兄所见既异，不肯附从，以再图第三次之革命，则弟甚望兄能静养两年，俾弟一试吾法。若兄分途并进，以行暗杀，则殊碍吾事也。盖吾甚利袁之生而扑之，如兄计划成功，袁死于旦夕，则吾之计划必坏。果尔，则弟从此亦不再闻国事矣。是兄不肯让弟以二年之时间，则弟只有于兄计划成功之日，让兄而已。此复。又，此后彼此可不谈公事，但私交上兄实为我良友，切勿以公事不投而间之也。幸甚。

然而，如果我们光是看孙先生单边的说法，恐会误认为黄兴本人有什么权位上的私心欲念，假使我等过细体察之，则会发觉黄兴也有言之成理的一番大道理，不得不令人对黄兴这位元老革命家也兴起肃穆之心。在孙先生发上述两函之间，黄兴曾在一封给孙先生回复的私函中如是写道：

接读复示，因来客众多，未即裁答，殊为歉念。今请露肝胆披心腹为先生最后一言之。宋案发生以来，弟即主以其人之道，还治其人之身（指以暗杀对付暗杀）。先生由日归来，极为反对。即以用兵论，忆最初弟与先生曾分电湘粤两都督，要求其同意，当得其复电，皆反复陈其不可。今当事者俱在，可复询及之也。后以激于感情，赣省先发，南京第八师为先生运动营长数人，势将破坏。先生欲赴南京之夕，来弟处相谈，弟即止先生不行。其实第八师两旅长非绝对不可，不过以上海难得，致受首尾攻击之故。且先生轻身陷阵，若八师先自相战斗，胜负尚不可知，不如保全全城之得计。故弟愿以身代先生赴南京，实重爱先生，欲留先生以任大事，此当时之实在情形也。……南京事败，弟负责任，万恶所归，亦所甘受，先生之责，固所宜然。但弟自抵日以来，外察国势，内顾党情，鉴失败之主因，思方来之艰巨，以为此次乃正义为金钱权力一时所摧毁，非真正之失败。试翻中外之历史，推天演之公例，未有正义不伸者，是最后之胜利，终归之吾党。今吾党既握有此胜算，若从根本上做去，本吾党素来所抱之主义发挥而光大之，不为小暴动以求急功，不作不近情言以骇流俗，披心剖腹，将前之所是者是之，非者非之，尽披露于国民之前，庶吾党之信用渐次可以恢复。又宜宽宏其量，受壤纳流，使异党之有爱国心者有所归向。夫然后合吾党坚毅不拔之士，学识优秀之才，历百变而不渝者，组织干部，计划久远，分道进行，事有不统一者未之有也。若徒以人为治，慕袁氏之所为，窃恐功未成而人已攻其后，况更以权利相号召者乎。数月来，弟之不能赞成先生者以此。今先生于弟之不入会以满足许我，虽对于前途为不幸，而于弟个人为幸已多，当不胜感激者也。惟先生欲弟让先生为第三次之革命，以二年为期，如过期不成，即让弟独办，等语。弟窃思以后革命，原求政治之改良，此乃个人之天职，非为一公司之权利可相让度可能包办者比，以后请先生勿以此相要。弟如有机会，当尽我责任为之，可断言与先生之进行决无妨碍。

孙黄二人如此一番鱼雁往返之后，他们在6月27日约在黄兴寓所碰面相谈，这两位曾经同生死共患难的革命老同志，竟然一句国事都未谈，而只是单单话别而已，内心决绝，不问即知。孙先生固然是基于权力考量，作下了割舍这位股肱之才的决定，走了黄兴，无异在党内少了一块碍手碍脚的大石头，但回顾前尘往事亦不免多所忧怀，感伤之余，孙先生赠予黄兴一副对联："安危他日终须仗；甘苦来时再共尝。"手足同志，因革命排满救国理念相投而风云际会，又因革命权位与手段之争而割袍断义，同是热血男儿，于今分道扬镳，抚今追昔，宁不可叹！

二次革命失利，流亡旅日期间，孙先生还有一桩人生大事，便是再添一笔婚姻盛事。

孙先生早先即与元配卢夫人离异，1915 年 10 月 25 日，他与宋庆龄女士结婚，此事为孙先生的中日友好、党人同志、各路人等，所津津乐道。

孙先生在日本居留，犬养毅、头山满等日本友人出力最大，但是，日本人是十分现实势利的，让孙中山居留日本，有鬼子的政治目的，而日本的特务机关也是无时无刻不在紧盯着孙中山的一言一行。他的行踪，日本外务省派人 24 小时不停盯梢，而且迄今仍有完整记录保存在日本外务省的档案库里。是以，包括孙先生和宋庆龄当年的互动情况，日本特务皆作了周延细密犹如"起居注"式的记录。况且，宋庆龄本人的回忆与传记，亦犹多最初与孙先生见面情况的生动记载。

1913 年 8 月 24 日，宋庆龄在结束美国的留学生涯后前往日本与父母亲相聚的半途中，于船上给她的美国老师哈泽德夫人写了一封感人的信函：

亲爱的哈泽德夫人：

这样开始写信似乎有点奇怪，因为我总想你是"霍尔小姐"。现在我在太平洋上，过得真痛快。海水清澈，气候宜人。我是六月二十二日离开波士顿前往加利福尼亚的。到达以后，我收到父亲来电要我推迟行期。我及时退掉了船票，但没有来得及将行李取回。我给船上的事务长发了电报，请他把行李卸在檀香山。我在伯克利的两周很愉快，与我家的一个朋友，代理公使的妻子在一起。旧金山的总领事恰好是我温婕丈大学里的一个朋友，他们俩给我订了一个有趣的日程。我在那里到处观光，也去舞会和剧场，终于习惯于“生活高贵，思想简单”。我是中国学生招待会上的“主宾”，有一百五十人参加，上船时，我看到我的船舱里摆设着鲜花，到处是报纸、杂志和水果。我真的觉得自己很重要。我带着给孙逸仙博士的一封信还有给我父亲的六箱加利福尼亚的水果。

船上现有一百七十个头等舱乘客，其中一些是相当有地位的，如哈佛大学的教授和纽约四百家的成员 Vanderbilts 等等。在檀香山时我驱车远足到了山里，真美，那些树木和鲜花我从未见过，我还吃了极好吃的水果，它的名字听起来很怪。土著人很肥胖，穿着胸衣似的衣服。那里有各种民族的人，但大多数是中国和日本侨民。

船上有一个很好的夏威夷乐队。饭间、下午或晚上跳舞时都有音乐。乘客中很少有跳现代舞的，所以连传教士也参加噢！——当然只是旁观！

还有五天我就要在横滨见到父亲，也许见到全家人了。时间过得真慢！他们从那么远的地方来接我太好了！从横滨到上海要一个多星期，但我不在乎这个。国内的局势变得严重了起来，我们也许得在日本逗留一段时间，因为连“不许插手”的上海也乱了。

请尽快给我这封长信写个回信，告诉我你什么时候到东方来。如你近期内不能来，我希望将在一九一五年的巴拿马博览会上见到你。

R. 庆龄 · 宋

一九一三年八月二十四日

宋庆龄离美之后的第一封信上，提及了孙中山博士，但是事情仅仅关于有人托带给孙先生的一封信，以及为父亲带上的6箱水果。然而，宋庆龄和孙先生第一次见面的情景如何，则是外界至感好奇的一桩事体。

这时，日本外务省特务的监视资料便发挥作用了。根据外务省资料显示，孙先生正是在1913年8月30日这天，与宋嘉树、宋庆龄父女见了面，而且父女俩当天晚上就住宿在孙先生下榻的赤阪区灵南阪町孙先生住所。宋庆龄在日后的回忆中也说："我到日本后和父母住在横滨，每天去东京赤阪区灵南阪二十六号工作，经常由父亲陪去，他那时的任务是帮助孙中山为党筹集革命经费。"

后来，宋庆龄因为父亲宋嘉树的身体状况出了问题，而接替了父亲出任孙先生的英文秘书。宋庆龄回忆说：

> 一九一三年，我毕业于美国乔治亚州梅肯的威斯里安女子学院，原想继续读书。但父亲由于霭龄与孔祥熙结婚，不再担任孙中山英文秘书；父亲自己有肝病（肾病），不能长时间坐在日本矮桌边从事写作，因而急电召我前往接替。我应召去横滨。每天，由父亲陪往东京赤阪区灵南阪二十六号孙中山处工作，尽快熟悉秘书工作。

宋庆龄从她的父亲宋嘉树和孙先生的谈话中，很快从一个对祖国国情完全隔膜的归国留学生，逐渐能够深刻感受到父辈和孙先生对革命大业的深切忧虑。

宋庆龄在一次自述里，提及她在父亲和孙先生身边安静聆听家国大事的情景：

> 由于家父是孙博士在其革命工作中最早的同志之一，因此从孩提时起我就熟悉他的名字和志向。我在家读书，一直到十二岁才被送入教会学校，

我的父母都是基督教徒。我在中西女塾就读，直到我有了出洋留学的机会。在（美国）新泽西州和南部当了两年家庭教师之后，我进了佐治亚州梅肯的威斯里安女子学院。南方人非常热情好客，我常常在许多有教养的人家中做客。这些家庭文雅与快乐的气氛给我留下了深刻的印象。

当我从学院毕业回国时，正处于国内“二次革命”的初期。我发现我父亲在日本政治避难，孙博士也在那里。从我父亲与孙博士的交谈中，我得悉我们的民国处在很大的危险之中，因为袁世凯想阴谋推翻它。一些国家在道义上和财政上支持着袁世凯，因为他们被其狡诈的外交手腕及其手下阴险毒辣的宣传所欺骗。我国民众之声被压制。革命事业似乎无望。孙博士的某些追随者，在绝望中把革命事业看作失败的事业而放弃了。

仅仅为了满足一个自欺欺人的虚荣心，而把我们的民国倒退到君主国的想法，对我来说是绝对不能容忍的。我想起国势岌岌可危，非常痛切，决心为我们的事业而工作。我决定在美国攻读新闻学，以便使自己了解中国的真正事实和形势。我得到家父的同意，怀着这个目的，与家人一起回上海做一次游历。家父的健康状况变得很差，因此在其朋友的劝告下，回来请上海的专家看病。然而由于他身体虚弱，我不能再按计划回美国。

在宋庆龄姐姐宋霭龄因结婚而离开孙先生的英文秘书岗位以后，孙先生也曾向友人述及他因为缺了秘书而必须亲力亲为的窘迫。孙先生在致外国朋友戴德律的信函中提及：“……目前我身边没有英文秘书。我先前的两位女秘书，是两姐妹，姐姐宋霭龄女士刚结婚，妹妹宋庆龄女士最近已回上海。所以，我不得不亲自用英文写信。”

几乎就在孙先生致函戴德律的同时，宋庆龄给在美国念书的妹妹宋美龄1914年11月的一封信上，兴奋地说道：“我从来没有这样快活过。我想，这类事就是我从小姑娘的时候起就想做的。我真的接近了革命运动的中心。……我能帮助中国，我也能帮助孙博士。他需要我。”

1915 年 1 月 31 日，短期回到上海的宋庆龄，与孙先生从东京派来的党人朱卓文会晤，朱卓文是奉孙先生之命，询问宋庆龄是否有意愿效命于中华革命党——亦即为孙先生办事之意。朱卓文在会晤过宋庆龄以后，随即写了一封信给孙先生，表示：“二十九日抵沪，三十一日始与宋小姐相晤。据云，她极愿效力党事，且急盼党事之成。至筹备地方一所以为她办事之用，她云此事她甚赞，唯须待数日思一善法以避她母之疑眼云。刻下弟已将附近一房陈设妥当，任她何时均可到彼处办事矣。”两天后，朱卓文又给孙先生第二封信，指出：“刻下弟在隔邻布置一房以为宋小姐办事处。现他订于每星期一三五三天教弟女以英文。此后有函件与她，照前日之住址便能直接收到矣。至先生之书已在通运搬回，惟零星四散，前之书箱已由彼等拍卖一无所存，殊为可惜。现弟再购数书箱重行编好，置于宋小姐办事之房。此房颇为清净，谅当合她之意。”

1915 年 3 月，孙先生再派朱文卓代表他到澳门，同原配夫人卢慕贞谈离婚之事。孙先生写信告诉卢夫人他打算同谁结婚，以及如此打算的原因。卢夫人深明大义，认为自己没有外语能力，甚至连中文都写不好，还缠过小脚，走路也不方便，她对丈夫的决定完全谅解接受。孙、卢离婚后，卢夫人仍独居在澳门，由孙科等子女奉养天年。孙先生在与卢夫人仳离后的第二天，便写信给卢夫人，并且定时汇款照料卢夫人的生活。

在决定与孙先生结合前，宋庆龄自然对卢夫人的情况亦有相当之了解，方可正式做出抉择。宋庆龄晚年回忆指出：“我从朱文卓那里知道，孙中山与他的妻子有过双方同意的友好离婚协议，而朱文卓是这协议的证人之一。孙中山和他妻子的婚姻是按照中国古老习惯由老一辈在他们的童年时代就订下的，未经双方的同意。孙中山十八岁时按照父母的选择和这位缠足的女孩结了婚，后来孙中山从事革命工作。而她不愿卷入革命，要在国内过安定平静的生活。朱卓文给我他们离婚协议的法律证件和签字，她是文盲，所以只见签名的地方有她用大拇指沾红墨水按上的指印。”

吾人也可以从宋庆龄在 1915 年 5 月，写给她美国好友阿莉的信上，清晰看见这一阶段中，宋庆龄与孙先生一块工作相处，以及生活的种种情景。这段叙述成为两人婚前互相倾慕、互相扶持的最佳注脚。她在信上说：

> 目前气候非常多变，这里下了几次暴风雨。在水和泥中行走使我感到十分疲倦。这段时间我并没有像那个爱尔兰人所说的那样把自己关在屋子里。相反，我感到十分烦闷，我需要在人群中找到一些逍遥。我们参观展览、商店、兵工厂等。晚上我们则去看电影。我并不喜欢这些电影，但每次看电影都给我带来一些兴奋的时刻，特别是有关历史事件的片子。
>
> 晚上数里长街灯火通明，真是华丽壮观。我好几次晚上去那里，为的是想看看荷花池中的倒影。在月光皎洁、星光灿烂的夜晚，这里像梦幻一般的可爱，促使已逝岁月的美好回忆再度涌入人们的脑海。
>
> 当前正是樱花盛开时节，我们曾抓住时机愉快地乘车长行，深入花海。昨天晚上我们沿着堤边走了整整一个小时，两旁花枝低垂，使我们望不到天，想象一下嫩绿的杨柳作为背景衬托着这些樱花！大自然也知道如何使颜色协调。

在度过一段浪漫甜美无忧无虑的日子之后，宋庆龄和孙中山即将面临现实的考验。1915 年 6 月 21 日，宋庆龄从日本回上海，她打算面对现实征求父母关于她和孙先生结合的意见。虽然她早已意识到父母欣然接受的可能性微乎其微。

宋庆龄晚年的回忆指出：“一九一五年秋天，我离开东京归国，向父母提出要跟孙中山结婚的请求。父亲面露不悦之色，母亲流了眼泪。霭龄居然也介入这件事，要我跟另一个人订婚，不让我跟孙中山。我当时晕倒过去，不知是怎样被人抬上楼的。我至今想起这件事还直想掉泪。”

父母的反对，迫使宋庆龄一度迁延她再度赴日与孙先生相聚的原定行程。从 1915 年 6 月下旬，到 10 月下旬，这漫长而难熬的 4 个月，就像是 4 个世纪那么漫无尽头。10 月下旬，孙先生派来党人朋友朱卓文，陪同朱卓文一块儿来的还有朱氏的女儿慕菲雅，她和宋庆龄是自小的玩伴。朱卓文带来了孙先生的亲笔信，宋庆龄知悉孙先生早已和卢慕贞女士办妥离婚手续的消息。宋庆龄没了这一层的顾虑，便毅然决然离家前往日本，在朱卓文父女的陪同下，赴日与孙先生团聚。

宋庆龄晚年亦坦然回忆这段经历，她非常明白父母不可能答应这门婚事，所以，她必须选择不经父母同意而与孙先生结婚的方式。在未经父母认可之下，宋庆龄瞒着爸妈，在朱卓文父女的陪伴下，乘船前往日本。

在稍后写给妹妹宋美龄的信上，宋庆龄向妹妹倾吐了她的心境：“在前几封信上，你大概已经知道，我早就希望回到日本去，而父母亲却表示反对的事了，母亲所以不许我去，是因为反对孙先生。而父亲所以不许我去，是因为他要我详细的考虑，而要我得到相当的把握！我已经等了好久，可是母亲的意志，仍旧不会改变。……你接到这一封信的时候，我恐怕已经到了日本，而和孙先生在一起。我走时是那样的迅速、秘密而又不会通知任何人。”

从这封给宋美龄的信上，吾人应可明显感受到，孙、宋的结合，在宋府投下的巨大冲击。由父母双方的态度而观，吾人更可隐约感受到，宋家两老彼此之间的态度差异。宋母的态度是坚决反对女儿和孙先生的结合，而宋父或许是基于与孙先生的同志之谊的尴尬情境，说什么都不是，只好尊重女儿、尊重现实，只是要女儿想清楚，别孟浪行事。

终究，宋庆龄做出了最后而明智的抉择，她决心离开上海，奔向大海，奔向孙先生所在的东瀛。

根据日本外务部特务跟踪孙先生的记录得知，1915 年 10 月 24 日，宋庆龄搭着上海启航的轮船，安抵日本，再辗转搭火车抵达东京。孙先生于当天下午 1 点 10 分，乘车到东京火车站迎接宋庆龄（日本外务部特务记载宋女士的名字是“宋庆琳”），宋庆龄随行的还有一位中国籍妇女。孙、宋及这位妇女三人，于当日下午 2 点 30 分回到孙先生家里。当天晚上，宋庆龄住在孙先生老友头山满夫妇宅邸。

宋庆龄抵日本的第二天，孙先生即与她前往东京牛道区袋町五号日本律师和田瑞的寓所，在那里举行了简单的婚礼仪式。孙先生夫妇委托和田瑞，为他们到东京市政厅办理结婚登记，并由和田瑞为他们夫妇签订了婚姻《誓约书》。这份日文《誓约书》的汉字内文如下：

誓约书

此次孙文与宋庆琳之间缔结婚约，并订立以下诸誓约：

一、尽速办理符合中国法律的正式婚姻手续。

二、将来永远保持夫妇关系，共同努力增进相互间之幸福。

三、万一发生违反本誓约之行为，即使受到法律上、社会上的任何制裁，亦不得有任何异议；而且为了保持各自之名声，即使任何一方之亲属采取何等措施，亦不得有任何怨言。

上述诸条誓约，均系在见证人和田瑞面前各自的誓言，誓约之履行亦系和田瑞从中之协助督促。

本誓约书制成三份：誓约者各持一份，另一份存于见证人手中。

誓约人　　孙　文（章）

同上　　　宋庆琳

见证人　　和田瑞（章）

千九百十五年十月二十六日

第十一章

联俄联共　改造国党

袁世凯为了逞其个人政治私欲，丑行劣迹益发彰显外露。为了方便就近指挥讨伐袁世凯的行动，1916 年 4 月 27 日，孙先生在党人同志廖仲恺、戴季陶等人的陪同下，从日本搭乘近江丸轮船返抵上海，为确保切身安全，当天即住进上海公共租界区。

返国之前，孙先生和国内外的党人同志函电交驰，颇思于返国后，再有一番新的作为。返国前数日致党人同志林森的电报里说："子超兄鉴：祸迫，事在必举，弟决内渡。请代求克强，借十万济急。允否？即复。文。"

返国前两天，孙先生致电汉口党人同志，表示："文二十七近江丸往沪，如汉得利，当亲来汉。"返国前一天，致电上海党人同志称："若沪、浙能入吾党范围，则大局可定矣。文乘'近江丸'回，着山田通知青木中将，若彼派人来接船，须与山田同来便可。"

至于孙先生此次归国之意欲何为，其目的究竟何在？孙先生在与岑春煊的电报中，表露无遗。孙先生说："文近自海外归来，誓从国民之后，灭此朝食，已分电告各方同志，取一致之行动。吾人志在锄奸，当集群力，猛向前进，决不使危害民国如袁氏者生息于国内。文知忧国，甚愿尽力所能至为公等助，惟公等有以教之。孙文"。

孙先生返回上海后 12 天，于 5 月 9 日发表了《讨袁宣言》，这也是孙先生第二次的讨袁宣言。在宣言里，孙先生揭示：

文自癸丑讨逆之师失败以还，不获亲承我父老昆弟之教诲者，于今三年矣。奸人窃柄，国论混淆，文于是时亦殊不乐以空言与国人相见。今海内喁喁有望治声矣，文虽不敏，固尝为父老昆弟所属役，复自颠沛不忘祖国者，则请继今一二为国人谈也。

文持三民主义廿有余年，先后与国人号呼奔走，期以达厥志。辛亥武昌首义，举国应之，五族共和，遂深注于四亿同胞之心目。文适被举为一时公仆，军书旁午，万端草创，文所靖献于国民者，固甚恨不能罄其悃忱。然国号改建，纪元维新，且本之真正民意以颁布我民国约法，其基础不可谓不已大定。故清帝退位，南北统一，文乃辞职，介举袁氏于参议院。盖信其能服从大多数之民心，听义师之要求，以赞共和，则必能效忠民国，践履约法，而昭守其信誓也。当南北两方情志未孚时，文尝任调和，躬至北京，并有"愿袁氏十年为总统"之宣言。何期袁氏逆谋终不自掩，残杀善良，弁髦法律，坏社会之道德，夺人民之生计。文故主兴讨贼之师，所以维国法而伸正义，成败利钝所不计也。袁氏既挟金钱势力，肆用诈术，而逆迹未彰，国人鲜悟，以致五省挠败，而袁氏之恶乃益逞矣。

文虽蛰居海外，而忧国之志未尝少衰。以为袁氏若存，国将不保；吾人既主讨贼，而一蹶不振，非只暴弃，其于谋国亦至不忠。故亟图积极进行之计，辄与诸同志谋之。顾败丧之余，群思持重，缓进之说，十人而五。还视国中，则犹有信赖袁氏而策其后效者；有以为其锋不可犯，势惟与之委蛇而徐图补救者；有但幸目前之和平，而不欲有决裂之举者。文以为此皆有所执持，而其心理上之弱点，则袁氏皆得而利用之，以逞其欲，此文期期所不敢认以为适道者也。袁氏果于是时解散国会，公然破毁我神圣庄严之约法，诸民权制度随以俱尽。文谓袁氏已有推翻民国、及身为帝之谋，而莫之敢信；而亏节堕行、为伥为侦之败类，且稍稍出矣。文于是痛心疾首，决以一身奋斗报我国家，乃遂组织中华革命党，为最严格之约束，将尽扫政治上、社会上之恶毒瑕秽，而后复纳之约宪之治。两年以来，已集合多数之同志。其入内地经营进行者，皆屡仆屡起，不惮举其个人之自由权利、生命财产而牺牲之，以冀奠我区夏。孤行其自信力，而不敢求知于人人，犹之辛亥以前之中国同盟会也。欧战既起，袁氏以为有隙可乘，不惜暴其逆谋，托始于筹安会，伪造民意，强迫劝进。一人称帝，天下骚然，志士仁人汗喘相告，而吾同志益愈奋励，冒死以进。滇、黔独立，文意豁然。至乃昔所不知，今皆竞义，德邻之乐，讵复可已。频年主持，益审非谬。

顾独居深念，以为袁氏怙恶，不俟其帝制之招揭；保持民国，不徒以去袁为毕事。讨贼美举，尤当视其职志之究竟为何，其所表示尊重者为何，其策诸方来与建设根本者为何，而后乃有牺牲代价之可言，民国前途，始有攸赖。今独立诸省通电，皆已揭橥民国约法以为前提，而海内有志后援、研求国是者，亦皆以约法为衡量。文殊庆幸此尊重约法之表示，足证义军之举，为出于保卫民国之诚。袁氏破坏民国，自破坏约法始；义军维持民国，固当自维持约法始。是非顺逆，区以别矣。夫约法者，民国开创时国民真意之所发表，而实赖前此优秀之士，出无量代价以购得之者也。文与袁氏无私人之怨，违反约法，则愿与国民共弃之；与独立诸省及反袁诸君子无私人之惠，尊重约法，则愿与国民共助之。我国民亦既一致自爱其宝，而不为独夫民贼之所左右，则除恶务尽，对于袁氏必无有所姑息。以袁氏之诈力绝人，犹不能不与帝制同尽，则天下当不复有袭用其故智之人。

至袁氏今日势已穷蹙，而犹徘徊观望，不肯自归于失败，此固由其素性贪利怙权，至死不悟。然见乎倡议者之有派别可寻，窃疑党争未弭，觊觎其猜忌自纷，而不能用全力以讨贼。殊不知阋墙御侮，浅人审其重轻，而况昔之政争，已成陈迹。今主义既合，目的不殊，本其爱国之精神，相提携于事实，见仇者虽欲有所快，无能幸也。今日为众谋救国之日，决非群雄逐鹿之时，故除以武力取彼凶残外，凡百可本之约法以为解决。共和之原，甚非野心妄人所得假借者也。文始意以为既已负完全破坏之责，故同时当负完全建设之责。今兹异情，则张皇补苴，收拾时局，当世固多贤者。苟其人依约法被举，而不由暴力诈术以攫取之，则固与国民所共承者也。民国元首，只有服务负责之可言，而非有安富尊荣之可慕，国民当共喻斯义。文之所持，凡皆以祈向真正之和平，故虽尝以身当天下之冲而不自借也。

文自束发受书，知忧国家，抱持民族、民权、民生三大主义，终始不替；所与游者，亦类为守死善道之士。民国成立，五族共和，方幸其目的之达。乃袁氏推翻民国，以一姓之尊而奴视五族，此所以认为公敌，义不反兵（顾）。今是非已大白于天下之人心，自宜猛厉进行，无遗一日纵敌之患，国贼既去，民国始可图安。若夫今后敷设之方，则当其事者所宜一切根据正确之民意，乃克有济。文自审立身行事，早为天下共见，末俗争夺权利之念，殆不待戒而已除。惟忠于所信之主义，则初不为生死祸福而少有屈挠。袁氏未去，当与国民共任讨贼之事；袁氏既去，当与国民共荷监督之责，决不肯使谋危民国者复生于国内。唯父老昆弟察之！

孙先生从海外避难归国，袁世凯的政治生命事实上已臻强弩之末，个人生命也快接近油尽灯枯的晚期了。袁世凯从 1915 年 12 月 12 日宣布改次年元旦起为洪宪元年，准备称帝以来，不过才过了不是百日的皇帝瘾，袁世凯便在 3 月 22 日，宣布取消帝制。所以，孙先生回国的时间点，实际上袁世凯已经取消帝制，他的统治基础也受到牵连而面临崩解危机了。两个半月后，6 月 6 日，袁世凯疑系中毒而死，卒年 57 岁。

袁世凯死后的中国形势，依旧异常险峻恶劣。国家仍处于动荡不安，四分五裂，内忧外患，纷至沓来的局面。北洋政府仍是主道中国政治走向的一支主要力量，国势危疑震撼。袁世凯死后，依法由黎元洪继任大总统之职。继任第三天，孙先生致电黎元洪，电文中表示：

公以首义元勋，夙系人望，民国创始，文惭薄德，与公追随。今闻于阳日依法就职，良为国庆。中邦专制，历数千年，共和方新，忽被摧挫，去乱图治，愿力反前人所为。有如规复约法，尊重国会，尤不容缓。民国总统，职曰公仆，一切僭制妄作，宜即屏除，庶几气象一变。目前纠纷若定，前途希望无穷。尤企公本高尚之旨趣，宏大之规模，勇毅之精神，精密之条理，与国民党从事建设。天下幸甚。

孙先生心目中，认为黎元洪至少是武昌起义参与领导者之一，象征意义上，黎氏沿袭了民国元年推翻清朝、建之共和的香火血脉，故而孙先生对他寄予厚望。孙先生尤其寄望黎元洪起码必须贯彻民国元年的约法，故而这封电报的核心重点，便在劝黎元洪“规复约法，尊重国会”。

十日之后，孙先生又为此再次致电黎元洪。电文称：

洽电敬悉。文前电请规复约法、尊重国会二事为根本要图，复电已承嘉纳。顾经过旬日，尚未施行。此间传闻谓因审慎手续。其实约法停废、国会解散，俱系前人越法行为，今日宣言遵守，不过以适法之法令变更不法之命令，其间毫无疑义，内外期望惟此最先，一切纠纷宜令速解，愿公无复顾虑。辱公明问，文谨申前言，以当芹曝。嘱派代表一节，俟选定有人，当更电告。再者，文以公依法就职，径电朱、吴、居诸人及福建民军息战，静候解决；旋读十六日申令，饬各省撤兵停战，具见至仁大公，无任钦佩。惟得最近报告，张怀芝乘间侵害，屠戮临朐、安邱，似此显违明令，应请严电惩究；并电闽粤军官，须谨奉命令，不得纵兵殃民，以维大局。

同年同月 29 日，黎元洪颁布命令“仍遵行中华民国元年三月十一日公布之临时约法”，并认定1913年10月5日公布之“大总统选举法”系宪法之一部，照旧有效。并且下令依据临时约法第五十三条之规定，从8月1日起恢复国会，继续开会。一时之间，中国又恢复了民国初年时期的共和气象，欣欣向荣。

无奈，好景不长，1917年7月1日，安徽督军张勋发动复辟。张勋抵达北京之后，密会业已宣布退位的清朝末代皇帝溥仪及清朝遗老。随后张勋命梁鼎芬、王士珍、江朝宗等人劝告黎元洪“奉还大政”，也就是交出政权给溥仪，黎元洪这时手下没有军队，被迫任由张勋摆布。7月1日这天，张勋联合康有为、梁鼎芬等人，以冯国璋、陆荣廷的名义，拥护溥仪复辟，并将被迫“奉还大政”的黎元洪监管。康有为并发表“复辟登极诏书”，张勋宣称改7月1日为宣统九年五月十三日（使用农历）。黎元洪趁隙逃往日本大使馆避难。

张勋虽然成功演出了一出复辟闹剧，但是，其成也速，其败也速。各省督军没有一个支持张勋，纷纷通电反对。曹锟、张绍曾、冯玉祥首先发兵抵抗。甚至连段祺瑞都看不过去，自任讨逆军总司令，于7月5日在马厂誓师，准备对张勋采取军事行动。

孙先生这时在上海，邀请唐绍仪、孙洪伊、程璧光、萨镇冰、章炳麟等人会商，孙先生主张民国政府迁至上海，请黎元洪到上海，继续行使总统职权。同时，孙先生也在上海发表了针对张勋复辟的“讨逆宣言”，宣言大意指出：此次讨逆之战，匪特为民国争生存，且为全民族反抗武力之奋斗。因主持复辟之举者非拿破仑、亚历山大之雄才大略，而为一蠢愚之张勋。若国民于此犹能忍辱含垢，不加反抗，则中国不特应为强国所宰割，亦将应为弱国如暹罗者所蹂躏矣。

发完这一“讨逆宣言”之后，孙先生又拍发电报给两院院会，期盼共同南下护法（民国约法），自由集会，继续运作共和体制，孙先生还命令汪精卫担任驻沪接待，迎接南来之议会议员，派刘成禺、符梦松等人北上迎接国会议员。

孙先生又拍发电报给西南六省。希望西南六省成为民国之净土，应该火速建立临时政府，以图恢复。

张勋复辟的闹剧固然在短短12天即告平息，但这波变乱，却象征着共和的根基未固，不断有反动政客意图让封建王朝卷土重来，以至于北方政局糜烂。段祺瑞以“讨逆军”的名义，于7月14日率兵攻进了北京，张勋逃进了北京的荷兰公使馆，结束了一个多星期的复辟闹剧。但是，原本的大总统黎元洪在万念俱灰之余，亦通电宣布因“负疚孔多”，此后“息影家园”，不再参政。民国政局依旧控制在段祺瑞等北洋军阀手上，因张勋复辟导致的政治骚乱，给予孙先生一个重新搭建政治舞台的机遇。

孙先生虽则在复辟之乱初起时，曾经与唐绍仪等人呼吁将民国政府迁往上海，但之后考虑到上海受外国的牵制过多，为此举棋不定。这时，与孙先生关系良好的民国海军官员表明心迹，表示只要能够解决粮饷问题，而且西南各省欢迎他们，海军可以移驻到广州，把广东、广西作为护法的根据地。

7月13日，孙先生乘坐海军军舰，在“应瑞”“海琛”这两艘兵舰护送之下，抵达汕头，并在那里发表了一篇主题和护法有关的演讲。

孙先生在这次的演讲中大意说道，中华民国开国已经是第六个年头了，但是我们创建共和的理想，竟然完全没有达到，而且国家屡遭变乱，不得一天之安宁。主要的原因，便在于我们推倒了旧屋子以后，未曾把旧屋的瓦砾搬走，各种阻碍层出不穷，所以我们总是造不成新的屋子。中国过去这6年来的动乱，就是新旧潮流交替冲突所造成的，因为有这些冲突，所以始终没办法进步，所以才有第一次、第二次、第三次、第四次的革命。今天中国顶重要的一件事，是要弄清楚究竟是新潮流可以救我们的国家，还是旧潮流可以救国。我们的国民要有是非心，有了是非之心，还要有坚定的决心，确实去做，民国才有进步。

孙先生进一步阐述，国民的责任是在拥护共和，有一分子的责任，即要尽一分子的力量，同时民国的公民也应该能区别真共和与假共和，必须除尽假共和，真共和才会出现，吾人才有幸福可享，国家才得永久之太平。

为了替民国议会与海军安顿好南来的事宜，孙先生又派朱执信、章炳麟、陈炯明从汕头去广州，与广东省议会做好联系工作。

7 月 17 日，孙中山乘军舰抵达广州黄埔。国会议员、省议会议员和广东省督军陈炳焜等人在黄埔江岸迎接孙先生等一行。孙先生当天晚上在广东各界的欢迎宴会上，发表了一篇演讲。孙先生说，中国建立共和历时 6 年，国民并未因此享受过共和的幸福，但大家不要误解，这不是共和的罪过，而是共和的北洋执政者，以假共和的面孔，实行真专制的结果。所以，今天的变乱，并不是帝制与民主的争执，也不是新旧潮流的争执，更不是南北意见不同的争执，实际上是真共和与假共和之争执。

孙先生认为，能够为民国争回真共和以求福利，必须凭借着两个伟大的力量，便是陆军与海军。海军今天已经全部效忠共和，但必须要有根据地，上海和浙江、福建等沿海之地，都被称兵谋叛的军人所占据，只有以广东作为海军的策应地，以后的大计划才得以发展。孙先生呼吁广东当局，能够请海军南来，邀请国会在广东开会，同时请黎元洪大总统来广东行使职权，再造共和。孙先生的目的，希望以广东为延续共和精神的革命根据地，在这里与拒绝恢复“中华民国临时约法”的北洋当局遥相对抗。但是，广东方面也有他们的本位想法，这也为日后孙先生赴广东护法失败埋下伏笔。

8 月 31 日，在广东召开的国会非常会议，通过了“中华民国军政府组织大纲”，这个动作的主要目的，是要在广东选举出一个和北京相抗衡的政府。这个“军政府组织大纲”明定，中华民国为了平定叛乱，恢复临时约法，特组织中华民国军政府，选举海陆军大元帅 1 人，元帅 3 人，主持军政府一切事务。第二天，9 月 1 日，国会非常会议便选举孙中山为中华民国军政府海陆军大元帅，又选唐继尧、陆荣廷为元帅。

孙先生到广东护法之后，名义上是军政府海陆军大元帅，实际上是命令不出大元帅府，和广东都督之间的矛盾始终无法调解，甚至数度意图发动兵变也不得其法。他曾经向大元帅府参议刘德泽抱怨："我自护法南来，未能实现护法主张，去了一个陈炳焜（前广东都督），又来一个莫荣新（时任广东都督），都是护法障碍。"1918 年 5 月 4 日，孙先生辞去军政府大元帅职，并且发表了一则通电，表明他的心迹，以及辞职原委：

> 慨自国会非法解散，民国已无依法成立之政府。文不忍坐视正义之弗伸。爰于沪上与民国诸老创议护法，海军将士亦有宣言，相率南来；粤省议会乃有请国会议员来粤开会之议决，由是发生国会非常会议于广州，于中华民国六年八月三十一日公布军政府组织大纲。文不才，被举为大元帅。以为护法讨逆倡。顾吾国之大患，莫大于武人之争雄，南与北如一丘之貉；虽号称护法之省，亦莫肯俯首法律及民意之下。故军政府虽成立，而被举之人多不就职，即对于非常会议犹莫肯明示其尊重之意；内既不能谋各省之统一，外何以得友邦之承认？文于斯时瘏口哓音，以期各省之觉悟，盖已力竭声嘶，而莫由取信。……然个人之去就，其义小；国家之存亡，其义大。文之所以忍辱负重以迄于今者，良以负责无人，非得已也。……兹乃愿以匹夫有责之身，立于个人地位，以尽其扶助民国之天职。谨略述颠末，向国会非常会议辞大元帅之职，奉唯公鉴。

孙先生这次离开广东，辗转途经日本，再返回上海，蛰伏到 1920 年 8

月，再重回广州，展开第二阶段的“护法运动”。正当孙先生陷溺在广东，与地方军阀进行殊死斗争时，发生了一桩日后对中国形成重大影响的国际大事件：俄国十月革命爆发。当1917年11月7日，俄国爆发十月革命，建立世界上第一个共产主义政府之初，由于孙先生自身深陷在国内政治恶斗之中，因而未在第一时间对俄国表达他个人或者官方身份的关切。但是，孙先生是一个对国际大势发展极端敏感的人，自从俄国十月革命成功，他便无时无刻不在持续关切着俄国形势的发展。而且，孙先生个人当年的际遇可谓饱经忧患，正值他在广东与中国政治舞台上备受打击挫败之后，唯有俄国对他展开双臂，热忱拥抱。

在1918年8月，孙先生透过美洲的华侨友人，从上海致电俄国新政府和列宁，对俄国的十月革命表达了祝贺之忱：“中国革命党对贵国革命党所进行的艰苦斗争，表示十分敬佩，并愿中俄两党团结奋斗。”

1920年1月，一位俄国代表马特维耶夫（Matveev）来到上海，并且谒见了孙先生。这是俄国新政府的官方代表第一次和孙先生接触。马特维耶夫是俄国劳动社的负责人，当时恰巧旅居上海，特地到上海莫里哀路孙先生寓所造访。孙先生和马特维耶夫见面时，表达了对俄国革命和俄国革命领袖列宁的钦佩和崇敬之情。马特维耶夫日后的回忆指出，我们从孙中山的口中听到了列宁的名字，并且明确得悉孙先生有意在中国与苏维埃国家之间，建立起深刻的国际主义的友好关系。

1920年2月，孙中山在上海寓所会见了苏俄远东地区阿穆尔省布尔什维克军队的代表波波夫上校。孙先生和来客谈及了国民党和俄国布尔什维克党之间的合作计划。波波夫根据他在中国的观察告诉孙先生，他认为除了武装革命之外，没有其他的方法可以救中国。

但是，根据波波夫在莫斯科发表的文章指出，从见面的观察，他觉得孙先生显得特别缺乏自信。孙先生当时显现出一种感觉，他和俄国人士接触会使得他在上海法租界居住及他在中国活动，制造一些麻烦。所以他当时表示不愿同俄国建立紧密的联系，波波夫因而对孙先生的反应感到失望。

波波夫失望之余，评论孙先生是一个“旧式军人”，因为孙先生曾告诉他，除了使用军事方式以外，没有其他方法可以挽救他的国家。但是，波波夫也透露了一个信息：孙中山曾经跟他提出国民党同布尔什维克合作的军事计划。然而，波波夫认为孙先生这一构想并不符合俄国的现实需求，因为俄国在连年内战之后，俄国人渴望的是和平而非战争。

尽管波波夫对孙先生的评价某些是负面的，但是，俄国当局却始终对孙先生抱以期盼。

1920 年 6 月 23 日，莫斯科召开的旅俄华工联合会第三次代表大会开幕，大会分别提议将列宁与孙中山列为名誉主席。该联合会的大会还两次通过致电孙中山，希望以列宁的名义邀请孙先生到俄国访问。并且希望孙先生领导号召中国给予俄国新政府外交承认。俄国最高领导阶层加里宁和齐采林等人到会致辞，齐采林并且亲笔修改了致电孙中山的有关电文，希望大会决定邀请孙中山到俄国访问时，孙先生能够到俄国直接认识俄国的社会主义的伟大思想。

1920 年 7 月 5 日，旅俄华工联合会会长刘绍周再次致电孙先生和中国人民，要求孙先生促请中国政府与俄国建交。7 月 16 日，孙先生委请夫人宋庆龄代为草拟电报稿，回复刘绍周。电文表示：热情赞扬旅俄华工对中国与俄国建交的热忱与愿望。孙先生告诉刘绍周，目前中国只是徒具名称的共和国，政权却是操控在一帮专政主义者和军阀之手，人民没有自由，孙先生表示，还要进行一次革命运动，扫除这帮军阀，方能实现刘绍周期待中国政府的 4 项要求。

又据学者考察，在 1920 年稍后，孙先生曾接到列宁请人从伦敦拍发来的电报，邀请孙先生前往俄国实地考察。但孙先生当时以国内形势复杂多变，不便离去而委婉辞谢。

1920 年 11 月 20 日，俄国派遣代表胡定康（或译维经斯基）到上海与孙先生见面。据台湾现存之国民党原始资料显示，胡定康是在 1920 年春天抵达中国活动，于是年秋季到上海会晤孙先生。孙中山在寓所的书房与胡定康见面，并且询问了许多关于俄国革命的问题，询问十分详尽。孙先生告诉胡定康："广州之地理位置不允许吾人与俄国建立交际"（The geographical position of Canton does not permit us to establish contact with Russia）。孙先生询问胡定康有没有可能性，在海参崴或满洲设立一所强有力的无线电报局，方便广州和俄国的联系。在与孙先生结束晤谈后，胡定康南行，至广州与陈炯明会晤。

中国则有更具形象性的孙先生会见胡定康的情景。胡定康会晤孙中山，是经由陈独秀和李大钊的介绍，双方约定会面的。会晤的地方，是"摆着装满书的书柜"的书房。孙先生对如何把刚从驻扎在广州的广西反革命军队手中解放出来的中国南方的斗争，同遥远的俄罗斯建立联系，感到十分有兴趣。

胡定康在这次的中国之行结束后，建议俄国选择北方军阀吴佩孚，作为中苏关系进一步开展的主要对口人选。他片面地认定，孙中山不是俄国理想的合作对象，因为他"是一个不切实际的梦想家"，而且，原本他欲见孙中山的主要目的，乃是要请孙中山引介他到南方会晤陈炯明。

真正对孙先生内心深处生起"联俄联共"意念，起了积极刺激作用的一位建树人物，厥为共产国际代表马林（Maring）。

1921 年 12 月 23 日，孙先生人在广西桂林，和共产国际代表马林会面。马林是荷兰籍人士，会说流利的英语。和孙先生一谈就谈了 5 天之久（另说停留 3 天时间，会晤两次）。

马林向孙先生提建议，组织一个能联合各阶层尤其是工农群众的政党；

建立革命的武装核心，应先创办一个军官学校以培养革命骨干。孙先生对马林的建议十分赞同。

国民党保管在台湾的史料则指出，马林是与一名叫张春木的，联袂抵达桂林的，张春木就是张太雷。马林抵桂后，孙先生命国民党宣传部长兼广西支部长邓家彦招待他。安排马林下榻在广西银行，该行建筑雅致清洁，设备完善，是那时比较现代化的建筑。马林刚进银行大门，见行内电灯辉煌，非常开心地说："我今天总算重回文明社会了。"因为马林在到桂林的一路上，都是穷乡僻壤，荒村茅屋，没有电灯，入夜一团漆黑。到桂林正是掌灯时分，见到银行电灯明亮，不觉欢呼。马林住在桂林三天时间，两次和孙先生见面，并建议孙先生改组国民党，与中国共产党合作，但孙先生当场未予马林具体答复。马林又问孙先生，您的革命基础为何？孙先生答称："中国有一道统，尧、舜、禹、汤、文、武、周公、孔子相继不绝。余之思想基础，即承此道统，而发扬光大耳。"

马林这外国人当然听不懂他在说啥，因为对中国文化所知极为有限，故而听不懂孙先生讲的尧、舜、禹、汤这些古代贤君是何许人也，再问一遍孙先生，意所何指，孙中山的答案还是不变，马林依然不明白孙先生话中含意。这是马林与孙中山第一次谈话的即景。

马林第二次与孙先生约晤，地点选在独秀峰山麓旧桂王府。这次，孙先生不是单独会晤马林，而是找来了党内骨干，像是胡汉民、许崇智、陈少白、邓家彦、曹亚伯、林云陔、朱卓文、李禄超和儿子孙科等人。在约晤最初，孙先生先让马林讲话，马林宣布，第三国际这次派他到中国的目的，是希望国民党与共产国际结成联盟，共产国际愿意助中国革命一臂之力。听完马林的讲话，孙先生环顾四周，询问大家："在座各位同志有什么想法要说的吗？"大家面面相觑一片静默。孙先生遂以英语发言，与马林展开对话："俄国革命到今天才四年，它的事迹世界各国记载都不多，文献很缺乏，所以我们一般比较难得知具体情况。我们同样是革命党人，岂有不同情革命的呢？但是，革命的主义各国不尽相同，甲国能够实施的，到了乙国往往行不通，所以共产在苏俄行得通，而在中国则断乎不能。何况我们的军队驻扎在桂林，目标是北伐，现今吴佩孚驻军在洞庭湖专门防备我们，我们如果夺取洞庭、进窥武汉，直取长江，而长江流域是英国人划定的势力范围，英国如果知道我们联合俄国，对我必心怀忌恨，极力防堵我们，以协助直系军阀。这么一来，我们北伐的军事行动就会受到阻碍。所以，这是我的担忧。为了安全考量，现今只能与俄国作道义上的联络，等到我们北伐的军队挥师北进，直捣北方，我们再来思考作具体的合作计划，也不嫌晚。”

但是，值得留意的是，虽然孙先生担心当时和俄国合作，会遭遇到英国的敌意阻挠，增加他北伐大业的困难，不利于他的统一计划，故而仍有些顾忌，但是在这次会晤马林的过程中，却有几点重要的突破。马林是共产党李大钊介绍到桂林的，他带着李大钊的介绍信，而且还由李大钊嘱咐张太雷陪同前来桂林会晤孙先生。孙先生始终非常推崇李大钊，李氏更是国共开展党组织合作至关重要的关键人物。根据孙夫人宋庆龄的回忆，孙先生同李大钊最早的交往，可以回溯到 1919 年的五四运动之后，孙先生对李大钊等人孜孜不倦研究马克思主义和列宁主义的著作之举，倍加肯定。李大钊对孙先生十几二十年来不改其志、不屈不挠从事爱国救国之革命运动，亦为之神往倾慕，两人彼此甚为惺惺相惜。

1920 年，列宁在共产国际第二次代表大会上，起草了著名的《民族和殖民地问题提纲》，列宁主张在比较落后的国家和民族中，共产党应当同资产阶级的民主党派结合成联盟的策略。因此，共产国际多次派人到中国，目的便是寻求与中国的资产阶级民主党派的合作关系。胡定康和马林都是肩负了同样的政治使命，到中国与孙先生接触的。

马林肩负着共产国际交付的任务，与孙先生固然仅止于意见交换，并未形诸文字上的协议，但是，双方在口头上都表达了进一步合作的意愿。对于马林提出的“组织一个能联合各阶层尤其是工农群众的政党”“建立革命的武装核心，创办军官学校以培养革命干部”等议题，孙先生都表示了高度的兴趣。唯有在合作方式上，双方仍须具体研究。俄国明显感受到孙先生的友善回应，故而陆续派出使者，接续访晤孙先生，以期落实具体合作构想。

就在马林离开桂林之后 4 个多月，共产国际远东书记处成员塞尔盖·亚历山大罗维奇·达林于 1922 年 4 月 26 日，从俄国辗转途经上海、香港到了广州，在 4 月 27 日到 6 月 16 日的近两个月间，达林和孙先生进行了长时间、多次数的会谈与磋商，每次会晤时间都长达两个小时左右。达林向孙先生详细介绍了俄国的现况，并且再次向孙先生提出了希望国民党能与中国共产党合作的建议。据达林日后的回忆显示，孙先生对俄国红军的组织和政治教育，表现了极高的兴趣。

然而，达林万万没有想到他与孙中山的会晤，却被陈炯明叛变的炮声所中断。

宋庆龄于事变结束后，在上海《民国日报》发表了一篇亲笔记录，简要讲述了事变发生过程中她所目睹的情景：

> 六月十五日之夜二时我正在酣梦中，忽被中山先生喊醒，并催速起整装同他逃出，他刚得一电话，谓陈军将来攻本宅，须即刻逃入战舰，由舰上可以指挥，剿平叛变，我求他先走，因为同行反使他不便而且我觉得个人不致有何危险。再三婉求，他始允先行，但是先令五十名卫队全数留守府中，然后只身逃出。
>
> 他走了半小时以后，忽有枪声四起，向本宅射击，我们住的是前

龙济光所筑私寓，位居一半山上，有一条桥梁式的过道，长一里许，蜿蜒由街道及住屋之上经过，直通观音山总统府。叛军占据山上，由高临下，左右夹击，向我们住宅射发，喊着："打死孙文！打死孙文！"我们的小卫队暂不反击，因为四围漆黑，看不出敌兵。我只看见黑夜中卫队蹲伏的影子。黎明时，卫队开始用来复枪及机关枪与敌人对射。敌方却瞄准野炮向宅中射来，有一炮弹击毁我们澡房。卫队伤亡已有三分之一，但是其余的人，仍英勇作战，毫不畏缩。有一位侍卫爬到高处，挺身而战，一连击毙不知多少敌人。到了八时，我们的军火几乎用完，卫队停止回击，只留几盒子弹，候着最后的决斗。

此时情势，逗留也没有意义了。队长劝我下山，为唯一安全之计。其余卫兵，也劝我逃出，而且答应要留在后方防止敌人追击，听说这五十名卫兵竟无一人幸免于难。同我走的有二位卫兵和姚观顺副官长（中山先生的侍卫）。我们四人，手里带着一点零碎，在地上循着桥梁式的过道爬行，这条过道正有枪火扫射，只听见流弹在空中飞鸣。有一二回正由我鬓边经过。我们受两旁夹板的掩护，匍匐而进。到了夹板已被击毁之处，没有掩护，只好挺身飞奔过去，跟着就是一阵哔剥的枪声。在经过这一段后，姚副官长忽然高叫一声倒地，血流如注。一看，子弹穿过他的两腿，伤中大血管。半小时后，我们看见火光一闪，那条过道的一段整个被毁，交通遂断绝。我们把姚副官长抬进一屋，把他的伤口随便绑起来，我不敢看他剧痛之苦，他反安慰我说："将来总有我们胜利的一天。"

自从八时至下午四时，我们无异葬身于炮火连天的地狱里。流弹不停四射。有一次在我离一房间几分钟后，房顶中弹整个陷下。到四时，一向守中立的魏邦平师长派一军官来议条件。卫兵提出的第一条就是保我平安出险，军官说他不能担保我的安全，因为袭击的不是他的军队，而且连他们自己的官长，都不能约束。说话间，前面两层铁大门打开。敌兵一轰进来，我们的兵士子弹已竭，只好将枪放下。我只见四围敌兵拿着手枪刺刀指向我们，把我们手里的一些包裹抢去，用刺刀刺开乱抢东西。我们乘这机会逃开，正奔入两队对冲的人丛里，幸而我头戴着姚副官长的草帽，身上又披上中山先生的雨衣，由那混乱的人群里得脱险而出。

出大门后，又是一阵炮火，左边正来了一群乱兵，要去抢财政部及海关监督处。我再也走不动了，凭两位卫兵一人抓住一边肩膀扶着走……正走之时，忽有一队兵由小巷奔出，向我们射击。同行的人叫大家伏在地上装死，那些乱兵居然跑过去，到别处去抢掠了。我们爬起又跑。过了将半小时，枪声渐少，我们跑到一座村屋……枪声沉寂后，我化装为一村妪，剩余的一卫兵扮作贩夫，离开这村屋。那夜通宵闻见炮声……再后才欣然听见战舰开火的声音，使我知道中山先生已安全无恙了……第二天，仍旧化装为村妪，我逃到沙面，在沙面由一位同志替我找一小汽船。我与卫兵才到岭南，住友人家。

在河上，我们看见几船满载抢掠品及少女，被陈炯明的军队运往他处。后来听说有两位相貌与我相似的妇人被捕监禁。我离开广州真巧，因为那天下午，我所借宿的友人家又被搜查。那天晚上，我终于在舰上见到中山先生，真如死别重逢。后来我仍旧化装由香港搭轮来沪。

陈炯明反叛，是孙中山革命历程中，一次少见的同志逆反、同室操戈经历，这也让孙先生警觉到重新组建一个组织纪律严明的革命政党的必要性，意识到拥有一支服从党的指挥的军队的必要性。孙先生个人在事变经过中，有更为惊险的遭遇，及现身说法，孙中山在 1922 年 9 月 18 日，一份主题为《就陈炯明兵变始末及未来计划告国民党同志书》的文稿中，针对陈炯明叛变与未来因应之法，作了详尽的说明，文中关于陈炯明叛变的经过，他如是说：

> 六月十六日之变，文于事前二小时得林直勉、林拯民报告，于叛军逻弋之中，由间道出总统府，至海珠。甫登军舰，而叛军已围攻总统府，步枪与机关枪交作，继以煤油焚天桥，以大炮毁粤秀楼，卫士死伤枕借，总统府遂成灰烬。首事者洪兆麟所统之第二师，指挥者叶举，主谋者陈炯明也。总统府既毁，所属各机关咸被抢劫。财政部次长廖仲恺，事前一日被诱往拘禁于石龙；财政部所存帑项及案卷部据，掳掠都尽。国会议员悉数被逐，并掠其行李。总统府所属各职员，或劫或杀。南洋华侨及联义社员，亦被惨杀。复纵兵淫掠，商廛民居横罹蹂躏。军士掠得物品，于街市公然发卖。繁盛之广州市，一旦萧条。广州自明末以来二百七十余年，无此劫也！五年逐龙济光之役，九年逐莫荣新之役，皆未闻有此，而陈炯明悍然为之，倒行逆施，乃至于此！
>
> 文既登兵舰，集合舰队将士，勉以讨贼。目击省垣惨罹兵燹，且闻叛军已由粤汉铁路往袭韶关，乃命舰队先发炮，攻击在省叛军，以示正义之不屈，政府威信之犹在。发炮后始还驻黄埔，以俟北伐诸军之旋师来援，水陆并进，以歼叛军。此为当日决定之计划，而文久驻兵舰之所由也。
>
> 其时，虎门要塞已落叛军之手。惟长洲要塞司令马伯麟能坚守，与舰队相犄角，合以海军陆战队及新招诸民军，为数虽少，尚能牵制叛军兵力，使不能尽聚于北江，以御北伐诸军之归来。故叛军必欲得此而甘心，一欲终置文于死地，一欲以死力攻下长洲，使舰队失陆地以为依据也。相持二旬有余，叛军终不得逞。而舰队中竟有一部分将士受其运动，使海圻、海琛、肇和三大舰驶出战线，长洲要塞孤悬受敌，

遂以不守。文乃率余舰驶进省河，沿途受炮垒轰击，僚属将士皆有死伤，所驻永丰舰亦被弹洞穴，然以奋斗不馁之结果，竟于七月十日进至白鹅潭。此役也，以兵舰数艘，处叛军四集环攻之中，不惟不退，且能进至省河，以慑叛军之胆，而壮义士之气，中外观听亦为之耸。海防司令陈策等更分率兵舰及民军，往袭江门等处，以牵制叛军兵力；事虽未就，而诸将士之忠勇劳苦，诚可念也。

北伐诸军未闻变以前，已攻克赣州，进至吉安。陈光远既逃，蔡成勋亦不敢进，南昌省城指顾可得。然北伐诸军入赣州后，搜得陈光远致其部将电报，已尽悉陈炯明谋叛事实。盖陈炯明坚嘱陈光远固守赣州，以扼北伐诸军之前进，而己则将率兵以袭北伐诸军之后，故陈光远据此以严饬所部死守以待也。北伐诸军将领见此等电报，已知陈炯明蓄谋凶险，祸在必发。及胡汉民自韶州驰至，告以六月十六日变乱消息，军心激昂。许崇智、李福林、朱培德即日决议，旋师讨贼，黄大伟继归，李烈钧留守赣南，以为后方屏蔽。惟梁鸿楷所部第一师于议决之后，潜归惠州与陈炯明合。第一师为邓仲元所手创，入赣之役，与许崇智等部共同作战，乃闻变之后，始而踌躇不决，终乃甘心从逆，仲元之目为不瞑矣。许、李、朱、黄诸部自南雄、始兴进至韶州，七月九日开始与贼剧战，复分兵出翁源，湘军陈嘉祐所部亦来助战。前后二旬有余，其始军锋甚锐，屡挫贼势，贼惟扰欲退者屡矣。然贼据粤汉铁路，运输利便，且凭借坚城以为顽抗，而西江等处响应之师不以时应，使贼得倾注全省兵力，以萃于韶州、翁源一带，与北伐诸军相搏。北伐诸军饷弹不继，兵额死伤者无可补充，犹力战不屈。直至蔡成勋、沈鸿英之兵自后掩至，李烈钧所部赣军与敌众寡悬殊，至于挠败。于是许、李、黄、陈等部首尾受敌，无可再战。许、李、黄等部退至赣东，朱、陈等部退至湘边。

是次北伐诸军自五月初至八月初旬，凡三阅月中，始而由粤入赣，与陈光远之敌兵战，继而由赣回粤，与陈炯明之叛军战，曾无一日之休息，不但久战而疲，即远道之劳殆已非人所堪，其坚苦卓绝，洵足为革命军人之模楷！而陈炯明辈，以欲遂其把持盘踞之欲，至不惜勾通敌人，以夹击其十余年同患难共死生之袍泽，廉耻道义扫地以尽矣！

文率诸舰自黄浦进至白鹅潭后，贼以水雷狙击永丰舰不得逞，又欲以炮击沙面酿成国际交涉不得遂。诸舰虽孤悬河上，无陆地以相依倚，无可进展，然以为北伐诸军果得进至省城附近，则水陆夹击，仍非无望，故坚忍以待之。自六月十六日至八月九日，历五十余日之久，舰中将吏虽极疲劳，意气弥厉。及闻北伐诸军已由始兴、南雄分道退却，知陆路援绝，株守无济，文始率将吏离舰，乘英国兵舰至港，转乘商轮赴沪。

孙先生在这份公开发表的《就陈炯明兵变始末及未来计划告国民党同志书》的末尾又写道：

于此犹有言者：文率同志为民国而奋斗垂三十年，中间出死入生，失败之数不可偻指，顾失败之惨酷未有甚于此役者。盖历次失败虽原因不一，而其究竟则为失败于敌人。此役则敌人已为我屈，所代敌人而兴者，乃为十余年卵翼之陈炯明，且其阴毒凶狠，凡敌人所不忍为者，皆为之无恤，此不但国之不幸，抑亦人心世道之忧也。迹其致此之由，始则虑文北伐若有蹉跌，累及于己，故务立异以求自全。充此一念，遂冒天下之大不韪而不恤，其心虽鸷，其胆则怯。顾革命党人常以国民之前锋自任，当其一往直前之际，前敌未可料，后援亦未可必，其所自任者，本至险而至难，苟无坚确之操，则中道溃去，或半途离畔，亦事所恒有。数年以来，护法事业蹉跎未就，与于此役者，苟稍存畏难苟安之意，鲜有不失其所守者。特陈炯明之厚颜反噬，以求自全，为仅见耳。然疾风然后知劲草，盘根错节然后辨利器，凡我同志，此时尤当艰贞蒙难，最后之胜利终归于最后之努力者，此则文所期望者也。

孙先生之所以说，陈炯明叛变事件是他“为民国而奋斗垂三十年，中间出死入生，失败之数不可偻指，顾失败之惨酷未有甚于此役者”，其原因之一，当然与事变突发之际孙先生个人的际遇，他的夫人与同志的际遇，有莫大之关联。回顾在事变发生之初，孙先生是根本不相信陈炯明敢于叛变，继则坚持不愿意离开观音山总统府。因为孙先生对陈炯明信任无疑，所以他连自己的警卫军都北调韶关，只在观音山总统府留下卫士50人，并留有武器30支“手机关枪”、子弹1万余发，有的侍卫人员还没有枪支。事发前一晚（6月15日）的10点钟，有军官以电话报告孙先生，称“今夜粤军或有不轨行动，将不利于总统（孙先生），务请总统离府”，但孙先生以为必是谣言中伤陈炯明，不予采信。两个钟头后，到了深夜12点，孙先生的秘书林直勉又接到电话密报，情况十分危急，陈炯明部果然有叛逆之举，林直勉立即与总统府诸军官商议严加戒备的事宜。林直勉偕同参军林树巍报告了孙先生，称乱军可能即将迫近，急劝孙先生尽速离府，暂时走避。

但孙先生竟以“虽然陈炯明这个人很恶劣，但应当还不至于谋反，何况他的部下都是和我们多年共患难的战友，彼此都有感情，怎会做出这等不道义的事”。林氏等苦劝，孙先生仍不听，坚持留下。到了半夜2点钟，有从粤军营中偷偷出走的军官特地跑来总统府报告，称粤军正准备开拔，上级甚至下命令，特准士兵“大放假”三天，“大放假”在军阀时期军中暗语就是听任士兵烧杀淫掠的意思，并且预告粤军行动的时间定在凌晨3点。

这时秘书林直勉再也管不了那么多了，再次进入总统府催劝孙先生，孙先生还是说：“陈炯明如果真的敢叛变，戡乱平逆，这也是我的责任，怎么可以轻易就离开总统府，这不是放弃自己的职责吗？如果我们无法平乱，也只有一死以谢国人了。”林直勉这时也顾不了是不是抗命了，命令随从数人硬是把孙先生架住，强力扶持孙先生走出总统府。

半夜时分，孙先生被侍卫强行劝离总统府，身上只着了一件单衣，而且把卫队全部留下以保护夫人宋庆龄。故而只有秘书、侍从林直勉、林树巍两人扶着他从侧门走出总统府。此刻，陈炯明的叛军开始在各处布哨，已经很难自由通行。孙先生一行被叛军哨站接连盘问好多次，竟都幸运过关。孙先生等人快步走到财政厅前，突遇大股叛军，从东边徒步走来，孙先生从容不迫，走进叛军队伍里，叛军竟然不疑有他，以为是同袍，未予查问。孙先生且走且看，行至永汉马路出口，急往长堤方向快走，抵达海珠海军总司令部。在那里遇到海军总司令温树德等军官，一块儿登上楚豫兵舰，再召集各兵舰舰长，决定戡平陈炯明之乱。这才算从陈炯明的叛军虎口中脱险。但后来仍然经历了一场恶战，总算安然度过危机。

事变结束，孙先生被迫离开广东。8 月 9 日，孙先生得到英国领事通知，将派炮舰“摩汉”号护送他前往香港。英舰出虎门要塞时，孙先生对身边的同志说：“我实在想不到我们竟然能够安然脱险。今天能够一息尚存，我们的革命事业仍然不可有丝毫懈怠，民国的重责大任仍然在我们的肩头，不可辜负大家原本的自我期许。”特别的是，孙先生是搭英国炮舰离开广州，而在香港，改搭了一艘轮船“俄国皇后”号前往上海。

陈炯明叛变，无疑给孙先生的革命事业带来巨大的冲击。但凡事有一失必有一得，有剥亦必有复。孙先生也从此次的失败教训中，得到了鲜明的启示：未来革命事业的方法与步骤，党与军队的组织与互相关系，面临着改弦更张的变革契机，唯有变，才可以使得党组织与革命的进程得到进一步飞跃的开展。

一线曙光，正在前方不远处闪现。

稍早之前，中国共产党中央委员会集会于杭州，作出了加入国民党的决定。马林在上回与孙中山的会晤中，曾经以此方案征询孙先生同意，孙先生表示允许及欢迎共产党员以个人名义加入国民党。

俄国方面为了延续发展之前马林、达林等人与孙先生的晤谈成果，当孙先生甫自陈炯明叛变后的广州危城脱险才两个月光景，俄国政府派出的正式代表越飞（Adolf A.Joffe）便已经于8月12日抵达北京。越飞南来之前，8月25日，派出他的一名先遣人员先行到上海，越飞派遣的这位代表是俄国军方官员，他拜会了孙先生以后，孙先生认为事涉紧急，当即在8月30日这天，发了一封快信给回浙江老家省亲的蒋介石（按：蒋氏稍早为粤军作战科主任，后任第二军参谋长、大元帅府大本营参谋长等职。因陈炯明叛变时期驰援孙先生，从此平步青云），孙先生在信上告诉蒋介石：

“日来变局愈速，非兄早来沪同谋不可。军事进行，湘与闽似已有不谋而合之势，湘较闽尤急而有望。……某事近已由其代表专人带函来问，远东大局问题及解决之法，予已一一答之。从此彼此已通问讯，凡事当易商量矣。彼有一军事随员同行，已请彼先派此员来沪，以备详询军事情形，想不久可到也。”

孙先生与蒋介石等人先行会晤了越飞的先遣人员，没几天，中国共产党主要创始人之一的李大钊，于8月底再度和孙先生在上海见面，两人会谈的主题是：“振兴国民党以振兴中国。”谈论的焦点自然仍是围绕着今后国共合作的观念原则，与具体方法步骤问题，彼此寻求一致的共识。

1923年元旦，苏维埃社会主义共和国联盟正式成立。同一天，孙先生以中国国民党名义发表宣言，发布他个人及国民党对时局的主张，和民族、民权、民生三大政策。这份宣言指出：

本党总理孙文先生，内审中国之情势，外察世界之潮流，兼收众长，益以新创，乃以三民主义为立国之本原，五权宪法为制度之纲领，俾使民治臻于极轨，国基安于磐石，且以跻于有进而无退，一治而不复乱之域。吾党名称虽有因革，规则虽有损益，而主义始终一贯，无或稍改。溯自兴中会以至于今，垂三十年，吾党为国致力，虽稍稍有所成就，而挫折亦至多；顾所成就者为主义之成就，而所挫折者则非主义之挫折，特进行之偶然颠蹶而已。民国以前，吾党本主义以建立民国；民国以后，则本主义以捍卫民国。前此数年，为民国与非民国之争，最近数年，为护法与非法之争。抚已有之成效，既不敢不自勉；思现存之缺陷，又不敢不自奋。则惟有夙夜黾勉，前进不已，以求最后之成功。据此宗旨，依三民五权原则，爰定国家建设计划及采用政策：

（一）民族方面：消极的为除去民族间之不平等，积极的为团结国内各民族，完成一大中华民族。欧战以还，“民族自决”之义，日愈昌明，吾人当仍本此精神，内而厉行教育普及，促全民族之进化；外而力图改正条约，恢复我国国际上自由平等之地位，以谋世界民族之平等。

（二）民权方面：代议制度，阶级选举，皆已不合时宜，欲践民权之真义，必须实行普选制度，废除以资产为标准之阶级选举；以人民集会或总投票之方式，直接行使创制、复决、罢免各权。并确定人民有集会、结社、言论、出版、居住、信仰之绝对自由权。

（三）民生方面：欧美经济之患在不均，不均则争。中国之患在贫，贫则宜开富源以富之。惟富而不均，则仍不免于争，故思患预防，宜以欧美为鉴，力谋社会经济之均等发展，及关于社会经济一切问题，同时图适当之解决。其纲领为由国家规定土地法，一定时期之后，私人之土地所有权，不得超过法定限度，私人所有土地，由地主估价报值于国家，国家就价征税，并于必要时得依报价收买之。由国家设立机关，经营管理铁路、矿山、森林、水利及其他一切大规模之工商业。其次清查户口，整理耕地，改良币制，订定税法，制定工人保护法，确定妇女与男子地位之平等，改良农村组织等，皆为要着。

为了联合苏俄，为了与中国共产党合作，孙先生在国民党党内作了一番窗明几净、打扫门庭的迎接准备。在这份书面文字的宣言发表之后第二天，孙先生又召开了党务改进会议，宣布了新的党纲及党章，推定了中央干部人选。两个多星期后，苏联政府的全权代表越飞于1月18日，到达孙先生位于上海莫里哀路29号之寓所，进行了历史性的会面，双方进行了多次的会晤。

历经了多次反复的会商与讨论后，孙先生与越飞发表了著名的《孙文越飞宣言》，它的全文是这样的：

（一）孙逸仙博士以为共产主义组织甚至苏维埃制度，事实上均不能引用于中国，因中国并无可使此项共产主义或苏维埃制度实施成功之情形存在之故。此项见解，越飞君完全同感，且以为中国最重要最迫切之问题，乃在民国的统一之成功，与完全国家的独立之获得。关于此项大事业，越飞君并向孙博士保证，中国当得到俄国国民最挚热之同情，且可以俄国援助为依赖。

（二）为明了此等地位起见，孙逸仙博士要求越飞君再度切实声明一九二〇年九月二十七日俄国对中国通牒中所列之原则。越飞君当即重新确认此项原则，并向孙博士切实宣称：俄国政府准备且愿意根据俄国抛弃帝制政府时代对华一切条约及强索权利之基础，另行开始中俄交涉。上述各条约中，包括关于中东铁路之各项条约及协定在内（关于此路之管理，上述通牒中第7条曾特别叙述之）。

（三）因承认全部中东铁路问题，只能于适当之中俄会议始克满意解决，故孙逸仙博士以为就目前的实际情况，宜于该路之管理上，觅一相当办法，且与越飞君同意现行铁路管理法，只能由中俄两国政府不加成见，协商暂时改组。但不得损害两方之真实权利及特别利益。同时，孙逸仙博士以为此点应与张作霖将军商洽。

（四）越飞君向孙逸仙博士切实宣称（孙博士对此层完全满意）：俄国现政府决无亦从无欲在外蒙实施帝国主义政策，或使其脱离中国之意思与目的。孙博士因此以为俄国军队不必立时由外蒙撤退，缘为中国实际利益与必要计，中国北京政府庸弱无能，无力阻止因俄兵撤退后白俄反对赤俄之阴谋与敌对行为之发生，而酿成一种较目下尤为严重之局面。

《孙越宣言》象征着孙中山的革命历程，与国民党新时期的到来。而这个新时期的降临，又分别从“联俄”与“联共”两路并进，相得益彰。

在“联俄”的这部分，孙先生又特别注重与苏联军事关系的开展。他希望国民党能从苏联争取到资金和武器的援助，并且在苏联协助之下，组建一所现代化的军官学校，俾便在日后北伐统一征途中，无往不利。

《孙越宣言》发表之后第 7 个月，蒋介石奉孙先生之命，从上海出发，前往苏联考察，考察团的名称为“孙逸仙博士代表团”，到苏联主要考察的项目内容为党务政治与军事。偕同人员有沈定一、张太雷、王登云等人。他们在 1913 年 8 月 16 日从上海出发，辗转经由大连，再搭南满铁路抵达苏联访问。

联俄联共的政策既经孙先生一声令下，加以落实，国民党自是如虎添翼。又因广东滇、桂、粤等讨逆军战胜了陈炯明叛军，再次取得了广州的控制权，故而孙先生又得以在 1923 年 2 月 15 日，重新回到广州，并且在国民党全体党人、中共、俄国顾问和滇桂粤军这 4 个方面力量的通力合作下，在广州重建了大元帅府，重新确立了孙先生在广东的政治地位。在这个基础之上，孙先生因而能够进一步积极改组国民党，使得国民党的组织能迎合新时期政治形势的需求。他在1913年11月30日，发表了中国国民党的改组宣言，明白昭告党内外人士他的主张与看法：

吾党组织，自革命同盟会以至中国国民党，由秘密的团体而为公开的政党，其历史上之经过垂二十年。其奋斗之生涯，落落大者：见于辛亥三月广州之役，同年十月武汉之役、癸丑以往倒袁诸役、丙辰以往护法诸役。党之精英，以个人或团体为主义而捐生命者，不可胜算，当之者摧，撄之者折。其志行之坚，牺牲之大，国中无二。然综十数年已往之成绩，而计效程功，不得不自认为失败。满清鼎革，继有袁氏；洪宪堕废，乃生无数专制一方之小朝廷，军阀横行，政客流毒，党人附逆，议员卖身，有如深山蔓草，烧而益生，黄河浊波，激而益溷，使国人遂疑革命不足以致治，吾民族不足以有为，此则目前情形无可为讳者也。

窃以中国今日政治不修，经济破产，瓦解土崩之势已兆，贫困剥削之病已深。欲起沉疴，必赖乎有主义、有组织、有训练之政治团体，本其历史的使命，依民众之热望，为之指导奋斗，而达其所抱政治上之目的。否则民众蠕蠕，不知所向，惟有陷为军阀之牛马，外国经济的帝国主义之牺牲而已。国中政党，言之可羞，暮楚朝秦，宗旨靡定，权利是猎，臣妾可为，凡此派流，不足齿数。而吾党本其三民主义而奋斗者，历有年所，中间虽叠更称号，然宗旨主义，未尝或离。顾其所以久而不能成功者，则以组织未备，训练未周之故。夫意志不明，运用不灵，虽有大军，无以取胜。吾党有鉴于此，本其自知之明，自决之勇，发为改组之宣言，以示其必要。先由总理委任九人，组织临时中央执行委员会，以始其事。行将召集海内外全党代表会议，以资讨论。关于党纲章程之草定，务求主义详明，政策切实，而符民众所渴望。而于组织训练之点，则务使上下沟通，有指臂之用，分子淘汰，去恶留良。吾党奋斗之成功，将系乎此，愿与同志共勉之。

孙先生身为党的领导人，他非常清楚国民党的问题何在、沉疴何在。正如这份改组宣言所谓的“顾其所以久而不能成功者，则以组织未备，训练未周之故。夫意志不明，运用不灵，虽有大军，无以取胜”。孙先生为了使国民党“关于党纲章程之草定，务求主义详明，政策切实，而符民众所渴望。而于组织训练之点，则务使上下沟通，有指臂之用，分子淘汰，去恶留良”，下定决心要在苏联友党与中共友党的臂助之下，从根本处重新改造国民党的体质，使之符合未来中国革命之所需。

从 1894 年 11 月成立以来，以迄 1924 年 1 月，国民党这个拥有 30 年历史的政党，竟然连一次全国性质的代表大会都没召开过，此已足以印证国民党不能如孙先生所言“上下沟通，指臂之用”的原因了。

1924 年 1 月 20 日，中国国民党仿效中共和苏联友党的成例，召开了国民党第一次全国代表大会，孙先生以国民党总理的身份，非常明确地揭示了他这次改组国民党的真正目的，他的谈话大意是：此次国民党改组，第一是要组织一个有力量而且具体的政党；第二是用政党的力量，去改造国家。政党中最紧要者，为各位党员有一种精神结合，必须“牺牲自由”，“贡献能力”。如个人能够牺牲自由，然后全党方能得自由；如个人能贡献能力，然后全党才能有能力。及至全党有了能力，然后才能担负革命的大事业，才能够改造国家。孙先生强调，国民党唯有采用新的革命方法，才得以重新造党、建国。

孙先生非常清楚，党内原本有很多守旧势力是反对他的“联俄联共”主张的。例如，国民党广东支部长邓泽如就领衔了 11 名党员，上书孙先生反对孙先生的“联俄联共”主张。但是孙先生依然不为所动。夫人宋庆龄也曾经当面询问孙先生，为什么需要共产党加入国民党呢？孙先生回答：“国民党正在堕落中死亡，因此要救活它就需要新鲜血液。”

在孙先生的理念坚持之下，第一次全国大会开会之初，孙先生指定汪精卫、胡汉民、李大钊、林森、谢持5人为大会主席团。共产党人李大钊、毛泽东、林伯渠等人出席了大会，并参加了大会的领导工作。大会还通过了共产党人起草的以反帝反封建为主要内容的《中国国民党第一次代表大会宣言》，重新解释了三民主义，确立了联俄、联共、扶助工农的三大政策。大会通过的《中国国民党章程》中，同意共产党员及社会主义青年团员以个人资格参加国民党。以上各项议案与政策的确认，意味着孙先生领导下的国民党正式步入了与共产党合作的道路，奠定了国民党建军、北伐的基础。

1924年1月30日，第一次代表大会闭会之日，这天通过了国民党的政纲，选出了国民党的中央执行委员及监察委员。选举名单是由孙先生提出名单，当众报告，再由与会的党员行使同意，结果一律多数举手通过。当选的中央执行委员24人，他们是：胡汉民、汪兆铭、张人杰、廖仲恺、李烈钧、居正、戴传贤、林森、柏文蔚、丁惟汾、石瑛、邹鲁、谭延闿、覃振、谭平山、石青阳、熊克武、李大钊、恩克巴图、王法勤、于右任、杨希闵、叶楚伧、于树德。候补中央执行委员17人，分别为：邵元冲、邓家彦、沈定一、林祖涵、茅祖权、李宗黄、白云梯、张知本、彭素民、毛泽东、傅汝霖、于方舟、张苇村、瞿秋白、张秋白、韩麟符、张国焘。中央监察委员5人：邓泽如、吴敬恒、李煜瀛、张继、谢持。候补中央监察委员5人：蔡元培、许崇智、刘震寰、樊钟秀、杨庶堪。

1月30日当天下午的闭会式中，孙先生发表了一段讲话，主题是《党员之奋斗同于军队之奋斗》，孙先生表示：

党员的奋斗，是和军队的奋斗一样。军队在奋斗的时候，如果司令官的命令，一时不对，当兵士的都要服从，照原来命令去共同前进，若是都能前进，或者将错就错，也能打胜仗。如果一部分的军队，看出了命令不对，便单独行动，以致牵动全军，不能一致前进，弄到结果，不是首尾不能相顾，自乱阵线，便要被敌人各个击破，全军就要覆没了！本党党员从前常有自以为是的，便要独断独行，所以弄到全党的精神，非常涣散，革命事业，不能成功。以后要我们的革命事业，完全成功，便要大家一致行动，团结精神。自根本上讲起来，革命事业，是大家的事，不是一个人的事。既是大家的事，必要大家同心协力，才可以实行。……我们这次在广州开会，是重新来研究国家的现状，重新来解释三民主义，重新来改组国民党的全体。……现在已经是民国十三年，就是国民党在各地方公开奋斗了十三年。因为见到从前的奋斗尚不充分，所以这次要开大会，把全党来改组。从前奋斗不充分的原因，是由于没有办法。……从今以后，拿了好办法去革命，便可一往直前，有胜无败，天天成功。把三民主义、五权宪法，宣布到全国的民众，在今年之内，一定可把革命事业做到彻底的大成功！

第十二章

黄埔建军　秣马厉兵

“甚妥，但宣传大刚应即起草　鲍罗廷四月廿八日”。鲍罗廷，这位苏联派到中国南方政府的“政治总顾问”，在国民党党内一份述及广东组织商民团体的文件中，留下了这么一句批示文字。这是鲍罗廷在中国期间，较少见而珍贵的公事批文，现存台北国民党党史馆。鲍罗廷那时的职务，是孙中山先生的“政治总顾问”。上述批示，应系出自中文秘书的手笔，然而，文书侍从竟会将“大纲”误写为“大刚”，却也教人颇感意外（按：鲍罗廷的中文秘书先后有张太雷、瞿秋白、傅大庆、杨明斋、李仲武、卜士奇、黄平、李瑞等人）。

爱抽英国加力克香烟的鲍罗廷。1923年6月21日，一个俄国人，亚·伊·赵列潘诺夫悄悄来到北京。他是第一批奉共产国际命令，到中国担任广州南方政府的苏联军事顾问之一，在前往广州之前，他必须先赶赴苏联驻北京大使馆报到。在苏联官方提供的顾问名单上，亚·伊·赵列潘诺夫排名第四，仅次于排名第一的“政治总顾问”鲍罗廷、排名第二的“军事总顾问”加伦将军，与排名第三的另一位“军事总顾问”波·亚·帕弗洛夫。

赵列潘诺夫在事后回忆说，1923年，他奉苏联政府和党的委派，加入了第一批苏联军事顾问的5人小组，前往中国。赵列潘诺夫说，他们是应伟大的中国革命家孙逸仙博士的邀请，到他领导的广州政府的军队中服务。

北京街头奇异的东方特色，让刚下火车的赵列潘诺夫颇感新奇，街上鱼贯奔驰的汽车不断鸣响喇叭，轿式马车、双轮马车、人力车，各色新旧式车辆毫无秩序地在街道上奔窜，苦力驮负重担蹒跚而行，许多穿着传统长袍马褂的北京市民熙来攘往，人力车夫吆喝兜揽生意，小贩沿街叫卖，有的人敲着梆子，有的鸣着汽笛，吸引路人的目光。赵列潘诺夫走在热闹陌生的马路人群中，正不知所措时，远处传来一阵似曾相识的音乐声，定神一听，原来是帝俄时代的国歌《光荣属于我们的帝王》。一群穿着丧服的出殡队伍，在俄国乐仪队前导下，正巡行北京街头。俄国革命后，许多白俄人流亡到中国，为了谋生，被迫委身丧葬乐仪队，因不会演奏中国丧曲，索性吹起旧俄国歌为人送葬，实为一大讽刺。

政治总顾问鲍罗廷按原计划，本该与赵列潘诺夫等人联袂抵达中国，却由于孙中山派遣中国代表团（按：即“孙逸仙博士代表团”团长蒋介石）访问莫斯科，而略微推迟了前往中国的时间。1923 年 10 月初，鲍罗廷抵达了广州，孙中山、宋庆龄夫妇热情地接待了这位英文流利的俄国布尔什维克。鲍氏曾经在美国、墨西哥、英国秘密宣传共产主义，后曾在英国监狱中，度过一段牢笼岁月的磨难。鲍罗廷与孙中山夫妇因可以用英语交谈，不久成为私交甚笃的好朋友。

宋庆龄的妹妹宋美龄，日后在一篇长文中，对鲍罗廷做过生动的描写。宋美龄把鲍罗廷形容成像歌德笔下《浮士德》的“恶魔”靡非斯特。宋美龄笔下的鲍罗廷，身材高大，相貌端正，仪表堂堂，梳着“狮头”——整洁略卷的深棕色长发，直接往后梳到颈后。还蓄着一小撮酷似法国将军的短髭。他的英语不仅没有俄国腔，还带着浓浓的美国中部口音，说话的声音低沉清晰，有如男中音，发表议论时态度从容。

宋美龄说，在不同场合，鲍罗廷总是一身淡灰、藏青哔叽、浅褐或深褐色中山装。她也记得鲍罗廷在兄长宋子文宅邸内，来回踱着方步，被熏黑的食指和中指，夹着一根英制加力克，或者三五牌香烟。他偶尔会坐下来点烟，但作结论时，无论结论的长短，他不停来回踱步，有一种本领，哪怕香烟的烟灰拖得老长，却仍旧继续高谈阔论，直到烟灰即将掉落地板，他才把香烟丢弃到最近的烟灰缸里。

宋美龄说，从鲍罗廷抽烟的模样观察，显示他是一个很适合向“外派的”顾问人员讲演，而且是一位最适合阐明政策，指导政策与战术的老手，也是一位习惯在秘密环境压力下工作的人。

苏联顾问在中国最突出的建树，主要表现在党务、政工、军队 3 个方面。在鲍罗廷协助下，国民党逐步演化为一个具备列宁主义特色的政党。1923 年 10 月 15 日，鲍罗廷在广州市公园的一场演讲中，提出了他对国民党改组的 5 点建议。孙中山全盘采纳了鲍罗廷的意见。修改党纲；制定党章；在广州和上海建立党核心组织，建立全国各地方党组织；召开国民党第一次全国代表大会，选出新的中央执行委员会。

两个月后，亦即 1924 年 1 月 20 日，国民党在广东高等师范学校，召开了第一次全国代表大会。孙中山决定采用鲍罗廷提供的苏联革命经验，今后革命要靠党的力量，应当把民众的力量，化作党的力量，运用民众的力量来从事斗争。

就在国民党一大闭会之后不久，孙中山在他的宅邸接见了鲍罗廷、瞿秋白和一群俄国军事顾问。孙先生告诉在场的中俄同志说，为了驱逐军阀和军阀赖以生存的帝国主义者，中国必须仿照苏联的模式，建立一支革命军（或者说是“党军”），并以广东作为北伐的基地。

孙中山这次召见谈话不久，在鲍罗廷的住所，又由鲍罗廷、蒋介石，及王柏龄、何应钦等人，共同商讨黄埔军校建校事宜。在与苏联军事顾问商议后，黄埔军校成立了以下科别：步兵科、炮兵科、工兵科、通信科、经理科、机枪科。在苏联顾问的指导下，黄埔军校为了组建中国第一支政工骨干，还在军校成立了政工班，政工班学生的必修课程有政治经济学、帝国主义论、三民主义、三大政策、中国历史、西方革命运动史……讲授政治教育的教官包括了军校的党代表廖仲恺、政治部主任周恩来、中共党员恽代英、以反共著称的戴季陶等人。

苏联顾问还帮国民党建立了第一支现代化炮兵与空军种子部队。1926 年之前，中国炮兵还无法在掩体内发射大炮，只能在阵地发射，并且只会使用表尺和准心作粗略的瞄准。为使中国炮兵懂得在掩体内发射大炮，苏联顾问教会他们懂得大炮炮身的结构、大炮反后坐的装置、大炮的瞄准装置，并且教导中国炮兵使用测角器、罗盘仪、沙氏炮台镜。北伐部队能在日后的讨伐军阀作战中无往不利，炮兵部队起了相当关键的作用。

基于北伐军事之需，苏联派了一支将近 20 人的飞行员队伍，把飞机从遥远的俄国运到广州，壮大国民革命军的阵容。

苏联军事顾问在国民革命军建军及北伐过程中，更居决定性的角色地位，但是，很少人知道北伐的整体作战参谋计划，是出自苏联首席军事总顾问华·康·加伦将军之手（按：加伦系化名，他的本名叫瓦西里·康斯坦丁诺维奇·布留赫尔）。俄国顾问亚·伊·赵列潘诺夫在他返回苏联后撰写的回忆录中指出，以蒋介石为统帅的北伐战役，其作战计划是由加伦将军口述，命令国民革命军第四军军长、国民革命军南路总指挥李济深负责草拟完成。换言之，整体作战的战略思维，是加伦的设计。

在苏联军事顾问亚·伏·布拉戈达托夫瑞的回忆里，蒋介石总司令对加伦非常器重。加伦为蒋介石代拟的命令，蒋介石从不修改一字，就任由其公布。临时有要事相商，蒋介石也总是移尊就教，亲自到加伦办公室讨教，在加伦面前，蒋介石总是正襟危坐，礼敬有加。据布拉戈达托夫瑞的说法，党军里头，唯独白崇禧对加伦态度最"放肆"，白崇禧在加伦接见时，总是往沙发上一躺，而且还把一只脚跷起放在沙发上，一度引起加伦不悦，暗示白注意礼貌。

苏联军事顾问的到来，为国民党建立属于自己的一支"党军"，创造了孕育襁褓的第一个条件。苏联从海参崴开辟了直通广州的航线，为中国南方的国民党政府运来了源源不绝的武器枪炮，甚至飞行器。紧接着，就是落实建立"党军"最基础性的工作，建立一所培育军队核心骨干的军官学校。

1924 年 5 月 2 日，在经过台面下一拨拨人事争斗之后，蒋介石被孙先生特任为陆军军官学校校长兼粤军参谋长，后又任命廖仲恺为黄埔军官学校的中国国民党党代表。三天后，黄埔军官学校的第一期生入伍，编入学生第一、第二、第三队，7 日当天，又有 120 名的原定备取学生入校，被编为第四队，全校计约有 500 名入学新生。

6 月 16 日，是黄埔军官学校正式成立典礼之日。当天早上 6 时，孙先生在夫人宋庆龄等人陪同下，乘“江固”兵舰从大本营出发前往黄埔，“江汉”兵舰在后侧护卫。早上 7 点 40 分，兵舰抵达黄埔军校，军校校长蒋介石、党代表廖仲恺率领黄埔师生在校前码头列队迎候。孙先生等人随即进入校长室休息，并先浏览学校教职员制作的教学计划相关图表，先后又接见了黄埔军校的重要干部，包括教授部主任王柏龄、教练部主任李济深分别带来会见之各教官、特别官佐、学生队长等。8 点 50 分，孙先生巡视黄埔军校的教室及寝室约半小时。9 点 20 分，再回校长室休息片刻，10 分钟后即赴军校礼堂演讲一小时。

孙先生在那天的致辞中指出，今日是本校开学的日子，我们为什么会创办这个学校呢？因为中国革命已历十有三载，结果只有民国之年号，而无民国之事实。这原因就是因为我们没有革命军，来持续推动革命党之志愿。只有革命党的奋斗，而没有革命军的奋斗，所以我们的革命事业难以尽其全功。所以，我们创立黄埔军官学校之希望，就是为了将革命事业重新创造，以军校学生作为我们革命的基本队伍，建成一支革命军。各位学生都是我们未来革命军的骨干，挽救中国危亡之大任，就在你们这些学生的肩头！

孙先生在黄埔建军的同时，还要应付来自方方面面的挑战与瞬息万变的环境变迁。孙先生先是在 8 月 10 日派兵缉获广州商团私运的一批军械，引起广州商团与国民党当局之间的尖锐矛盾，继而演变一连串的军事冲突。继而 9 月 4 日浙江军阀卢永祥来电孙先生，请求结成“粤、奉、浙三角同盟”，共同讨伐直系军阀，孙先生决定趁此良机率军北伐，分兵进入江西、湖南。因此，1924 年，孙先生正当 59 岁的这年，既是他此生最辉煌但也是最兵马倥偬的一年。

广州商团事件只是一桩插曲，北伐才是孙先生最看重的头等大事，所以现姑且把发生在前面的广州商团事件先搁在一旁。

1924 年 9 月 5 日，孙先生在广州大本营召开军事会议，在这次会议中，孙先生宣布他决定督师北伐。他之所以要在黄埔建军不过才 3 个月不到，基础尚未稳固的情况下，骤然宣布北伐，有 3 个主要原因。

第一个原因，北方自从曹锟贿选窃占总统大位之后，国内形成反直系大联合。这时北方军阀都晓得孙先生联俄联共，背后有俄国人的势力，所以，国民党在广东的军事、政治影响力大增，是一股可以争取联合的南方政治势力。是故，皖系的段祺瑞、卢永祥，奉系的张作霖，都与孙先生函电交驰。第二个原因，基于陈炯明叛变带来的阴影，孙先生警觉到广州的政治环境仍很恶劣，附近的敌对势力仍然可能形成肘腋之患，如东江一带的陈炯明、林虎、洪兆麟等，敌对势力的部队约有三万之众，对国民党的革命基地形成一定程度的压力。而服从在国民党旗帜之下的地方武装势力，像是杨希闵的滇军、刘震寰的桂军，平日贪横不法，假革命之名，行割据之实。其他还有谭延闿的湘军、朱培德的滇军、许崇智的粤军、李福林的福军、樊钟秀的豫军，纵使有不少是忠贞的国民党追随者，但仍不乏心怀异志之辈。孙先生希望借着北伐的机会，一方面验证这些朋友的真伪善恶，另一方面把他们调出广东，一则可以让广东百姓休养生息，一则可以借此找寻新的革命基地。第三个原因，希望借此机会统一广东的财政，彻底整理广东的财政资源。

不过总的来说，孙先生最重视的根本目标，仍是统一民国的天下大势。上述的第二、第三两个原因，反而是次要的问题了。所以，我们不妨从一些具体的小事例，观察孙先生与北方军阀间的微妙互动关系。

单以孙先生和东北张作霖的关系而言，就有不少有趣的故事。

孙先生的党人同志中，不乏东北籍者。其中有一位叫宋大章的党人，辽宁北镇人，毕业于奉天法政学堂。宋大章于留学日本期间加入同盟会。回国后，任职关外都督府秘书长、大元帅府参议，于张作霖手底下担任要职，基于这层关系，孙先生便请宋大章在东北担任国民党联络员，负责联系与东北的关系。

在宋大章的运动之下，东北的重要骨干，如王永江、杨宇霆、张学良、郭松龄等人都愿意同国民党合作，并进而配合游说大帅张作霖，对南方采取“远交近攻”的策略，和广东孙先生领导的国民党合作。因而还发生了一桩趣事。

宋大章在给孙先生南方政府的信函里，曾提及“派韩麟春赴沪专谒先生，商具体之办法。并携有小款报销吾党”。信函中所谓的“小款”，竟是10万元现大洋，这在当年是一笔很大的数目。可有趣的是，韩麟春这人好赌，带着这10万大洋南下上海，竟然在赌场里赌输了8万元，亏空了8万大洋，临时也没法子补齐这笔款子，只好硬着头皮拿剩下的2万元去见孙中山，孙中山也不晓得过程中有这段经过，回信给张作霖时向张大帅道谢，说2万大洋收到了。张作霖收到回信，追问事情原委，大发脾气，太没颜面了，最后又给孙先生补齐了8万元现大洋，再请专人送去。

这则事例足以印证孙先生和北方军阀之间，并不是冰火不能相容的，而且彼此之间有着非常微妙的合纵连横关系。而借这一层微妙关系的，往往是孙先生的北方籍党人同志。例如，在1924年间，孙先生便曾经派遣东北籍的国民党人李梦庚、朱霁青、刘国增、傅汝霖、王星舟、邹桂五等6位同志奔赴东北，从事“东北临时宣传员”，表面上的任务是“阐扬三民主义”“从事东北革命工作”。实际上孙先生赋予李梦庚的职务是“中央党部吉林特派宣传员”，工作范围是吉林、奉天两省。国民党党史资料明确记载，1922年2月12日，“张作霖代表李梦庚到桂林，商合作”。这更说明了孙先生和东北的张作霖之间的关系是十分密切友好的。

此外，再看孙先生和段祺瑞、冯玉祥等军事强人的关系。孙先生在袁世凯接任临时大总统初期起，便与北洋诸将领有过结识，历经讨袁护法等役，孙先生才与北方军阀关系略疏，但是“老关系”还是存在的。孙先生晚年，再次拉近与段祺瑞的关系，当属曹锟贿选事件爆发。1923 年 10 月 7 日，孙先生之国民党发表宣言，申斥讨伐曹锟贿选窃位，孙先生同时也通电段祺瑞、张作霖、卢永祥等人，建议对曹锟事件采取一致行动对付之。11 月 25 日，孙先生亲见叶恭绰，派他到奉天，与张作霖商讨讨伐直系军阀的事宜，孙先生还写了一封信给张作霖，大意说：“广东内部平定可期，而北伐计划亦可从此施行。”

在叶恭绰及其他关系人等的穿针引线之下，孙先生得以和段祺瑞、张作霖结成了“三角同盟”，决定共同反直。这当中还有一位曲同丰，他是山东烟台人，北洋海军出身，武昌起义曾在云南高举义旗。曹锟贿选事件后，孙先生曾经当面任命曲同丰担任“北洋招讨使”，后者虽未接受，但他回北方之后，曾经代表段祺瑞同孙先生推派的叶恭绰，连袂前往奉天面见张作霖，反直“三角同盟”能够形成，曲同丰也扮演着居间促成的角色。

前面提及，9 月 5 日，孙先生在大本营召开军事会议，决定亲自督战北伐，国民革命军将分兵进入江西、湖南，由谭延闿任职北伐军总司令，胡汉民留守广州，代行大元帅职务，并兼广东省长，廖仲恺为军需总监兼财政部长。孙先生的战略构想是，在北伐战役中，奉军会入关打直系军阀，江浙一带有卢永祥可以支撑大局，武汉附近还有响应北伐军的友军部队。所以，孙先生数度催促蒋介石，如果商团事件导致广州危险，令蒋介石可以舍去黄埔孤岛，将所有枪弹与学生，一齐开赴韶关，作为北伐孤注一掷的武装力量，可见，这次的北伐军事行动在孙先生心目中的重要性，颇有破釜沉舟、全力拼命的况味。

但是，身处后方的蒋介石，设身处地的想法则与远在韶关的孙先生，针对商团事件军事冲突的想法却不尽相同。蒋介石显然想测试一下黄埔军校师生这群“初生之犊”，另外，蒋介石认为广州毕竟是国民党这支革命武装力量的根据地，假使根据地都守不住，还奢谈什么北伐战争呢。所以，如果想要在未来的北伐战争中旗开得胜，必先得在广东站稳脚跟。职是之故，必先解决变生肘腋的商团事件，再谈其他。

广州商团事件最初发生在8月10日那天，孙先生据报有一条“哈佛轮”航行在广州白鹅潭附近，孙先生随即下了一道手令，命令蒋介石派两艘兵舰“永丰”“江固”，把这艘“哈佛轮”监押到黄埔岛，就停泊在军校校门外。“哈佛轮”被扣留后，黄埔军校的学生军发现这条船上竟然运载有大批的军火物资。经过详细查明，确认这条船上的军火，全部是广州商团会长陈廉伯以商团名义，从国外运来广州的。

陈廉伯之所以会进口武器，孙先生的分析，有3个重要原因，其一，原本的粤军领导者，横征暴敛，引起商民严重不满，亟思挟武以自重；其二，英帝国的香港政府唯恐孙先生和苏联走得过分近，所以想利用商人政府取代孙先生在广州建立的政府；其三，商团和陈炯明的关系十分暧昧，暗中勾结可能性很大。

孙先生的研判是有根据的。早在这一年的5月下旬，因为广州市政府宣布了一项措施，要统一市区马路周边的业权，按照这个措施，必须向马路边上每家店铺收取店铺捐，这道新规定引起了商界的不满，广州的七十二行开会决定总罢市，并准备召集商团及乡团等武装力量，打算和政府对抗。后来广州市政府被迫取消这项规定，但是商团却因而做大，经常在地方上兴风作浪。商团的会长陈廉伯，身兼广东英商汇丰银行的买办，英国人因为不满国民党和苏联接近，三天两头就鼓动商团的情绪，甚至煽动陈廉伯，你如果能够运作商团，反对广州的国民党政府，英国愿意支持你陈某人组织商人政府，未来你就是中国的华盛顿了。

陈廉伯听了英国人的甜言诱惑，心里轻飘飘的，暗想，反正有英国人背后撑腰，何乐不为。于是，商团从最初的三五十人，开始慢慢扩展，更在英国人的协助之下，购买进口了9000支长枪，由悬挂挪威国旗的“哈佛轮”装载进口，孙先生知道此消息之后，便向他的英国领事老友探询，英国领事和孙先生是老交情，把商团进口军火的原委告诉孙先生。英国领事说，香港、上海的外国报纸早就有过新闻报道，陈廉伯反对你们广州政府，你们还不知道吗？我再告诉你一个秘密，有好几个英国人，引介陈廉伯购买军火、练兵，反对广州政府，这是第一批军火，以后陆续还有第二批和第三批的军火武器。但英国领事告诉孙先生，和陈廉伯勾结的是少数英国人，和英国政府无关，他将向英国驻华公使汇报，惩办这些鼓动陈廉伯的英国人，但至于商团方面的惩办问题，权力在广州政府。

孙先生掌握了商团的动态和内幕之后，决心对商团采取铁腕手段。于是，正如前面提及的，8月10日早晨，蒋介石奉孙先生之命，派了“永丰”“江固”两艘兵舰，把载着进口军火的“哈佛轮”监押到黄埔军校校门外的江边，并且把“哈佛轮”上所有的军火武器，予以没收。上回英国领事告诉孙先生，商团进口军火和英国无关，可是，到底有关或无关，事实胜于雄辩。商团与陈廉伯得知“哈佛轮”上新购的军火被广州政府没收了，立即煽动广州七十二行商店实施全面罢市。蒋介石得知商团可能准备闹事，宣布长洲要塞区域内戒严。

商团见到广州政府不理会商团的激烈反应，于8月23日向广州政府提出三项要求：一是无条件交还所有被扣留的枪械；二是请广州政府准许商团成立联防总部；三是取消对陈廉伯的通缉。孙先生根本不予理会，下令蒋介石，将没收的部分驳壳枪175支、机关枪18支，及两种枪支的弹药，交给广州政府铁甲车队用。

8月25日起，广州商团强迫广州市面上各商店罢市。由于商团的行为有越来越脱序的趋势，广州政府打算派兵镇压商团叛乱，没想到这时英国驻广东总领事来了一封措辞十分霸道的信函，声称，奉香港英国海军总司令的训令，如果中国广州政府敢对广州市区开炮，所有一切可用的英国海军军队，应立即展开行动，这是8月27日的事态发展。孙先生对英国当局的态度非常愤怒，他于9月1日发表了一篇宣言，指责英国领事的帝国主义举动。孙先生在宣言中说：商团的叛国行动，实因有英国的帝国主义当它的后盾。孙先生又指出，英国工党政府曾经表示同情被压迫民族，但实际上非但未放弃对中国采行炮舰政策，反而更变本加厉，英国领事对我大肆威吓，那些话简直就无异于宣战。

此外，孙先生复于9月10日向英国麦克唐纳政府提出抗议，孙先生在抗议中指出："中国的反革命党屡次得到英国历届政府的外交及经济援助，本政府实际是现今力抗反革命党的中流砥柱，前次英驻粤领事馆的最后通牒的目标，实际上是消灭本政府。对于近日这种帝国主义干涉中国内政的行为，我们在此提出严重抗议！"

孙先生致电英国政府以后，伦敦方面训令香港的舰队司令，不可以采取军事行动，所以停泊在白鹅潭的英国兵舰没有明显资助陈廉伯商团的举动。

一个月之后，商团事件本可和平落幕，竟又因为商团意图谋反而扩大事端。10月初，广州政府为了息事宁人，本来打算以折中办法，发还商团长短枪支5000支，交给商团代表转发，并由商团缴交20万元，并且抽取全市房租捐一个月，同时答应全市各商店全面开市，这些条件广州政府和商团也都同意，而且照做了，但是，10月10日这一天却出了事情。当天下午3点多，为庆祝双十节，那时军校学生和广州市工农各界，在市区举行大游行，队伍经过门濠口时，商团突然向着游行队伍开枪射击，打死工团军数人，徒手群众也在混乱中被打死打伤数十人，情势便立刻不可收拾。商团随即在西关架天桥，设置炮垒，用铁栅门把各个街道隔开，等于是把广州划分为东西两边。商团再度谋叛的迹象已经再明显不过了。

孙先生分别致电胡汉民、蒋介石、许崇智、古应芬等人，示意不再对商团容忍，决定以武力彻底解决。

其实，商团的武装组织是一支组织并不严整的队伍。胡汉民得孙先生指示，决心剿灭商团之后，他以代行大元帅的身份，下令警卫军、工团军、农民自卫军、飞机队、铁甲车队、兵工厂卫队、陆军讲武学校、滇军干部学校等单位的武装人员，一律归蒋介石统领指挥。粤军、滇军、湘军、桂军都接到命令，分别镇守各责任街道。

10 月 14 日晚间 7 点，商团从广州大市街出动，蒋介石命令黄埔军校师生，协同各军进入阵地。凌晨 4 点，太平门、普济桥一带商团，首先向警卫军开火射击，蒋介石遂下令警卫军及各路军队还击，警卫军首先冲破栅门进入商团盘踞范围，与商团进行巷战，各军对商团一路追剿，原本被商团占据地点，不到半天工夫，全部被警卫军攻下。接战情况显现商团根本不堪一击，最后完全缴械投降，带头的陈廉伯则逃之夭夭，商团副团长陈恭受到黄埔向蒋介石投降乞和。商团事变不过一天时间，就被以黄埔军校为主的军警主力击破，这也是黄埔师生第一次实战经验，成果辉煌。

商团事变落幕，不料，北京又发生了一桩大事，冯玉祥、胡景翼、孙岳等军事将领，在北京发动了一场政变，软禁了总统曹锟。这事件的核心人物是冯玉祥，冯氏系直系军人的重要将领，但是，吴佩孚对他处处排挤，冯玉祥因而对曹锟、吴佩孚十分不满。在他发动政变之前，孙先生刚好在 10 月 19 日这天，任命了张继、王用宾、刘守中、续桐溪、焦易堂等人为军事委员，同时派遣徐谦为冯玉祥军的“慰问使”，续桐溪为陕军的“慰问使”，王用宾为直军的“慰问使”。孙先生派这些人到北方是有用意的，派到冯玉祥跟前的是徐谦。

10月23日凌晨2时许，冯玉祥的军队占领北京各要地，发动政变，曹锟被迫下野。政变是从当天凌晨2点开始，冯玉祥的军队进入北京之后，包围了曹锟的总统府。

冯玉祥是直军重要将领，在第一次直奉战争中，曾经立下战功。战后受吴佩孚排挤，冯玉祥对曹锟、吴佩孚不满，同时受孙中山代表徐谦影响，密约反戈倒直（按：依照张学良日后接受口述历史访谈时所说，冯玉祥倒戈事件，其实是受张学良50万大洋收买的结果。居中拉线的是基督教青年会一名美国籍总干事）。9月15日，奉军趁江浙战争相持之机，集结主力，分别向热河和山海关方面出动。9月18日，第二次直奉战争正式爆发。冯玉祥趁吴佩孚在长城山海关一线与奉军激战之时，率部从古北口、密云前线秘密回师北京，在北京警备副司令孙岳配合下，于23日晨占领北京城，囚禁曹锟，发动北京政变。23日，冯玉祥、胡景翼、孙岳联名通电主和，同时要求曹锟下令停战，免去吴佩孚所兼各职。

冯玉祥和孙岳、胡景翼、米振标等军事将领发表联名通电。冯玉祥在通电中表示："国家建军，原为御侮，自相残杀，中外同羞。不幸吾国自民九以还，无名之师屡起，抗争愈烈，元气愈伤，执政者苟稍有天良，宜如何促进和平，与民休息。乃者东南衅起，延及东北，动全国之兵，枯万民之骨，究之因何而战为谁而战，主其事者恐亦无法作答。本年水旱各灾，饥荒遍地，正救死之不暇，竟耀武于城中，吾民何辜，罹此荼毒，天灾人祸，并作一时。玉祥等午夜彷徨，欲哭无泪，受良心之驱使，为弭战之主张，爰于十月二十三日决意回兵，并将合所属各军，另组中华国民军，誓将为国民效用，如有弄兵好战，殃吾民而祸吾国者，本军为缩短战期起见，亦不恤执戈以相周旋。现在全军已悉数抵京，首都之区，各友邦使节所在，地方秩序，最关重要，自当负责维持。至一切政治善后问题，应请全国贤达，急起直追，会商补救之方，共开更新之局。所谓多难兴邦，或即在是。临电翘企，伫候教言。”

事已至此，曹锟已形同被囚禁，而内阁官员也逃离北京，迫不得已，曹锟宣布下野。

诚如前言，冯玉祥之所以发动北京政变，固然有冯氏面临之客观形势，在主观上冯玉祥也是北方诸将领中，少数倾心孙先生革命主张者之一。事有凑巧，就在冯氏发动北京政变前数日，孙先生曾经在10月19日任命徐谦为冯玉祥军队的慰问使，孙先生还写了一封亲笔信给冯玉祥，特地请徐谦向冯玉祥转达，孙先生劝告冯玉祥利用适当之机会，“当用革命手段以救国”，这封写于民国十三年（1924）十月中的信函内容如下：

“北京徐季龙先生：偶密。请告冯，北京国会为不合法。若仍声声以此非法国会为言，当无商量之余地。倘北方武人知其冒牌之非，而有彻底之觉悟，以救国为前提，吾等亦不坚持合法国会。盖国会分子多属无望，则当用革命手段以救国。如能本此意与民党携手，则除绝陈之外，再无条件矣。孙文。”（笔者按：徐谦，或名徐子谦，字季龙，安徽歙县徐村人。1922年，任中俄庚款委员会主席。1926年任中俄大学校长、国民党北京执行部主任，1926，曾任广州国民政府司法部长，北伐时期任职武汉“中国国民党中央执行委员与国民政府委员临时联席会议”主席。1927年武汉七一五反革命政变分共之后，避难香港，1940年病逝于香港。）

冯玉祥发动政变后，他的部队，3个军，分别由他本人、胡景翼、孙岳三人统领，在北京附近布防，严防吴佩孚反攻。与此同时，奉军从关外长驱直入，吴佩孚军大败，吴佩孚从大沽乘轮船逃走。曹锟和吴佩孚先后倒台，冯玉祥向来倾心孙先生之主张，冯手下大将孙岳、胡景翼都是国民党党员，段祺瑞、张作霖与孙先生近年常有函电往来，因此分别致电孙先生，请即入京，共商政事。

10月26日，冯玉祥、胡景翼、孙岳等通电拥护段祺瑞为大元帅。10月27日，孙先生致电冯玉祥、王承斌、胡景翼、孙岳等人，又致电段祺瑞，告知将于近期尽速前往北京。例如，孙先生在给段祺瑞的电报上说："大憝既去，国民障碍，从此扫除矣。建设诸端，亦当从此开始。公老成襄国，定有远谋。文拟即日北上，晤商一切，借慰渴慕，并承明教。先此奉达，诸惟鉴照是荷。"

孙先生决心北上之后，当时仍有许多党人同志忧虑孙先生此行之安全，纷纷以北方政局尚未安定，极力劝阻，孙先生毫不为之所动，并说："如果同志们拿我当大元帅，那我这趟去北京是极其危险的，如果各位当我是革命党领袖，那么我这趟北京之行是毫无危险可言的。"

既然孙先生已经打定主意，那么就应当通过党的机制研商此次北上的基本原则。为慎重起见，10月30日，孙先生从韶关返回广州，并且召开会议，商讨到北京过程中，应付北方政局的具体做法。到了第三天，也就是11月1日，国民党中央政治委员会举行第十二次会议，再次讨论了孙先生北上的相关事宜，在孙先生主持的这次会议里，出席的党员与干部同志有胡汉民、汪兆铭、廖仲恺、谭延闿、鲍罗廷等人。会议决定了孙先生的离粤北上宣言是为统一中国，同时在上海发表主张。如果北方能够同意此一主张，便可与北方合作。当天，冯玉祥等北方友好与同志再次来电催请孙先生上北京。

11月3日，孙先生特意到黄埔军校作告别之训话，孙先生当天的训话宗旨大意如此：革命之所需要的，是团体获得自由，而不是个人获得自由，因此我等必须牺牲个人的平等自由，献身于革命事业。革命军人必须遵守党内纪律，服从党内命令，全党运动要一致行动，如此革命才可能成功。而后，孙先生向军校师生报告了此次北京之行的目的，他说，我是为了应答北方同志对我的欢迎，才决定去北京的。我这趟去北京，不但本党同志欢迎，各省的反直派也表示欢迎，我相信这趟北京之行必可自由行动。但是，未来的结果如何还很难预料，然而为了我们革命的前途发展，这趟是势在必行的。然而，诸君对我这次北京之行不必过度期盼，不要以为我到北京之后就可以发动一场中央革命。我的真正目的，是借着这次北上的机会，宣传革命的主张，联络各省的同志，为着是能够在北京成立一个国民党党部，从建立党部来成立我们革命的基础。

在临行之前，孙先生对人事和代理职务的情况，作了完整的交代，吾人其实亦可从这里看出他对国民党的党政军大政方针和接班布局的梗概。他命令胡汉民留守广州，代行他的大元帅职权。在军队方面，孙先生把军权交给了谭延闿，任命谭延闿为北伐联军总司令，驻守韶关，并且办理大本营事务，孙先生把北伐的军事全权委诸谭延闿，所有进入江西、湖南的各路军队都归谭延闿指挥调度。他还下达正式的书面人事命令："本大元帅现因统一建设等要务，启行北上。除仍由大本营总参议胡汉民留守广州，代行大元帅职权外；所有大本营关于北伐事宜，着由建国军北伐总司令谭延闿全权办理，北伐各军，概归节制调遣。此令。中华民国十三年十一月四日。"

职是之故，我们可以得知，在临北上之前，除了党的权力仍集中在他自己及党部权力核心之外，孙先生已经把广东的政权、军权分别委托交代给了胡汉民、谭延闿，从这一点，我们便明了孙先生权力布局的大致轨迹。而更可窥知，孙先生晚年最信靠的党人干部，乃以胡汉民居首，是当代国民党的二把手，军权方面，孙先生则是委诸谭延闿，而不是其他的国民党军系人物。这是孙先生离开人世前，最后阶段的权力人事布局！所以，而后的历史进程，国民党内争夺领导权的斗争，硬出头的那批人，实则都是有违孙先生用人旨趣的。

临行之前两天，孙先生又在广州发表一篇《北上宣言》，详细而周延地说明他当下对中国时局的观感和主张。这份宣言也成为他晚年，最完整而扼要的剖析当代中国问题解决之道的具体看法：

本年九月十八日，本党对于出师北伐之目的，曾有宣言。其主要之意义，以为国民革命之目的，在造成独立自由之国家，以拥护国家及民众之利益。此种目的，与帝国主义欲使中国永为其殖民地者，绝对不能相容。故辛亥之役，吾人虽能推倒满洲政府，曾不须臾，帝国主义者已勾结军阀，以与国民革命为敌，务有以阻止国民革命目的之进行。十三年来，军阀本身有新陈代谢，而其性质作用，则自袁世凯以至于曹锟、吴佩孚，如出一辙。故北伐之目的，不仅在覆灭曹、吴，尤在曹、吴覆灭之后，永无同样继起之人。换言之，北伐之目的，不仅在推倒军阀，尤在推倒军阀所赖以生存之帝国主义。盖必如是，然后国民革命之目的，乃得以扫除阻碍之故而活泼进行也。

国民革命之目的，在造成独立自由之国家，以拥护国家及民众之利益，其内容为何，本党第一次全国代表大会宣言已详述之。盖以民族、民权、民生三主义为基本，而因应时势，列举救济方法，以为最少限度之政纲。语其大要，对外政策：一方在取消一切不平等之条约及特权；一方在变更外债之性质，使列强不能利用此种外债，以致中国坐困于次殖民地之地位。对内政策：在划定中央与省之权限，使国家统一与省自治，各遂其发达而不相妨碍；同时确定县为自治单位，以深植民权之基础；且当以全力保障人民之自由，辅助农工商实业团体之发达，谋经济、教育状况之改善。盖对外之政策果得实现，则帝国主义在中国之势力归于消灭，国家之独立自由可保；对内政策果得实现，则军阀不致死灰复燃，民治之基础莫能摇动。此敢信于中国之现状，实为对症之良药也。

北伐目的宣言，根据此旨，且为之说明其顺序：“（一）中国跻于国际平等地位以后，国民经济及一切生产力方得充分发展。（二）实业之发展，使农村经济得以改良，而劳动农民之生计有改善之可能。（三）生产力之充分发展，使工人阶级之生活状况，得因其团结力之增长，而有改善之机会。（四）农工业之发达，使人民之购买力增加，商业始有繁盛之动机。（五）文化及教育等问题，到此方不落于空谈。以经济之发展，使智识能力之需要日增，而国家富力之增殖，可使文化事业及教育之经费易于筹措；一切智识阶级之失业问题、失学问题，方有解决之端绪。（六）中国之法律，更因不平等条约之废除，而能普及于全国领土；一切租界皆已废除，然后阴谋破坏之反革命势力无所凭借。”以上诸端，凡属国民，不别其为实业家、为农民、为工人、为学界，皆无不感其切要，而共同奋斗，以蕲其实现者也。

国民革命之目的，其内容具如此。十三年来，帝国主义与军阀互相勾结，以为其进行之障碍，遂使此等关系民国存亡、国民生死之荦荦诸端，无由实现。为谋目的之到达，不得不从事于障碍之扫除，此北伐之举所以不容已也。

自北伐目的宣布以后，本党旗帜下之军队在广东者，次第集中北江，以入江西。而本党复从种种方面指示国民，以帝国主义所援助之军阀虽怀挟其武力统一之梦想，而其失败终为不能免之事实。今者吴佩孚之失败，足以证明本党判断之不谬矣。

军阀所挟持之武力，得帝国主义之援助而增其数量。此自袁世凯以来已然。然当其盛时，虽有帝国主义为之羽翼，及其败也，帝国主义亦无以救之。此其故安在？二年东南之役，袁世凯用兵无往不利，三四年间叛迹渐着，人心渐去，及反对帝制之兵起，终至于众叛亲离，一蹶不振。七年以来，吴佩孚用兵亦无往不利，骄气所中，以为可以力征经营天下，至不恤与民众为敌，屠杀工人、学生，以摧残革命之进行，及人心已去，终至于一败涂地而后已。犹于败亡之余，致电北京公使团，请求加以援助。其始终甘为帝国主义之傀儡，而不能了解历史的教训如此。由斯以言，帝国主义之援助，终不敌国民之觉悟。帝国主义惟能乘吾国民之未觉悟以得志于一时，卒之未有不为国民觉悟所屈服者。愿我友军将士暨吾同志，于劳苦功高之余，一念及之也！

吾人于此，更可以得一证明：凡武力与帝国主义结合者无不败。反之，与国民结合以速国民革命之进行者无不胜。今日以后，当划一国民革命之新时代，使武力与帝国主义结合之现象，永绝迹于国内。其代之而兴之现象，第一步使武力与国民相结合，第二步使武力为国民之武力。国民革命必于此时乃能告厥成功。今日者，国民之武力固尚无可言，而武力与国民结合则端倪已见。吾人于此，不得不努力以期此结合之确实而有进步。

欲使武力与国民深相结合，其所由之途径有二：其一，使时局之发展能适应于国民之需要。盖必如是，然后时局发展之利益归于国民，一扫从前各派势力瓜分利益及垄断权利之罪恶。其二，使国民能自选择其需要。盖必如是，然后国民之需要乃得充分表现，一扫从前各派包揽、把持、隔绝群众之罪恶。以上二者，为国民革命之新时代与旧时代鸿沟划然。盖旧时代之武力为帝国主义所利用；新时代之武力，则用以拥护国民利益，而扫除其障碍者也。

本党根据以上理论，对于时局，主张召集国民会议，以谋中国之统一与建设。而在国民会议召集以前，主张先召集一预备会议，决定国民会议之基础条件及召集日期、选举方法等事。预备会议以左列团体之代表组织之：一、现代实业团体；二、商会；三、教育会；四、大学；五、各省学生联合会；六、工会；七、农会；八、共同反对曹吴各军；九、政党。以上各团体之代表，由各团体之机关派出之，人数宜少，以期得迅速召集。

国民会议之组织，其团体代表与预备会议同，惟其代表须由各团体之团员直接选举，人数当较预备会议为多。全国各军，皆得以同一方法选举代表，以列席于国民会议。于会议以前，所有各省的政治犯完全赦免，并保障各地方之团体及人民有选举之自由，有提出议案及宣传讨论之自由。

本党致力国民革命，于今三十余年。以今日国内之环境而论，本党之主张，虽自信为救济中国之良药，然欲得国民之了解，亦大非易事。惟本党深信国民自决，为国民革命之要道。本党所主张之国民会议实现之后，本党将以第一次全国代表大会宣言所列举之政纲，提出国民会议，期得国民彻底的明了与赞助。

本党于此，敢以热诚告于国民曰：国民之命运，在于国民之自决。本党若能得国民之援助，则中国之独立、自由、统一诸目的，必能依于奋斗而完全达到。凡我国民，盍兴乎来！

中华民国十三年十一月十日

中国国民党总理孙文

1924 年 11 月 13 日，这一天，不但是孙先生生命历程中一个永远难忘的日子，在中国近代共和政治的历史上也是一个永远难以磨灭的日子。其实早在 12 日那天，广州各界便纷纷筹备盛大的欢送典礼，当天晚上广州市各团体及工界、学界，举行盛大的游街提灯晚会，为孙先生先期送行，孙先生特地伫立在广东财政厅前，向游街的各界人士答礼致意，到晚上 10 点钟，人潮才逐渐散去。13 日出发当天，广州政府各机关都停止上班，各个机关学校团体的门口都张灯结彩，国民党高阶干部胡汉民等 10 余人，早上

8点都到大元帅府，会见孙先生。会见结束，孙先生、孙夫人宋庆龄女士等20余位随行人员，于9点50分乘电船（小汽艇）航渡、登上永丰舰。广州天字码头的军乐声大作，鞭炮声不绝于耳，文武人员在天字码头站立欢送，孙先生则站在军舰甲板上向岸上欢送人群脱帽还礼。下午3点，永丰舰抵达黄埔，军校校长蒋介石率领全校官兵师生，在校门外恭迎，蒋介石把孙先生迎下地，孙先生再巡视黄埔军校一周，这时第一、第二期学生刚好在对岸渔珠炮台一带实施战术演习，孙先生由蒋介石导引前往校阅，对官兵学生的表现十分称许。

在与蒋介石看完学生演习后，孙先生对蒋校长感叹地说："我这趟去北京，明知道非常危险，将来能不能平安归来，还不一定；但是我这趟北上是为了革命，是为了救国救民而奋斗，又有什么危险可说的呢？何况我今年也59岁了，虽死亦可安了！"蒋介石听了孙先生这番话忽然不无惊异之感，因为孙先生平日乐观积极，向来不是这样的，便问孙先生："总理今天怎么有这么深沉的感慨呢？"孙先生说："我今天纯粹是有感而发。我所提倡的主义，深望能够早日实现，今天看到黄埔军校学生，都能吃苦耐劳，艰苦奋斗，必可继承我的革命事业，实行我的主义。凡人总有一死，只要死得其所，在二三年前，我还不能死，但是今天有黄埔的诸位学生了，可以完成我未竟之志，那么我便可以死了！"

在一片凄恻和依依不舍的气氛下，黄埔军校为孙先生宴会饯别，到下午5点50分，孙先生再登上永丰舰，傍晚6点许，永丰舰启航离开黄埔，全体师生再列队相送。永丰舰向香港方向进发，俄国兵舰"波罗斯基"号一路护送远行。岸上国民党人向孙先生座舰不停挥手致意，直到永丰舰溃缩成远方海平线上一粒芝麻小黑点。

第十三章

和平奋斗　救我中国

北京之行，随行孙先生的人员一共有20余人，除了夫人宋庆龄女士及其他女眷之外，其余多数都是孙先生的随行秘书、副官与文武职员，他们是：中文秘书汪兆铭、邵元冲、黄昌谷，英文秘书陈友仁，法文秘书韦玉，德文秘书朱和中，日文秘书戴传贤，参谋长李烈钧，高级参谋喻毓西，参军邓彦华、赵超，副官黄惠龙、马湘、吴雅觉，随员马超俊、吴一飞、罗宗孟、陈剑如，书记张乃恭。

孙先生等人在香港换搭日本邮船春阳丸，首途上海，再往日本中转。11月17日船到上海，在上海受到党人与群众4000多人（一说万余人）热烈欢迎，下榻上海莫里哀路第二十九号之自宅，在沪上停留4天之后，旋即搭乘上海丸前往日本长崎。于23日抵日本长崎，隔日又前往神户。11月28日，在神户高等女子学校，应神户商业会议所等5个团体之邀，以主题“大亚洲主义”发表演讲。同日又在神户东方饭店发表主题为“日本应助中国废除不平等条约”之演讲。

孙先生发表这两篇演讲时，日本军国主义的气焰已有愈来愈高之势，此时距离1931年日本发动九一八事变虽然尚有7年时间，但孙先生似乎已经隐隐然预感“日本民族既有欧美霸道文化，又有亚洲王道文化之本质”，日本显然摆荡于霸道文化和王道文化之间，面临十字路口的抉择。所以孙先生概言“对世界文化之前途，或为西方霸道之鹰犬，抑为东方王道之干城，是在日本国民慎择之耳”。

在日本停留一个星期后，孙先生一行于11月30日乘北岭丸离开神户，前往天津，中国党人同志及日本友人到码头相送者5000余人，孙先生站立船头脱帽为礼。在船上，除了休息时间，大部分时间在审阅由中文秘书黄昌谷记录的演说词，船过境门司，日本新闻记者登船访问，孙先生又根据在神户发表的“日本应助中国废除不平等条约”之演讲，进一步做了引申，向日本记者阐述他要求列强废除对中国的不平等条约的主张，同时，孙先生向日本记者强调，日本和袁世凯政府签订的“二十一条”，这也是不平等条约，自然也在应该废除之列。孙先生告诉日本记者：“己所不欲，勿施于人。”

北岭丸从神户到中国天津，航程需 4 天余近 5 天左右，这条船仅 2000 余吨，冬天过日本海风浪甚大，尤其是通过日本海当中著名的黑水洋海面，船行颠簸更为严重。孙先生的随行人员多半晕船，倒卧床上，无法起身，12 月 3 日，船通过黑水洋，狂风大浪，没人敢出舱门。全部人员只有孙先生和戴季陶两人仍旧到餐厅用膳，享用日式饭菜，吃得津津有味。船过了黑水洋，孙先生的中文秘书黄昌谷到船舱问候，询问：“孙先生不晕船吗？身体是否安好？”孙先生爽快回答：“我觉得很舒服，没有什么不好。”然而根据黄昌谷事后回顾，他发觉孙先生满脸倦容，而且神色露出病容。

12 月 4 日，这在北方已经进入深冬季节，虽是正午时分，气温也已零下好几度。中午 12 点，北岭丸抵达天津码头，各方代表、北方群众，共计 2 万多人在寒风中迎候。孙先生站在船头脱帽为礼，岸边群众频频欢呼。船刚靠岸，段祺瑞的代表，冯玉祥第一、第二、第三军的代表，各个团体的代表100多人，迅速冲上北岭丸的中舱，欢迎孙先生，大家竞相与孙先生握手。

不久，孙先生偕宋庆龄女士等登岸，乘马车到天津日本租界张园行馆。各代表紧跟着也到达张园，孙先生和各代表一一握手致意，又出大门口和众人摄影留念。

下午 3 点，乘车前往河北曹家花园会见张作霖，两人会谈一个多小时。张作霖和孙先生究竟谈了什么？据汪精卫日后回忆，张作霖曾与孙先生的中文秘书汪精卫说：“我从前以为孙先生是个难说话的人，今天得见才知道他是一位温厚的君子。只是北京的外国公使都不赞成孙先生，大概因为孙先生联俄的关系。你可不可以请孙先生放弃他的联俄主张，我张作霖包管叫各国公使都和孙先生要好。”

观察张作霖和孙先生会面，一般的说法是气氛并不融洽，这主要和张作霖不认同孙先生的联俄联共政策有关，两人相会，谁也说服不了谁。这可以从两人初次谋面，对话处处机锋，略窥一二。当天见面，张作霖落座之后，孙先生首先开口，意思说，今天我们到了天津，承雨亭先生派军警前来欢迎，盛意可感，特别来表示谢忱。这次直奉战争，所幸有贵军的力量，击垮了吴佩孚，推翻了曹、吴在北京的统治，这实在是奉军的劳绩。

没想到张作霖对孙先生这番奉承颇不领情，冷冷地回说，我们这批北方军人，自家人打自家人，哪里值得可喜可贺呢？陪同孙先生往访张作霖的李烈钧，听了张作霖这粗里粗气的答话，很不以为然，顾不得为客的礼数，当场也给张作霖难堪说，如果不铲除吴佩孚，民国和人民的希望何在呢？这还不值得可贺吗？更何况今天孙总理难得到北方来，孙总理的祝贺，当今也唯有你雨亭先生当得起呢！孙先生当下也顺势而言，他说，的确如此，民国以来我真还不曾当面祝贺过任何人哩！话锋如此一转，双方的谈话气氛才由僵硬，转为融洽和谐。张作霖接着关心孙先生未来行止：先生这趟到北京预定停留多久？孙先生坦然回答：我在这北方等到时局稳定，我就准备去欧美游历一趟。

12 月天，孙先生南方人不耐北方的苦寒，先是在船头脱帽致意太久，头部感觉特别冷，到了张园行馆，又和大家一起脱帽拍照，久受风寒，体力渐感吃不消，又因会见张作霖，往返河北曹家花园，在马车上受了风寒，晚上回张园行馆，孙先生身体开始发冷发热，以为是得了感冒，而且肝部也隐隐作痛，当天晚上各界欢迎孙先生的晚会，他便婉辞，由党人延聘了一位德国医师为他诊病，德国医生只注意孙先生的发烧感冒，却忽略了严重的肝病症兆。

12 月 18 日，临时执政段祺瑞派代表叶公绰、许世英两人到天津，会见孙先生，并邀请孙先生尽速到北京与段祺瑞见面。叶公绰和许世英两人在孙先生的病床前，报告了北京的近期情况。孙先生十分关心段祺瑞近日承认各国在华不平等条约的新闻报道，向叶公绰和许世英查证此事真确否？叶公绰和许世英证实段政府的确做出了这项承诺。孙先生当场大声质问两位特使："我在外面拼命主张要废除这些不平等条约，你们却在北京拼命要尊重不平等条约，这是什么道理呢？你们既然为了升官发财，怕那些外国人，尊重那些外国人的条约，为什么还来欢迎我呢？你们这样的做法不是很矛盾吗？"

在孙先生盛怒之下，叶公绰、许世英两人脸色很难看地从孙先生房间退出。不过，孙先生也因为大发脾气，导致肝病爆发，肿痛异常，心跳也增快至每分钟 120 次以上。

其实纵使孙先生不发病，北方的政治气氛，也会让孙先生消受不起的。我们可以从宋庆龄的回忆文章中提及的两件事，得到若干印证。

宋庆龄陪孙先生北上，12 月 5 日在天津，那天中午黎元洪特地请孙先生吃饭洗尘，应邀作陪的还有张作霖等人，席间都是北方要人。宋庆龄描述这次的饭局经历时表示，我作为贵宾应邀到前总统黎元洪家里，我的丈夫也出席了这次宴会，他们非常成功地炫耀了他们的财富。宋庆龄说，在吃饭时，宾客们不停地展示他们的财富和拥有哪些值钱的产业。而宋庆龄只为他们的类似举动感到难过，她说，"当他们门外拥挤着这样多苦难和贫困的老百姓时，如此的奢侈和浪费令人厌恶！"

在天津旅次，宋庆龄写信给她的美国友人阿莉，宋庆龄在信上诉说着住在这座大宅院里的心情："我们此刻住在一所君主主义者的私宅（即张园）。这是政府拨给我们住的。我真的很难体会到住在北京的一所宫殿里，会是什么样的感受。我相信我会被惯坏，在上海我们小小的两层楼住宅里，我们感到最快乐。"

北京旅次，宋庆龄的不开心，对官僚贪婪的厌恶，自然也是孙先生最深沉的感喟。再听见段祺瑞宣布承认前清和外国签订的不平等条约继续有效，孙先生自然更是肝火猛爆，不可收拾了。

由于孙先生病况趋于沉重，为了方便给孙先生医病，宋庆龄和随行人员决定迁往北京，为孙先生送医院做妥当之安排。

12 月 31 日，党人同志为孙先生安排好专车，直接由天津护送到北京，下榻北京饭店。专车抵达北京前门车站时，各界民众近 10 万人列队欢迎。据党人同志形容，孙先生看到民众热情场面，“精神为之一爽”。但孙先生实已无体力向民众表达致意。北京政府和各团体各推出一位代表，到前门车站内欢迎先生，孙中山病体虚弱，只能点头示意，随即在党人同志护送之下，搭乘汽车前往下榻之北京饭店。

到北京当天，孙先生随员及同志到处寻访名医，外国名医做了会诊，包括德国医师克利，用尽各种治疗方法，都无法控制孙先生的病情。1 月 4 日，党人又延请了一位俄国医生加入会诊阵容。

由于段祺瑞操纵和准备召开善后会议，与南北各派军阀及官僚政客进行幕后政治交易，孙先生因而认为召开国民会议、实现和平统一的愿望直如镜花水月，心情更加郁闷，因此使病情愈加恶化。1 月 20 日起，孙先生病情加剧。体温脉搏起伏甚大，有时发高烧，高至摄氏 41 度，有时体温却骤降至 27 度，到 1 月 24 日、25 日，已经无法饮食。第二天，1 月 26 日，孙先生被送进北京协和医院接受手术治疗。

然而，手术结果令人大吃一惊。1 月 26 日上午，由夫人宋庆龄女士劝孙先生允许开刀治疗，孙先生点头之后，下午 3 点进入协和医院手术室，当下体温与脉搏均高，医师毫不迟疑即行开刀。6 时许，开始手术，医师检查全肝，肉眼即可判断全肝已坚如硬木，病状已确诊为肝癌，无从割治，现场之德国、美国、俄国医师取下肝脏之极微部分，进行细部化验，再洗净肝脏，即加以缝合。医院方面告知，经显微镜详细检查切片组织，孙先生之病确定为肝癌，且已达末期，而病因至少已有 10 年以上，近因亦有 3 年之久，群医束手无策，只有使用当时唯一治疗癌症的镭锭放射线治疗法，做治标不治本的缓解疗法。

2 月 4 日，汪精卫致电广州大本营报告孙先生治疗当天情况称："昨今两日，医生已将病症真情告知总理，闻后安静而勇敢，现仍用雷电母施治。兆铭支辰。"隔天，汪精卫又把孙先生得知自己病情之后的情况，向各报社发布电报消息称："总理自闻医生告知病症后，勇气倍增，决计与病魔抵抗。昨日甚安适，今晨温度三十七，呼吸二十四，脉搏一百，为入院以来未有之佳象。"但汪精卫这封电报，亦有若干粉饰作用，实际的情况已益发严重。

2 月 12 日，医师认为孙先生已施用镭锭治疗，时数已达 45 小时，距离当时认定的 50 小时上限，还差 5 小时，医师据以认定孙先生的病症已无治愈希望。党人同志张静江建议孙夫人，应该可以试服中药，或可盼望奇迹出现。宋庆龄、孙科等亲友力劝孙先生，但孙中山以为当下仍在住院治疗阶段，在医院里使用中药，显然不尊重医院，他反对这种不诚恳的方法。孙先生向来不相信中医，但为了安慰亲友同志的好意，表示如果迁回下榻旅店，可以考虑改服中药。

由于病况始终没有明显起色，在群医无策之下，孙先生于 2 月 18 日离开协和医院，乘坐医院为其特别安排的汽车，缓慢驶往铁狮子胡同行辕。党人同志遍访名医，得知一位中医陆仲安医术高明，这位陆大夫因为曾经为胡适看过病，在北京名气很响亮。亲友怕其他人推荐孙先生会拒绝，唯以胡适的身份，因孙先生向来礼贤下士，应该会接受。是故请党人李煜瀛专程请托胡适，要胡适出面为孙先生推介这位陆仲安大夫。胡适怕推荐医生责任重大，面有难色，在汪精卫等党人同志再三央托之下，才答应所请。胡适进孙先生房间建议陆仲安为孙先生看病，孙先生告诉胡适："适之！

你知道我是学西医的人，这样不太好吧？”胡适说：“不妨一试，陆大夫他诊断了之后，是不是服药您再考虑决定。”宋庆龄也一旁敲边鼓说：“陆先生已在这里，何妨看看呢！”孙先生点了点头，陆大夫这时为孙先生把脉，孙中山伸出手来，转头朝床的另一侧凝视，宋庆龄绕到床的另一头，和孙先生四目相对。

2 月 24 日，根据医生的观察与判断，孙先生的病情极不乐观，其喉中痰甚多，神志也有渐趋不清醒的状况，医师建议，如果要让孙先生立下遗言，应该趁早。当天下午 3 点，一名女护士走出孙先生房间，向在场亲友及党人同志报告孙先生危急情况。担心宋庆龄留下来看了难受，孙先生身边的国民党干部这时商请宋庆龄暂时离开病房。大家公推宋子文、孙科、孔祥熙、汪精卫 4 人（按：另说汪精卫、张继、李烈钧、何香凝、孙科、宋子文 6 人）进入病房。孙先生眼睛半开半合，问这 4 位同志：“你们有事告诉我吗？”说完，闭上眼睛，隔了一会儿又睁开眼睛问道：“你们进来房间一定是有话告诉我，有话不妨直说吧！”

汪精卫等人犹豫着该如何启齿，汪精卫这时向前走了一步，很委婉地说：“元月二十六号那天，先生住院那天，党内诸同志都责怪我们，要请先生留下一些教诲我们的话，以便我们遵循。假使先生的病很快痊愈当然很好；假使不能痊愈，那么我们仍可以永远听见先生对我们的教训。我们都晓得先生有力量对抗病魔，我们也都愿意帮助先生对抗病魔。只是我们希望趁着先生精神好的时候，留下一些训诲的话，则十年、二十年之后，仍可让我们同志们受用。”

孙先生留意听着汪精卫讲话，偶尔欲言又止，闭目沉思，隔了好一会儿，张开眼睛说：“我还有什么可以说的呢！如果我的病能够痊愈，我还有好多话要说，我想先找一个有温泉的地方好好休养，给我几天时间好好思索，再分别告诉你们好了。但假使我不幸死去，你们就任意去办就行了，我还有什么可以讲的呢？”

汪精卫等党人同志继续请求着：“我们仍然愿意听先生的吩咐。”汪精卫说：“先生您的病情不久就可以痊愈，我们是担心调养要花些时间，难以处理公务，而且本党此时又面临重要时期，党的工作不能一刻停留，所以万请先生能早日赐训，便于我们党人遵守，以利党务进行。”孙先生仍是沉默不语，隔了好一会儿，张开眼睛说：“我若是留下话语给你们，真的会给你们带来危险的。当前有太多的敌人正要围攻你们，我死了以后，那些人更将向你们进攻了。甚至必定有办法让你们软化。如果你们不被敌人软化，强硬对抗，则更会被他们加害，危险更大。所以我还是以不说话为好，如此你们才可以应付未来的环境，也比较容易些。如果一定要我说些什么，你们将面临更难对付的环境呀！这么一来，我还要怎么说呢？”说完，孙先生仍旧闭着双眼。

汪精卫以更诚恳的语气向孙先生请求：“我们追随先生奋斗数十年，从不规避危难，今后有危险又有什么可畏惧的呢？我们从不曾被敌人软化过，今后又有谁能够软化我们呢！我们深深明了，大多数同志都能谨遵先生的话，从不计艰危和生死，先生领导我们很久了，这一点应当信得过我们。”孙先生闭着眼睛点点头说：“我已经写了很多书。”意思他要交代的事情都写在书里了，汪精卫答复孙先生：“是的，先生著作了建国大纲、建国方略、三民主义及第一次全国代表大会宣言，同志们都会竭诚奉行，但仍旧希望先生能够讲些总括性的话。”孙先生再问：“你们到底要我讲些什么呢？”汪精卫答复：“我们今天预备了一些稿子，我在这里宣读给您听，先生如果赞成，就请您在上头签个字，当成先生的训话，如果不赞成，也请您能另外赐予我们一些教诲，我可为您做笔记。”孙先生说：“好吧！你读读看吧！”汪精卫随即拿出第一份稿子，逐字逐句宣读：

“余致力国民革命，凡四十年，其目的在求中国之自由平等。积四十年之经验，深知欲达到此目的，必须唤起民众，及联合世界上以平等待我之民族，共同奋斗。

“现在革命尚未成功，凡我同志，务须依照余所著建国方略、建国大纲、三民主义，及第一次全国代表大会宣言，继续努力，以求贯彻。最近主张开国民会议，及废除不平等条约，尤须于最短期间，促其实现，是所至嘱！”孙先生听了汪精卫宣读的这第一份《国事遗嘱》（政治遗嘱），点点头说：“很好，我很赞成。”宋子文这时说：“先生对于党务已经有明确的训诲，家属是不是也请先生能说些话？”孙先生说：“对，但是要我说些什么呢？”汪精卫拿出第二份的《家事遗嘱》念道：“余因尽瘁国事，不治家产。其所遗之书籍、衣物、住宅等，一切均付吾妻宋庆龄，以为纪念。余之儿女已长成，能自立，望各自爱，以继余志。此嘱！”

念完这两份遗书之后，再由党人同志宣读第三份遗嘱。那是由陈友仁、鲍罗廷以英文书写的《致苏联遗书》，该遗书译成中文之后大意如下：

苏维埃社会主义共和国大联合中央执行委员会

亲爱的同志：

我在此身患不治之症。我的心念此时转向于你们，转向于我党及我国的将来。

你们是自由的共和国大联合之首领。此自由的共和国大联合，是不朽的列宁遗产与被压迫民族的世界之真遗产。帝国主义下的难民，将借此以保卫其自由，从以古代奴役战争偏私为基础之国际制度中谋解放。

我遗下的是国民党。我希望国民党在完成其由帝国主义制度解放中国及其他被侵略国之历史的工作中，与你们合力共作。命运使我必须放下我未竟之业，移交与彼谨守国民党主义与教训而组织我真正同志之人。故我已嘱咐国民党进行民族革命运动之工作，俾中国可免帝国主义加诸中国的半殖民地状况之羁缚。为达到此项目的起见，我已命国民党长此继续与你们提携。我深信，你们政府亦必继续前此予我国之援助。

谨以兄弟之谊，祝你们平安。

孙逸仙

在病榻上听着汪精卫等人念完这些遗嘱的草稿，孙先生点着头说："好，这些我都非常赞成。"汪精卫正准备拿着遗嘱让孙先生签字，开门去外头取笔，宋庆龄女士就在门外，悲伤痛哭，孙先生这时担心宋庆龄太过伤痛，就对汪精卫说："这些稿子你暂时先收起来吧，今天不用签字，过几天再说，反正我应该还可以撑下去，不急。"此情此景，汪精卫也不好再说什么，只好把这几份遗嘱稿子折好之后放在衣服口袋里，随后即前往国民党政治委员会报告今天的情况。

从 2 月 24 日到 27 日，孙先生持续服用中医陆仲安的药方，病情未转好但也未再恶化。但根据德国医师克利的报告指出，孙先生这几天的身体状况更加衰弱，腿肿严重，睡眠和饮食俱差，神志尚清醒。

尽管孙先生病情可以说已完全无望，但亲友及党人仍寄望奇迹出现。每天给孙先生进补人参汤，但问题是他的肝脏肿大情况恶化，身体益行消瘦，而且体内水分无法排除，导致全身浮肿。3 月 1 日，留学日本的山东籍医师王纶，开始为孙先生注射一种日本最新发明的治疗肺痈药水，每隔一日注射一次，至 3 月 10 日，始停止注射。

3 月 11 日早上 8 点，长时间守候在病榻旁的何香凝女士，发现孙先生瞳孔开始放大，眼神异常，急忙走出孙先生病房对汪精卫说："今天已经不可不请先生签字了！"但又怕宋庆龄女士伤心难过，宋子文、何香凝一块劝宋庆龄，孙夫人说："都到这种情况了，我不但不会阻止你们做这件事，而且要帮助完成签字。"何香凝听宋庆龄这么说，立刻吩咐汪精卫速去取遗嘱和墨水笔，准备让孙先生签字，但这时大家反而都裹足不前了。到了当天中午，孙先生忽然睁开眼睛逡巡床前的家属及党人同志，把大家叫到面前说："现在我要和你们大家分别了，拿前几天预备的那几份稿子过来呀，今天到了签名的时候了。"汪精卫将遗嘱稿子和墨水笔送上，孙先生因为手没有力气，一直发抖，无法拿笔，孙夫人宋庆龄含着眼泪托起孙先生的右手腕，拿着墨水笔逐一签名。

英文秘书陈友仁也拿出一份致苏联的英文遗嘱，这份文件是由陈友仁和鲍罗廷草拟的，文字比较长，再由宋子文宣读了一遍，孙先生也在上头签了字。

孙先生签完名，再由当天在场的笔录者及证明者一一签名。

3月11日当天，在孙先生病榻前的亲友及重要党人同志，除了夫人宋庆龄、长公子孙科之外，尚有吴敬恒、宋子文、孔祥熙、汪兆铭、戴恩赛（孙先生女婿，女儿孙婉之丈夫）、邵元冲、戴传贤、邹鲁、张人杰、陈友仁、何香凝等10余人。孙先生签过名之后，又经亲友及党人在《国事遗嘱》与《家事遗嘱》上署名证明，签字的人员有宋子文、孙科、孔祥熙、邵元冲、戴恩赛、吴敬恒、何香凝、戴季陶、邹鲁等人，笔记者汪精卫也签了名。

孙先生又与宋庆龄私下谈话，谈了许久，内容与遗嘱内容相近，但因恐事属私密，现场无人笔记。与宋庆龄谈完，孙先生召唤儿子孙科、女婿戴恩赛，叫到面前，叮咛他们要"顺事继母宋夫人"。又召唤何香凝，过去，因为长期待在日本的缘故，孙先生呼唤何香凝，都以日语亲切称之为"奥巴桑"——日语管家婆之意。孙先生用手指着宋庆龄嘱托何香凝："你也是我同志的一分子，我死后希望你好好照顾（宋庆龄），不可以因为她是基督教人就歧视她。"说完这番话，因为舌头僵硬而不复能够言语。何香凝含着眼泪强自镇定说："我虽然没有什么能力，但先生改组国民党的苦心，我是清楚的，此后我誓必拥护孙先生改组国民党的精神，孙先生三大政策等一切主张，我都会遵守的。至于孙夫人，我也当然会尽我的力量来爱护她。昨天我已经和汪精卫联名打电报给广东财政当局，请他们以后照顾孙夫人。”孙先生听完，眼眶含着泪水，握住何香凝的手说：“廖仲恺夫人，我感谢你！”

稍后，孙先生略微休息片刻，又以十分严肃安定的神情，召集党人亲友近前，发表了一段谈话，他大意是说：“这趟我离开两广，到北京来，主要目的就是要谋求国家的统一。我主张的统一方法，是召开国民会议，实行三民主义和五权宪法，建设新的国家。我此刻因为生病的缘故，不能痊愈，生死问题我一向不顾念，只是我数十年致力国民革命，我所坚持的主义，未能完全实现，这是我最大的遗憾。我希望各位同志继续努力奋斗，务使国民会议早日开成，达到实行三民主义和五权宪法的最终目的，如此，即便我在九泉之下，也能瞑目了。”

说完这番话，孙先生呼吸急促，精神疲惫不堪，连话都说不清楚了，无法说出四五个字以上的字句，只是不断反复轻声呼喊“和平”“奋斗”“救中国”。这时医师发现孙先生太虚弱辛苦，不宜再让他多讲话，请孙先生静默，好好休息一会儿，孙先生这时静静躺卧。到 3 月 11 日晚间 6 点半左右，孙先生再度苏醒一次，但这时他的手脚都呈冰凉状态，也已无法言语。医师这时告诉在场的人们，孙先生的脉搏已经散了，可能即将去世，必须时时注意。这时，孙先生又作欲言又止表情，宋庆龄表示，孙先生是在呼唤汪精卫，汪氏随即站到孙先生面前，并且按住孙先生的手，当时孙先生的脉搏已经有如游丝。

3 月 12 日凌晨 3 时许，孙先生再苏醒一次，已完全无法说话，气喘不已。早上 9 点 30 分，克利医师宣布了孙先生逝世的消息。中国近代民族民主主义革命的开拓者，中国民主革命伟大先行者，中华民国和中国国民党缔造者，三民主义的倡导者，两千年封建帝制的终结者，近代中国伟大的政治家孙中山先生，从此走进了历史。享年 60 岁。